# Tysiąc dni w Toskanii

Marlena de Blasi

# Tysiąc dni w Toskanii

przełożyła
Agnieszka Kuc

Wydawnictwo Literackie

Tytuł oryginału
*A thousand days in Tuscany*



Wydanie pierwsze

ISBN 978-83-08-04400-1

*Dla Jill Foulston,*
*piękności, która podobnie jak anioły Abrahama,*
*przyszła pewnego wieczoru i, będąc tutaj,*
*przemieniła rzeczy, przydając im*
*szlachetności na zawsze.*

*Ale że to istnienie jest znaczące, i że wszystko,*
*co ziemskie, widocznie nas potrzebuje,*
*owa znikliwość, która tak dziwnie nas dotyka.*
*Nas, najbardziej przemijających.*

Rainer Maria Rilke, *Elegie duinejskie, IX*,
przekład Bernard Antochewicz

# PROLOG

*Ce l'abbiamo fatta*, Chou-Chou. Zrobiliśmy to — mówi, nazywając mnie wymyślonym przez siebie imieniem. Ręce zaciska na kierownicy starego bmw, łokcie ma lekko uniesione, zupełnie jakby to były skrzydła, a barki nieco pochylone do przodu. Przepełnia go radość wyrażona suchym, porozumiewawczym śmiechem.

— Rzeczywiście. Zrobiliśmy — celowo akcentuję końcówkę „my", zabarwiając ją odrobiną sarkazmu. Następnie odwracam wzrok i spoglądam przez okno samochodu na światła Ponte della Libertà. Dzień jeszcze nie wstał. Budzące się słońce otula kremową poświatą blady księżyc, który zstępuje coraz niżej po wilgotnym i ciemnym lazurze nieba nad laguną. Ciszę zakłóca jedynie dziecinny wybuch radości kierowcy i szum silnika. Zaczynam płakać. Po twarzy spływają mi łzy, których w żaden sposób nie mogę powstrzymać, choć bardzo się staram. Nie chcę wyjeżdżać z Wenecji. Mimo to uśmiecham się na myśl o nazwie mostu. „Wolność". Czy może być lepsze określenie dla drogi, którą się ucieka? Tylko że to jest j e g o ucieczka i j e g o nowy początek. Och, wiem, że także mój. Nasz. Znaczna część mnie upaja się perspektywą zamieszkania w domu pośród wspaniałego toskańskiego krajobrazu. A poza tym nadal będziemy blisko Wenecji. To odległość porannej przejażdżki samochodem. Z pewnością jeszcze nie raz tu wpadniemy. Wiem, że tak będzie. Teraz jednak muszę odnaleźć w sobie ducha wiecznego wagabundy i mam nadzieję, że zechce być mi posłuszny.

Mój wenecki mąż przeciął wszelkie więzy łączące go z rodzinnym miastem. Zrezygnował z pracy i sprzedał nasz dom, niszcząc tym samym przeszłość, zupełnie jakby darł na kawałki niemiły list i rzucał strzępy do morza. Zmiany przeprowadzał z rozmysłem i planowo — niekiedy mozolnie, a innym razem błyskawicznie — w ciągu tysiąca dni, jakie upłynęły od naszego pierwszego spotkania. Gdy ostatecznie uwolnił się od swojej przeszłości, uznał, że t e r a z może zacząć wszystko od początku. Chociaż Fernando łatwo poddaje się melancholii, wierzy, że początki, niejako ze swej natury, są czasem pełnym radości i przypominają drogę usłaną kwiatami — nie towarzyszy im ból ani cierpienie. Jest przeświadczony, że upiory przeszłości nie będą umiały odnaleźć drogi do Toskanii.

Gdy tylko znaleźliśmy się na *terra firma* i przez Margherę dotarliśmy do autostrady, wbił we mnie wzrok, po czym delikatnie otarł dłonią łzy z mojej twarzy. Jego oczy przywodzą na myśl starożytne posągi — są nieobecne, pełne smutku i nieodgadnione. To właśnie one od samego początku najbardziej przykuwały moją uwagę. Oczy i nieśmiały uśmiech Petera Sellersa.

Rzeczywiście niezwykła historia — mówili o nas i o tym, co nas spotkało. Niezwykła i całkiem nieprawdopodobna, niczym bajka. On — już niemłody — siedzi sobie w małej weneckiej knajpce w burzowy wtorek i nagle dostrzega ją — też już nie pierwszej młodości — kobietę, która coś w nim porusza, a właściwie odmienia wszystko. Zaledwie kilka dni dzieli ich od chwili, kiedy on zmieni wszystko również w niej. Znawczyni tajników gotowania, pisarka i dziennikarka, której płacą za to, że przemierza Włochy i Francję w poszukiwaniu miejsc, gdzie można dobrze zjeść i wypić, korzystając z całkiem przyjemnego, choć dosyć samotnego życia tyle, ile się da. Ona żegna się z dwójką swoich dorosłych, świetnie radzących sobie dzieci i wyjeżdża, żeby zamieszkać z nim nieopodal Adriatyku. Biorą ślub. Pośród setki płonących świec i oparów kadzidła pachnącego piżmem, w kamiennym kościółku wychodzącym na lagunę. Nocnym pociągiem udają się w podróż do Paryża. W wagonie, na górnym posłaniu, pałaszują kanapki z szynką oraz tort czekoladowy. Żyją miłością. Przekomarzają się i śmieją. Próbują nauczyć się wzajemnie swojej mowy, poznać przyzwyczajenia partnera, ale już wkrótce dochodzą do wniosku, iż nigdy nie zdołają dowiedzieć się o sobie tyle, ile pragną. Braknie im na to czasu.

# *Lato*

ROZDZIAŁ PIERWSZY

## *Smakołyki z kwiatów cukinii*

Sam ich aromat wystarczy, by każdy, komu doskwiera głód, natychmiast poczuł, że przenika go przyjemny dreszcz. Cudeńka smażone w gorącym oleju, piętrzące się na białym lnianym ręczniku. Żółta barwa kwiatów przebija przez złotawą i chrupiącą warstwę ciasta, cienką jak weneckie szkło. Jestem teraz daleko od Wenecji.

— Począwszy od dzisiejszego ranka, mieszkamy w Toskanii — powtarzam rozpromieniona, zupełnie jakby mówienie tego rodzaju rzeczy było na porządku dziennym.

Wczoraj Wenecja, a dziś — San Casciano dei Bagni. Minęło zaledwie sześć godzin od mojego przyjazdu, a ja już przesiaduję w kuchni — małym, zaparowanym pomieszczeniu w miejscowym barze. Przyglądam się, jak dwie kucharki w białych czepkach i niebieskich fartuchach przygotowują *antipasti* na coś w rodzaju lokalnego festynu. Pyszności, które szykują — a robią to tak szybko i sprawnie, jakby wirowały w tańcu — to smażone kwiaty cukinii, delikatne jak aksamit, okazałe niczym lilie. Najpierw należy na sekundę zanurzyć kwiat cukinii w leciutkim cieście, następnie poczekać, aż jego nadmiar spłynie z powrotem do miski, a potem delikatnie ułożyć na wrzącej oliwie; po chwili kolejny i następne. Dwanaście kwiatów smaży się na czterech dużych, głębokich patelniach. Kwiaty cukinii są tak lekkie, że gdy tylko po zetknięciu z oliwą powstanie chrupiąca skórka, zaczynają podskakiwać i obracać się, dopóki łyżka cedzakowa nie przybędzie im na ratunek. Usmażone lądują na grubym szarym papierze, który chwilę później posłuży również do przeniesienia ich na wyścieloną lnianym ręcznikiem tacę. Jedna z kucharek napełnia butelkę z czerwonego szkła ciepłą wodą z dodatkiem soli morskiej. Następnie przykręca metalowy spryskiwacz i skrapia złociste kwiaty osoloną wodą. Gorąca skórka zaczyna skwierczeć, roztaczając wokół aromatyczną woń, która szybko rozchodzi się w świeżym i wilgotnym czerwcowym powietrzu.

Te drobne przekąski spożywane bez użycia sztućców pozwalają przetrwać dwanaście minut, jakie dzielą nas od kolacji. Tak więc, gdy pierwsze sto kwiatów cukinii jest już gotowe, kucharka o imieniu Bice wręcza mi tacę, mówiąc: *Vai* — idź, i nawet nie podnosi przy tym wzroku. Traktuje mnie całkiem zwyczajnie, jakby wydawała polecenie koleżance, którą zna od lat. Tylko że dzisiejszego wieczoru ja nie gotuję. Czuję się raczej gościem — a może przypadła mi w udziale rola gospodyni? Nawet nie zauważyłam, w którym momencie festyn się rozpoczął, ale cieszę się nim.

Jestem szczęśliwa, mimo że z powodu nawału spraw, które spadły na mnie zaraz po przyjeździe, nie zdążyłam się nawet wykąpać. Moja spocona skóra jest słona zupełnie jak przekąski, które serwuję przybyłym. Częstują się nimi chętnie i bez zbędnych ceregieli. Wszyscy uśmiechają się do mnie albo poufale klepią po ramieniu, mówiąc: *Grazie, bella* — dziękuję, moja piękna, jakbym przez całe życie nie zajmowała się niczym innym, tylko podawała im cieplutkie i chrupiące kwiaty cukinii. Podoba mi się to. Przez moment myślę nawet, że mogłabym skryć się w jakimś zacienionym zakątku *piazza,* przymknąć oczy i popaść w ekstazę, pałaszując te pyszności, które jeszcze zostały. Jakoś się jednak powstrzymuję. Niektórzy są zniecierpliwieni czekaniem i sami podchodzą. Biorą z tacy kwiaty, sącząc jednocześnie wino i prowadząc rozmowy ze współbiesiadnikami. Wokół robi się coraz ciaśniej — otaczający mnie goście rzucają się na cukiniowe cudeńka i pożerają je w mgnieniu oka, tak że po chwili na lnianym ręczniku pozostają same okruszki, wciąż jeszcze chrupiące i ciepłe. Podnoszę je i wkładam do ust.

Przesuwam się w kierunku grupki gości prawiących komplementy rolnikowi, który rankiem zebrał te wszystkie dary przyrody ze swojego poletka i dostarczył do baru. Mężczyzna obiecał, że nazajutrz przywiezie ich znacznie więcej i jeśli ktoś chciałby wziąć trochę dla siebie, powinien stawić się przed siódmą w sklepie u Sergia, gdzie będzie czekała dostawa. Natychmiast wywiązuje się, przebiegająca jednocześnie na trzech niezależnych frontach, dyskusja, jak najlepiej przyrządzać kwiaty cukinii. Faszerować je czy nie? A jeśli tak, to mozzarellą i solonymi sardelami czy może niewielką ilością *ricotta salata,* albo świeżą *ricottą* z kilkoma listkami bazylii? Do ciasta dodać piwo i białe wino, a może oliwę, czy lepiej bez oliwy? I najważniejsze pytanie — smażyć kwiaty w oleju arachidowym czy oliwie extra virgin? Jestem tak pochłonięta tymi dywagacjami, że nie słyszę, jak ktoś woła mnie po imieniu z przeciwległego końca niewielkiego *piazza.*

— Chou-Chou — mówi do mnie Bice, stojąc w drzwiach i przytupując niecierpliwie. W wyciągniętych rękach trzyma kolejną tacę.

Tym razem przeciskam się przez tłum znacznie sprawniej i w rekordowym czasie udaje mi się rozdzielić pomiędzy gości jeszcze gorący poczęstunek.

Chociaż nie znam większości zebranych na placu ludzi, oni zdają się doskonale wiedzieć, że Fernando i ja właśnie się wprowadziliśmy do położonego u stóp wzgórza domu Luccich. Od razu widać, że lokalne służby wywiadowcze działają bez zarzutu, do czego bez wątpienia przyczynił się niewielki oddział mieszkańców San Casciano, którzy powitali nas rano przy podjeździe do domu. W ten sposób wiadomość o naszym przybyciu szybko się rozeszła, ale ja nadal nie mogę pojąć, w jaki sposób skromne dziękczynne *aperitivo* samoistnie przerodziło się w kolację wydaną dla uczczenia całej okolicy, i dlaczego tak kurczowo ściskam w ręku pustą tacę?

Wenecję pozostawiliśmy za sobą opromienioną bladym fioletowym brzaskiem. Jechaliśmy tuż za wielką niebieską ciężarówką firmy przewozowej Gonrand, do której załadowaliśmy cały nasz dobytek. Prowadziło ją na zmianę czterech Albańczyków. Kierowaliśmy się ku Toskanii. Jedenaście kilometrów od celu podróży, na łuku drogi 321, nasz skromny konwój zatrzymała grupa elegancko prezentujących się karabinierów w oficerkach, uzbrojonych w ciężkie automaty. Kazali nam się zatrzymać, przesłuchali nas i przeszukali samochody, co zajęło niemal dwie godziny. Dwóch z czterech jadących ciężarówką Albańczyków zostało aresztowanych. Byli cudzoziemcami bez dokumentów. Wyjaśniliśmy policjantom, że przeprowadzamy się akurat do wiejskiego domu Luccich, i ekipa, która z nami jedzie, jest niezbędna do rozładunku. Karabinierzy wsiedli do swojego samochodu i zaczęli rozmawiać przez radio. Trwało to niesłychanie długo. W końcu wysiedli i mogliśmy wznowić pertraktacje, tym razem stojąc na poboczu drogi.

Ponoć karabinierami mogą zostać wyłącznie przystojni mężczyźni, by przysparzać chwały swej włoskiej ojczyźnie. Ci, którzy nas zatrzymali, bez wątpienia stanowili jej chlubę — przyglądanie się ich ciemnym brwiom i jasnym oczom pozwalało przetrwać długie godziny oczekiwania. W końcu jeden z tych dżentelmenów oznajmił:

— Zgoda, ale będziemy musieli was eskortować.

Z taką obstawą budziliśmy nieustanne zainteresowanie na drodze, którą mknął strumień lokalnych pojazdów. Trwało to, dopóki wielka niebieska ciężarówka i wóz policyjny nie zatrzymały się wreszcie na tyłach domu, tuż za naszym wysłużonym bmw. Czekało nas mnóstwo pracy.

Wcześniej zawarliśmy umowę z Signorą Lucci, z której ewidentnie wynikało, że dom zostanie przed naszym przybyciem gruntownie wysprzątany i opróżniony z mebli. Żadnego z tych warunków nie spełniono. Gdy Albańczycy zaczynają wnosić do środka nasze rzeczy, proszę karabinierów, aby pomogli mi usunąć różne niepotrzebne graty, które na nasze powitanie zostawiła nam w darze signora. Są wśród nich stare szafy z połamanymi drzwiami, a także stoły i krzesła, które nie przewracają się tylko dlatego, że sprytnie zostały oparte o siebie. Do tego sześć piętrowych łóżek. Upychamy to wszystko w stodole. W sypialni omiatam z kurzu ładną rycinę w kutej miedzianej ramie, przedstawiającą wysadzaną cyprysami alejkę. Podczas odkurzania sztych odchyla się od ściany i ukazuje wbudowany sejf. Dom — a właściwie zaadaptowana stara stajnia, bez centralnego ogrzewania, telefonu i praktycznie pozbawiona prądu, w której mógłby zamieszkać chyba tylko jakiś ślepy pustelnik — otóż ten właśnie dom posiada sejf. I to nie mały, jakie często spotyka się w hotelach, ale wielki, solidny, z prawdziwego zdarzenia, z dwoma rzędami pokręteł i zegarem. Proszę męża, aby rzucił nań okiem.

— Sejf z całą pewnością jest nowy. Państwo Lucci musieli go zainstalować w czasie ostatniego remontu. Nie sądzę, abyśmy mieli z niego korzystać — stwierdza Fernando.

— Tylko po co tutaj? Czy ten, który zainstalowali u siebie w willi im nie wystarcza? Myślę, że nasz przeznaczony jest właśnie dla najemców. Sprawdźmy, czy uda się go otworzyć.

Manipulujemy pokrętłami — wszystko na nic. W końcu Fernando oświadcza:

— Jest zamknięty. Dopóki nie poznamy szyfru, nie będziemy w stanie go otworzyć. Jeśli chcemy z niego korzystać, powinniśmy poprosić o hasło. A poza tym, co właściwie mielibyśmy w nim trzymać?

Zastanawiamy się nad tym głęboko przez jakieś pół minuty, a potem wybuchamy śmiechem na myśl o naszym skromnym majątku — dokumenty wetknięte do skórzanej aktówki koloru whisky, różaniec, który kiedyś należał do babki Fernanda, kieszonkowy zegarek ojca, opaski na rękę z imionami i nazwiskiem moich dzieci, które założono im po urodzeniu, trochę biżuterii.

— Przechowywałabym w nim czekoladę. I to nie byle jaką, ale moją ulubioną, zawierającą dziewięćdziesiąt procent kakao. No i jeszcze mój pięćdziesięcioletni ocet balsamiczny.

Dalsze rozważania przerywa mi jeden z Albańczyków, który ustawia pudła w pokojach najwyraźniej według własnego widzimisię. Jeszcze raz tłumaczę mu, że pakunki należy układać zgodnie z wypisaną na nich numeracją. Potem schodzę na dół, żeby sprawdzić, czym się zajmuje reszta ekipy. Jeden z karabinierów nie ma najwyraźniej nic szczególnego do roboty, więc proszę go, aby pomógł mi przenieść zbędną sofę do stodoły. Fernando posyła mi wrogie spojrzenie, z którego wynika niezbicie, że nie można ot, tak sobie prosić włoskiego funkcjonariusza, żeby taszczył po wąskich krętych schodach ważącą chyba z dwieście kilo, na wpół zbutwiałą brązową sofę, nawet jeśli chodzi tylko o pomoc. A gdyby się tak potknął w swoich lśniących czarnych butach?

Pamiętam, jak pierwszy raz zobaczyłam mieszkanie Fernanda na Lido. Pozbawione wszelkiego blichtru, urządzone w sposób wręcz ascetyczny, w sam raz dla akolity. Mógłby w nim żyć choćby i Savonarola — wyglądało zupełnie jak przeniesione ze średniowiecza, naznaczone upływem czasu i spokojem, którego nie zakłócał nikt, kto bez potrzeby kręciłby się ze ścierką. Dzięki temu jest nam teraz dużo łatwiej.

Do tej pory w naszym ogrodzie zdążyła się już zgromadzić mała grupka okolicznych mieszkańców. Niemal wszyscy trzymają ręce splecione za plecami albo skrzyżowane na piersiach. Po dopełnieniu ceremonii powitalnych i oświadczeniu, że jesteśmy niezwykle szczęśliwi, mogąc zamieszkać wspólnie z nimi w San Casciano, podchodzę do jedynej osoby, która trzyma ręce na biodrach. Czuję, że chciałaby się do nas przyłączyć. Pytam, czy mogłaby nam kogoś polecić do pomocy.

— *Buongiorno, signora. Sono molto lieta di conoscerla.* Dzień dobry. Miło mi panią poznać — mówię, wyciągając ku niej rękę.

— *Il piacere è mio. Mi chiamo Floriana.* Mnie również. Na imię mam Floriana.

— *Ci serve un pò di aiuto.* Przydałaby się nam pomoc.

— *Ci mancherebbe altro.* Z wielką chęcią wam pomożemy — odpowiada, jak gdyby nigdy nie marzyła o niczym innym.

Mamy do dyspozycji dwie nowe miotły, plastikowe wiadro, niewielkiego mopa do codziennych porządków, i co najmniej po jednym egzemplarzu z całej gamy żelów, pianek, sprayów i wosków, dzięki którym dom powinien pachnieć sosnowym lasem i czystością. Wszystkie te narzędzia walki z domowym brudem okazują się jednak bezużyteczne. Nasi sąsiedzi znikają i po chwili wracają uzbrojeni na swój własny sposób. Niosą litrowe plastikowe butelki z denaturatem, worki pełne brudnych szmat, ogromne profesjonalne mopy oraz miotły. Wkrótce trzy osoby przystępują do mycia okien, a dwie zamiatają podłogę — jedna na górze, druga na dole. W pogotowiu czekają też pomocnicy z mopami. Dom był odnawiany niecały miesiąc wcześniej i nie trzeba go gruntownie sprzątać, wystarczy zaprowadzić ogólny ład.

Po upływie niespełna czterech godzin wnętrza prezentują się już znacznie lepiej. Okna błyszczą, podłogi wydają się czystsze, urządzenia kuchenne zostały wyszorowane, ściany odkurzone, łazienki lśnią. Ponumerowane pudła leżą we właściwych pomieszczeniach, tak jak to sobie rozplanowaliśmy. Floriana energicznym ruchem rozpościera nad naszym jasnożółtym drewnianym *baldacchino,* dopiero co zmontowanym przez Fernanda i dwóch karabinierów, wielką płachtę ozdobionego koronką materiału w kolorze burgunda. Karabinierzy zaspokajają pragnienie jedynie przywiezioną przez nas z Wenecji ciepłą wodą mineralną Ferrarelle, którą piją z plastikowych kubków.

Fernando i ja odbywamy małą naradę, a ponieważ jest już prawie szósta, zapraszamy całą naszą ekipę do baru „Centrale” na *aperitivi*. Karabinierom jakoś zupełnie przestało się śpieszyć. Jedynie Albańczycy spoglądają na siebie ukradkiem, niepewni, co mają robić. Widać po nich, że najchętniej by się ulotnili. Rozluźnieni policjanci przyjmują wyraźnie mniej służbowy ton i dają do zrozumienia, że nie będą patrzeć w ich stronę, gdy po kolacji wsiądą do samochodu i znikną. Z mozołem pniemy się pod górę w kierunku miasteczka. Jedni idą, drudzy jadą. Wszyscy jesteśmy zmęczeni, ale zadowoleni, każdy na swój sposób. Ciężko razem pracowaliśmy i w pełni zasłużyliśmy na poczęstunek.

Najpierw raczymy się campari z wodą sodową, a następnie białym winem. Potem ktoś zaczyna nalewać czerwone. Czy można wyobrazić sobie coś lepszego niż miseczki pełne czarnych, soczystych, solonych oliwek, a po nich ogromne sterty *bruschette* — pieczywa podpiekanego w piecu opalanym drewnem, posmarowanego lokalną odmianą oliwy, posypanego solą morską i jedzonego bez użycia sztućców? Jakoś nikt nie przejawia specjalnej ochoty, by powiedzieć *arrivederci*.

Znowu się naradzamy, tym razem w większej grupie: Fernando, ja i dwie kucharki, Bice i Monika — pracownice baru. Liczba zgromadzonych osób urosła do siedemnastu. Czy w barze będą w stanie nas wszystkich wykarmić? Zamiast powiedzieć krótko: tak lub nie, Monika uświadamia nam, że niemal każdy z biesiadników ma jakąś rodzinę, do której w ciągu pół godziny będzie musiał wrócić, aby przyłączyć się do wspólnego posiłku lub coś ugotować. Niepotrzebnie się martwiłam. Floriana, ta, która jako jedyna stała z rękami wspartymi na biodrach, znowu przejęła kontrolę nad wszystkim, tak jak wcześniej przy sprzątaniu domu. Niektóre kobiety zaczynają się rozchodzić. Inne przenoszą się na mały taras, gdzie łączą stoły, nakrywają je ceratami, rozkładają talerze, sztućce i kieliszki, stawiają wielkie dzbany wina. Na *piazza* pojawia się coraz więcej stołów wynoszonych z piwnic pobliskiego magistratu i wkrótce cały plac zamienia się w świeżo urządzoną jadalnię — *alfresco*.

Do pomocy wezwano *fornaio,* piekarza. W przyprószonej mąką, białej, wysokiej czapce kucharskiej, przepasany fartuchem odsłaniającym gołe kolana, pedałuje co sił, na zmianę używając to dzwonka, to znowu klaksonu. Patrzę na niego, potem na innych i myślę sobie, jak łatwo tym ludziom przychodzi być szczęśliwymi. Z koszy przytwierdzonych do siodełka piekarz wyładowuje bochny chleba, wielkie jak koła młyńskie, i kładzie je na stole. Cofa się, by nasycić nimi wzrok, i wyjaśnia nam, że jeden z nich miał trafić do *osteria* w Piazze, a pozostałe do zamku w Fighine.

— Będą się musieli zadowolić wczorajszym chlebem — mówi, ponownie wsiadając na rower i rzucając przez ramię, żeby zarezerwowano dla niego trzy miejsca przy stole.

Kobiety, które wcześniej udały się do swoich domów, aby naprędce coś upichcić, znów zaczynają się schodzić. Każda z nich przynosi to, czym rodzina raczyła się podczas domowej kolacji. W ślad za nimi podążają ich matki, dzieci oraz mężowie. Kobiety taszczą garnki i półmiski, które podtrzymują jedną ręką, drugą próbując przygładzić niesforne kosmyki wymykające się spod chustek. Przypominają stado rozszczebiotanych ptaków. Ich piskliwe, wysokie głosy rozdzierają powietrze, zakłócając wieczorną ciszę. Kobiety przepasane są wzorzystymi fartuchami, które noszą ciągle, bez względu na porę dnia. Wkładają je — jak się później okaże — na granatowe proste spódnice. Na nogach mają różowe frotowe kapcie. Bez skrępowania paradują po *piazza*. Wszędzie są u siebie, sfera prywatna przenika się z publiczną.

Mężczyzna, na którego wołają Barlozzo, jest chyba najważniejszym członkiem tej społeczności, kimś w rodzaju wodza klanu. Przechadza się pomiędzy stołami, ustawia talerze, dolewa wina, poklepuje ludzi po plecach. Wysoki i szczupły, ma nieco powyżej siedemdziesiątki. W jego czarnych oczach błyszczą iskry. Silna osobowość, emanująca magnetyzmem. Znacznie później zaobserwuję, jak te jego czarne oczy nagle łagodnieją i stają się niemal szare, gdy nadciąga jakaś zawierucha — nieważne, czy zesłana przez Boga, czy przez ludzi. Jego gęste włosy raz wydają się białe, a raz blond, jakby należały do kogoś bardzo starego, a zarazem bardzo młodego. Dlatego też nigdy nie będę do końca pewna, czy czas dodaje mu lat, czy czyni go coraz młodszym. Kronikarz, gawędziarz, duch. *Mago.* Ten stary człowiek stanie się moim natchnieniem, moim *animatore,* motorem wszystkich działań.

Zadowolone z sukcesu, jaki odniosły, podając smażone kwiaty cukinii, Bice i Monika wracają obładowane półmiskami z szynką i *salame. Cose nostre* — naszego wyrobu — wyjaśniają, co oznacza, że świnia była własnego chowu, oprawiono ją w domowych warunkach i przerobiono na szynki oraz kiełbasy. Oprócz tego są jeszcze *crostini* — malutkie okrągłe grzanki, podpieczone z jednej strony, leciutko nasączone ciepłym rosołem i posmarowane grubą warstwą pasty z kurzych wątróbek, kaparów i startej skórki cytryny. Potem Bice przynosi jeszcze z kuchni dwie wielkie i głębokie misy *pici* — grubego, ręcznie robionego makaronu. Do *pici* podaje sos ze świeżych startych zielonych pomidorów, siekanego czosnku, oliwy i bazylii. Pyszne.

Wiele kobiet przyniosło z domu różnego rodzaju zupy. To właśnie zupa, częściej niż makaron, stanowi tradycyjne *primo* — czyli pierwsze danie toskańskiego obiadu lub kolacji. Nikt się jednak specjalnie nie przejmuje tym, że wazy stoją na stole, a my pochłaniamy głównie *pici*. Zupy zwykle podaje się w temperaturze pokojowej, z odrobiną oliwy i *pecorino* — owczego sera.

— Bo lepiej smakuje *quando la minestra è servita tiepida,* gdy zupę podaje się letnią — tłumaczy cierpliwie Floriana, siedząca po drugiej stronie stołu. — Ci, którzy upierają się przy tym, by jeść gorącą zupę, szybko parzą sobie podniebienia, więc potem, żeby w ogóle coś poczuć, muszą ją podgrzewać jeszcze bardziej — oświadcza, jakby uważała, iż wszystkie nieszczęścia tego świata biorą się stąd, że ludzie jedzą zbyt gorące zupy.

Jedna z zup stojących na stole została przygotowana z *farro* — znanego już w starożytności orkiszu oraz ryżu; inna — z czerstwego chleba rozmiękczonego wodą, czosnku, oliwy, rozmarynu i świeżo zmielonego czarnego pieprzu; kolejna — z dużej białej fasoli, pomidorów i szałwii; jeszcze inna, udekorowana zieleniną — z młodego groszku.

Jako drugie danie podawane są równie proste potrawy. Floriana zdejmuje pokrywkę z owalnej żeliwnej patelni, żeby pokazać *polpettone* — coś pomiędzy pieczenią rzymską a pasztetem.

— Kawałek cielęciny, kurczaka, wieprzowiny i gruby plaster mortadeli trzeba zemleć razem, przynajmniej trzy razy, aż otrzymamy mięsną pastę. Potem dodajemy jajka, parmezan, czosnek i pietruszkę. Lepimy prostokąt, na który kładziemy plasterki *salame* i jajek na twardo. Całość zawijamy. Miejsce łączenia powinno znaleźć się na spodzie. Roladę wkładamy do piekarnika i pieczemy tak długo, aż zacznie apetycznie pachnieć. Wtedy jest gotowa.

Floriana rozprawia o daniu z zapałem, bez żadnej zachęty z mojej strony, zupełnie jakby to była perła miejscowej architektury. Z lekko uniesioną głową, w niemym zachwycie wpatruje się w swoje dzieło.

Potrawa, którą przygotowała, waży nie więcej niż pół kilograma, toteż gdy kolejne dwie kobiety stawiają na stole własne wersje *polpettone,* odnoszę wrażenie, że powtórzył się biblijny cud. Każda z nich kroi swoją roladę na cieniusieńkie jak listki plasterki i nakłada je na talerze, które wędrują wokół stołu. Problem w tym, że wraz z nami ucztuje już trzydzieści osób. Na szczęście wkrótce pojawiają się następne dania.

Żona piekarza przynosi *faraone* — perliczkę pieczoną z czarnymi i zielonymi oliwkami. Ktoś inny *aristę*

— polędwicę wieprzową faszerowaną ziołami i pieczoną na łodygach kopru włoskiego. Oprócz tego są jeszcze flaczki z dodatkiem pomidorów, cebuli i białego wina, nadal przysłonięte pokrywką, które przez cały dzień zapieka się w piekarniku na bardzo słabym ogniu. Jest także mnóstwo różnych gulaszów i duszonych mięs. Porcje są nieduże, wystarczą, by zaspokoić umiarkowany apetyt dwóch, może trzech osób. Jednak biesiadnicy pochłaniają wzrokiem wszystko, co stoi na stole, teatralnie wzdychają i zarzekają się:

— *Ma chi può mangiare tutta questa roba? Che spettacolo.* Kto jest w stanie tyle zjeść? Cóż to za uczta dla oczu.

Każdy raczy się tym, co stoi najbliżej i kosztuje po troszeczku innych potraw, w miarę jak są podawane. Goście jedzą, maczają chleb w różnych sosach, popijają wino i prowadzą ożywione rozmowy, gestykulując przy tym *allegro.* Zastanawiam się, czy to nie jest czasem jakaś toskańska wersja baśni *Nowe szaty cesarza.* Czyżby oni naprawdę myśleli, że uczestniczą w *la grande bouffe?* Jak uprzejmie podają sobie talerze i dania, proponując dokładkę! Wiele osób wygląda na ponad pięćdziesiąt lat, a niektórzy mają dwadzieścia lub trzydzieści więcej. Młodsi naśladują starszych i starają się być równie grzeczni i mili. Wyglądają dojrzalej, niż wskazywałby na to ich wiek. Między pokoleniami nie ma jakiejś wyraźnej różnicy. Dziewczyna mniej więcej siedemnastoletnia wstaje, żeby usłużyć babci. Radzi jej, by ostrożnie jadła gulasz z królika, bo są w nim kości. Przypomina o lekarstwach. Chłopiec niespełna dziesięcioletni kroi chleb, mówiąc młodszemu bratu, aby nie bawił się w pobliżu, bo łatwo może się skaleczyć. Wszystkie te drobne uprzejmości przywołują obrazy z całkiem innej epoki. Który to mógłby być rok — 1920? 1820? Zastanawiam się, jak bardzo ten wieczór różni się od innego czerwcowego wieczoru, kiedy to najstarszy z obecnych był jeszcze młodym człowiekiem. Pytam o to Florianę, która ma już swoje lata, choć z pewnością nie jest stara. Kobieta milczy przez chwilę, zanim zadaje to samo pytanie innym osobom siedzącym przy stole. Ludzie odpowiadają, ale bardziej samym sobie niż mnie. Wśród ogólnego gwaru słychać głos Barlozza, który oznajmia:

— Dzisiejszego wieczoru nikt nie położy się spać bez kolacji.

Wysoki i kościsty, przechyla się na krześle, krzyżuje nogi i zapala papierosa. Rozlega się cichy, nieco nostalgiczny śmiech zebranych.

Jeden z gości, zadufany w sobie mężczyzna o zmiętej twarzy i w sztywno wykrochmalonej koszuli, sprawia, że wszystkim poprawia się nastrój:

— Ta z was, która ugotowała ten gulasz z jagnięciny, zostanie moją następną żoną.

Tym razem śmiech jest dużo głośniejszy. Floriana spogląda w moją stronę i ruchem głowy wskazuje na dowcipnisia.

— On ma dziewięćdziesiąt trzy lata i zdążył już pochować cztery żony. Nie znajdzie się taka, która chciałaby zaryzykować. Ostatnia miała zaledwie sześćdziesiąt trzy lata, gdy umarła. Była wprawdzie trochę otyła, ale poza tym czuła się doskonale. Któregoś dnia Illario, ten właśnie, wybrał się na grzyby, a gdy wrócił, zrobił żonie *frittatę*. Kiedy zjadła przygotowany przez niego omlet, zmarła w ciągu godziny. Niektórzy mówią, że to był atak serca, ale my tam swoje wiemy — na pewno zawiniły grzyby.

— Czy Illario jadł to samo? — pytam.

— Odpowiedź zna tylko on sam, ale nie jest zbyt skory do zwierzeń.

Siedzę i łamię chleb na kawałki, by następnie umoczyć go w winie. Przyglądam się trzem osobom. Fernando zajmuje miejsce po przeciwnej stronie stołu, mniej więcej w połowie długości. Uśmiecha się i zabawia siedzące obok towarzystwo. Rozmowa dotyczy dialektów. Toskańczycy próbują naśladować wenecki akcent Fernanda, ale bardziej przypomina to seplenienie niż śpiewną mowę wenecką. Każda wypowiedziana przez niego fraza budzi ogólną wesołość i zyskuje poklask. Głos Fernanda idealnie zestraja się z jego zarumienioną od wina twarzą. Floriana wstaje, krząta się, przestawia coś na stole, zmiata ręką okruszki, trochę zrzędzi, a trochę żartuje. Zauważa moje spojrzenie i zniża głos niemal do szeptu:

— *Tutto andrà bene, Chou-Chou, tutto andrà molto bene. Vedrai.* Wszystko będzie dobrze, Chou-Chou. Nawet bardzo dobrze — zobaczysz.

Barlozzo staje teraz za Florianą, pali papierosa i popija wino, jakby jego zegarek nagle się zatrzymał, a on sam nareszcie mógł się oderwać od codziennych spraw i ludzi. Z wyłączeniem Floriany, ma się rozumieć.

Przez cały wieczór prawie nie odrywał od niej oczu. Czyżby była panią jego serca? Kochanek galant? Bez wątpienia słyszał to, co mówiła do mnie Floriana. Jemu nigdy nic nie umyka — to pewne. Patrzę na niego. To również nie umyka jego uwadze.

Bice stawia przede mną talerzyk. Jest na nim apetyczna *panna cotta* — gotowana śmietanka, już stężała, wyłożona z salaterki i polana sosem z gniecionych truskawek. Sięgam po łyżeczkę, gdy nagle mężczyzna, który przedstawia się jako pan Pioggia, czyli pan Deszcz, siada obok mnie i pyta, czy zdążyłam poznać Assuntę.

— Chyba nie — odpowiadam, rozglądając się dokoła.

— No cóż, należy do Piero — wskazuje krzepkiego, młodego jeszcze człowieka w dżinsach i koszulce z krótkim rękawem. — To jego najlepsza krowa. Assunta to jedyna krowa o niebieskich oczach, jaką w życiu widziałem.

Otwieram usta ze zdumienia, co on odbiera jako niedowiarstwo. Dlatego stara się nieco zmodyfikować historię o zjawiskowo pięknej krasuli.

— No cóż, może jej oczy są niezupełnie niebieskie, ale z pewnością nie są też brązowe. Już prędzej szarobrązowe z niebieskimi plamkami. Naprawdę piękne. No więc dzisiaj, gdy tylko wydoiłem Assuntę, poszedłem prosto do Bice, żeby zanieść jej trochę mleka. Resztę odwożę do spółdzielni, gdzie je pasteryzują, a tym samym... psują jego smak. Nie da się zrobić przyzwoitej *panna cotta* z pasteryzowanego mleka.

Tak przynajmniej twierdzi Bice. Dlatego co najmniej trzy razy w tygodniu przynoszę jej sześciolitrowy słój mleka Assunty z porannego udoju. *Prova, prova.* Proszę spróbować — nakłania mnie.

Przez moment się wzdragam, słysząc te rewelacje. A więc mleko z wymienia Assunty trafia niemal bezpośrednio do mojej miseczki, po drodze przechodząc jeszcze przez słoik Pioggia i garnek Bice! Te fakty zmieniają mój pogląd na temat tego, co zwykłam rozumieć pod pojęciem „świeże". Jednak próbuję mleka błękitnookiej Assunty, przyniesionego przez człowieka o nazwisku Deszcz, i dochodzę do wniosku, że jest... przepyszne. Oblizuję łyżeczkę z obu stron, wyskrobuję do czysta miseczkę i widzę, jak pan Pioggia promienieje.

*Una crostata,* tarta z morelami, jest w zasięgu ręki, ale pan Pioggia bacznie mnie obserwuje i patrzy, czy ją wezmę. Boję się, że w jakiś niepojęty sposób dokona również antropomorfizacji moreli ułożonych jedna przy drugiej na wierzchu ciastka. Jestem pewna, że zostały zerwane z jedynego drzewa w całej Toskanii, w pobliżu którego mieszkają druidzi.

Gdy mówimy sobie *buona notte,* zauważamy, że karabinierzy pochylają się nad mapą z latarkami i dają Albańczykom wskazówki, jak mają wrócić do Wenecji. Albańczycy wracają, ale my nie.

W ciągu minionych trzech lat, które przeżyliśmy razem z mężem, nasze podróże zawsze kończyły się powrotem do małego zabawnego domku nad morzem. Teraz jednak nie czeka już na nas domek na plaży. Zamiast niego mamy... stajnię. I mimo że ciepłe powitanie, jakie nam zgotowano dzisiejszego wieczoru, zwiastuje dobre życie wśród tutejszych wzgórz, czy cokolwiek dorówna temu tysiącowi dni, jakie spędziliśmy w Wenecji? Nadal nie do końca rozumiem, *dlaczego* ją opuściliśmy, odrzucając jej książęcy przepych, świetność i chwałę, by osiąść na tej wysuszonej ziemi i zacząć wszystko od nowa. Wiem jednak, że tym razem to będzie początek czegoś całkiem innego. Oboje zostawiliśmy za sobą wszystko. Nie mamy ani własnego domu, ani pracy, a nasze pojęcie o przyszłym życiu jest dość mgliste. Pewnie będzie wyglądało tak, jak w naszej ślubnej przysiędze: „na dobre i na złe, w bogactwie i w biedzie". Fernando bardzo wielu rzeczy się spodziewa, przepełnia go nadzieja. Jest jak dziecko, które uciekło z domu, jak człowiek próbujący uniknąć rozczarowań, apatii i dotkliwego bólu, z którego nie można się wyzwolić.

Gdy wspinamy się po stromych kamiennych stopniach do drzwi frontowych, Fernanda wypełnia poczucie szczęścia. Chłonę jego radość, ale sama mam jej w sobie niewiele — może tylko wtedy, gdy na myśl o Assuncie nie mogę pohamować śmiechu. Podoba mi się świeża, spontaniczna wesołość Fernanda, zastanawiam się jednak, jaki los spotka homerycką cząstkę mej duszy. Czy znajdzie tu dla siebie odpowiedni klimat? Będzie umiała się przystosować i rozwinąć skrzydła?

Przez moment zostaję jeszcze na zewnątrz, bo nie potrafię przestać tęsknić za Wenecją. Mówię sobie:

spójrz na ten toskański krajobraz — przecież to marzenie wielu ludzi. W Wenecji nie rosną cyprysy ani drzewa oliwne, ani winorośl, nie ma też owiec, łąk, łanów pszenicy, słoneczników czy choćby jednego poletka obsianego makiem. Nie ma też bujnej lawendy, tak wysokiej, że można by się w niej zgubić.

Próbuję nie myśleć o morzu, o różanym świetle i pięknie Wenecji, która nigdy nie przestała mnie zadziwiać. Nasze nowe miejsce, z jego dwustu mieszkańcami, do których teraz zaliczamy się także i my, jest z pewnością dobre. Oni, miasteczko i my — osadzeni na kawałku starożytnej ziemi, na styku Toskanii, Umbrii i Lacjum.

Słyszę, jak Fernando krząta się po domu i potyka o skrzynie, które pozostały z przeprowadzki. Podśpiewuje sobie przy tym, co mu nawet nieźle wychodzi.

Wchodzę do środka i kieruję się prosto do łazienki wyłożonej fioletowobrązowymi kafelkami, by nalać wody do wanny. Gdy siedzimy sobie zanurzeni w waniliowej pianie, koniecznie chcę się dowiedzieć:

— Czy płytki ceramiczne można pomalować?

— *Cristo* — mówi Fernando. — Dopiero przyjechaliśmy, a ty już chcesz malować na inny kolor świeżo położone kafelki. Skąd się bierze w tobie ta nieposkromiona ochota, żeby ciągle coś zmieniać?

— Nie podoba mi się ten bakłażanowy kolor — wyjaśniam mu.

— *Che cos'è* bakłażanowy? Co znaczy bakłażanowy?

— To kolor tych kafelków. Mieszanka fioletu i brązu. Nie znoszę, gdy te barwy są ze sobą połączone.

Szczerze mówiąc, moglibyśmy usunąć te cudeńka i zamiast nich położyć ładną terakotę o nasyconej ciepłej barwie. Albo też powtórzyć wystrój łazienki, który mieliśmy w Wenecji — czarno-biały. Tak właśnie zrobimy. Przyznaj, że ta wenecka łazienka przypadła ci w końcu do gustu, mam rację? No już, zgódź się. Będziemy czuli się bardziej jak u siebie w domu. Powiedz, że się zgadzasz. Możemy też powiesić barokowe lustra, ścienne lichtarze i tę małą latarenkę, która zdobiła wejście. Jeśli do tego dodamy jeszcze koszyczki z pięknymi ręcznikami, świece i ładne mydełka — łazienka wszystkich zachwyci.

Ale mój głos brzmi mało przekonująco, jakbym już się poddała.

— A dlaczego łazienka ma budzić zachwyt? To ciasteczka z kremem powinny przyciągać wzrok. I piękne kobiety — mówi, gładząc moje wilgotne włosy.

Łóżko nie jest zbyt wygodne. Wydaje się krzywe, jakby baldachim był z jednej strony wyższy. Za to pościel i skóra mojego męża są przyjemnie gładkie i chłodne w dotyku. Cóż to za rozkosz wyciągnąć się w łóżku po takim dniu. Leżeć sobie obok kogoś, kto akceptuje cię taką, jaka jesteś. Przyjmuje to, co w tobie młode, i to, co stare. To, co przydarzyło się ostatnio, i co było dawno temu.

Gdy Fernando śpi, leżę i rozmyślam, że nasza hidżra o świcie wydaje się należeć już do innego życia. Czy to rzeczywiście było tego ranka? Tęsknię za morzem. Marzę, żeby poczuć powiew aksamitnego powietrza przesyconego solą. Chciałabym pójść na spacer, a właściwie biec brzegiem morza po wilgotnym piasku i czuć, jak lodowato chłodna piana z szumem przelewa się u moich stóp. Wszystko na nic. Sen nie chce przyjść. Wstaję, zarzucam na siebie szlafrok Fernanda i wychodzę na taras.

Myślę, że nawet niebo jest tutaj zupełnie inne. Tamto nad laguną przypomniało kopułę, zawieszoną nisko, niemal w zasięgu ręki. Tutejsze jest położone znacznie wyżej, jakby sklepienie uniosło się setki mil w górę. W Wenecji syreny przepływających statków kołysały mnie do snu. Teraz słyszę co najwyżej meczenie nowo narodzonych jagniątek.

Kościelne dzwony wybijają kwadrans po północy. Moim pierwszym toskańskim przyjacielem zostaje więc dzwon, którego dźwięk będzie słyszalny w okolicy cztery razy w ciągu godziny, każdej godziny. Wierność. Co jeszcze jest moim bogactwem? Poza biciem dzwonów, owcami i ogromnym niebem, mam także swoją własną historię. Miłość moich dzieci, które ja również bardzo kocham. Ukochanego mężczyznę, który śpi teraz w żółtym, drewnianym łożu. Przenika mnie cichy dreszcz podniecenia. Słyszę podszepty ondyny, które brzmią trochę jak groźba, a trochę jak zaproszenie, budząc dziwny niedosyt. Gdzieś na dnie mojego umysłu wyrasta kłujący oset, który delikatnie drażniąc, pobudza mnie do działania. Sprawia, że wciąż jest we mnie ciekawość i żądza poznania czegoś nowego. To wszystko tworzy moje bogactwo. Na tym właśnie polega uroda i czar życia.

## Kwiaty, warzywa i zioła smażone w głębokim oleju

*1½ szklanki mąki*
*2 szklanki piwa*
*½ szklanki zimnej wody*
*2 łyżeczki drobno mielonej soli morskiej*
*3 kostki lodu*
*olej arachidowy lub oliwa extra virgin do smażenia*
*kwiaty cukinii, nasturcji i ogórecznika, umyte, osączone, bez łodyżek*
*liście selera naciowego podzielone na gałązki, umyte i osączone*
*liście szałwii w całości, umyte i osączone*
*malutkie zielone cebulki lub szalotki ze szczypiorkiem przyciętym na wysokość około 10 centymetrów, umyte i osączone*
*ciepła woda z solą morską w sprayu*

W dużej misce ubijamy widelcem mąkę, piwo, wodę i sól morską, tak aby powstało leciutkie ciasto. Zostawiamy na godzinę pod przykryciem, w temperaturze pokojowej. Dodajemy kostki lodu i zostawiamy na następne pół godziny. Mieszamy — ciasto powinno być lejące i przypominać gęstą śmietankę. Jeśli jest za gęste, trzeba dodawać po łyżeczce zimnej wody aż do uzyskania odpowiedniej konsystencji.

Na głęboką patelnię lub do frytkownicy wlewamy olej do wysokości 7,5 cm i powoli go rozgrzewamy na średnim ogniu, aby potrawa mogła się smażyć równomiernie. Aby sprawdzić, czy olej ma odpowiednią temperaturę, wrzucamy na patelnię kosteczkę chleba. Jeśli w ciągu kilku sekund zarumieni się na złoty kolor i zacznie skwierczeć, oznacza to, że olej jest dostatecznie gorący.

Kwiaty, zioła i zielone cebulki na moment zanurzamy w cieście i czekamy, żeby spłynął jego nadmiar. Następnie wrzucamy je na gorący olej i kiedy zaczną podskakiwać na tłuszczu, trzymamy je w nim przez około pół minuty. Gdy uzyskają jasnobrązowy kolor, należy je obrócić na drugą stronę za pomocą szczypiec i dokończyć smażenie. Używając łyżki cedzakowej, przenosimy kwiaty na papierowy ręcznik do odsączenia. Każdy kwiat spryskujemy ciepłą osoloną wodą i wkładamy do nagrzanego do stu stopni piekarnika, a w tym czasie smażymy następną partię. Najlepiej usadzić gości przy piecu i poprosić, by jedli wszystkie te pyszności prosto z patelni.

# ROZDZIAŁ DRUGI

## *Figi i jabłka nanizane na sznurki*

Zaczęło już świtać, ale ja dopiero co zdołałam zasnąć. Jak przez mgłę dociera do mnie natarczywy dźwięk dzwonka. Ktoś stoi u drzwi. Otwieram oczy i widzę różowe słońce, które przeciska się pomiędzy firankami Signory Lucci, oświetlając rozproszonym blaskiem nasze stopy. Wstaję i zarzucam na siebie stary zielony szlafrok. Kamienna podłoga jest przyjemnie chłodna. Wychodzę z sypialni i przemierzam korytarz, kierując się ku drzwiom frontowym. Otwieram je i widzę zabłoconą plastikową skrzynkę wypełnioną po brzegi kwiatami cukinii. Są ich całe bukiety powiązane sznurkiem. Nie ma jednak żadnej karteczki. Czyżby prezent od komitetu powitalnego? — zastanawiam się. Wypatruję gońca, ale nikogo nie dostrzegam. Nabieram przekonania, że kryje się za tym Barlozzo. Taszczę podarunek po schodach do kuchni i stawiam go na ociekaczu. Kwiaty wyglądają jak ogromny ogród upchnięty w domku dla lalek. Może proporcje nie są dokładnie takie, ale porównanie wydaje się trafne.

Fernando i ja mijamy się na schodach. Na widok góry kwiatów mówi:

— *Ma guarda che roba*! No popatrz, co my tu mamy!

Chwilę później gorączkowo rozgląda się za naczyniem do espresso, podczas gdy ja wciągam na siebie szorty, zakładam sandały i wołam do niego:

— A może byśmy tak wpadli do baru „Centrale" na *cappuccini?*

Kiedy docieramy do celu, spotykamy kilkoro znajomych z poprzedniego wieczoru. Nasi wczorajsi goście są dokładnie w tym samym miejscu, gdzie ich zostawiliśmy. Gdyby nie to, że zdążyli zamienić odświętne stroje na codzienne, można by pomyśleć, że w ogóle nie poszli do domu. Przy barze jest dosyć tłoczno. Mimo siódmej trzydzieści rano trzy albo cztery osoby piją już czerwone wino oraz *caffè coretto* i witają nas jak stałych bywalców. Wymawiamy się od picia wina i kawy zaprawionej grappą, obstajemy przy spienionym mleku i filiżance mocnego espresso. Są wyraźnie niepocieszeni z powodu naszej niedyspozycji.

Ponieważ chcemy uregulować należność za wczorajszą kolację, pytamy o właściciela. Podchodzi do nas niewysoka przysadzista kobieta o imieniu Vera. Ma wyblakłe, wilgotne oczy koloru ostrygi. Zaprasza nas do stolika w głębi baru, bliżej kuchni. Zajmujemy miejsce naprzeciwko niej i czekamy, aż przygotuje rachunek. Z różnych karteczek spisuje nazwy potraw: *due chili di pomodori* — dwa kilo pomidorów; *affettati* — wędlina w plasterkach; pozostałych nazw nie jestem w stanie odczytać. Kobieta głośno dodaje, koryguje błędy, liczy od nowa, by w końcu prosić Fernanda o sprawdzenie rachunku. Ten wszystko podlicza i wpisuje ostateczną sumę.

— *Ma è così tanto?* Aż tyle? — pyta zdumiona. — *Contiamoci un'altra volta.* Policzmy raz jeszcze.

Fernando zapewnia ją, że wszystko się zgadza, i wyjmuje portfel. W jej oczach maluje się zmieszanie. Kobieta patrzy z zakłopotaniem na kolumny cyfr nabazgrane na kartce.

— *Senti, puoi pagare un pò ogni mese.* Proszę posłuchać, może pan to wszystko zapłacić w miesięcznych ratach — mówi.

Rachunek za *aperitivi, bruschette,* przynajmniej sto pięćdziesiąt smażonych kwiatów, *salame, prosciutto,* ze dwa kilo *pici* i strumienie czerwonego wina jest niższy od tego, który musielibyśmy uiścić w „Barze u Harry'ego"* za szybki lunch *à deux*. Koszty życia na wsi są nieporównywalnie mniejsze niż w mieście. Fernando i ja staramy się pocieszyć Verę. Wchodzi Barlozzo.

Przypomina trochę Gary'ego Coopera i, o czym się wkrótce przekonam, pojawia się zawsze w samo południe. Ani śladu jakichkolwiek uprzejmości, nawet zwykłego *buongiorno.* Chce wiedzieć, czy umieściłam kwiaty w chłodnym miejscu. Jest też ciekaw, w jaki sposób zamierzam je przyrządzić. Wyjaśniam,

* Słynny wenecki bar (wszystkie przypisy pochodzą od tłumaczki).

że najprawdopodobniej zrobię *frittatę,* a resztę usmażę, podobnie jak Bice i Monika ubiegłego wieczoru. Rozmowy przy barze cichną, tłumek zaczyna rzednąć. Jak się okazuje, moje beztrosko ujawnione plany kulinarne wywołały spore poruszenie. Klienci baru jeden za drugim przenoszą się do naszego stolika i siadają na wprost Very, z oczu której przynajmniej częściowo zniknął wyraz zakłopotania.

— *Ma perchè non un condimento per la pasta?* A dlaczego nie jako dodatek do makaronu? — pyta mężczyzna w spodniach na niebieskich satynowych szelkach, które opinają wydatny brzuch.

— *Oppure una bella schiacciata?* Albo pyszny placek?

— *No, no, no. Oggi ci vogliono i fiori crudi con un mazzo di rucola, due foglie di basilico, un pomodoro, ancora caldo dai raggi del sole, un goccio d'olio. Basta.* Nie, nie, nie. Dzisiaj najlepiej podać je świeże, z rukolą i kilkoma listkami bazylii. Do tego jeszcze ciepły od słońca pomidor i odrobina oliwy. To wszystko.

I pomyśleć, że cała ta zażarta dyskusja dotyczy kwiatów cukinii. Ale ja sama również jestem pod ich urokiem. Żółte, gibkie i sprężyste, zawsze budziły moje zainteresowanie. Zaczęłam je hodować dawno temu, a gdy nie miałam własnego ogródka, prosiłam przyjaciół, by udostępnili mi jakiś zakątek.

Dobrze poznałam wymagania i kaprysy kwiatów cukinii. Ich łagodny smak i aromat sprawiają, że można je podawać albo jako ozdobę i dodatek do innych potraw, albo jako oddzielne danie. Wszystkie gatunki *zucca,* dyni — zakwitają już w początkowej fazie wzrostu, ale kwiaty *zucchine* są najbardziej trwałe. Zbieramy je, gdy cukinie są jeszcze stosunkowo małe, mają wydłużony kształt i nie więcej niż dwadzieścia, góra dwadzieścia pięć centymetrów długości. Należy je zrywać wraz z owocem, aby w tym samym miejscu mogły rozwinąć się następne. Kwiaty cukinii są rozdzielnopłciowe, przy czym żeńskie są nieco większe i mają kształt dzwonka. Zauważyłam, że prawie wszystkie, które przyniósł Barlozzo, były żeńskie.

— *Come mai quasi tutti i fiori in questa zona sono femminili?* Jak to możliwe, że prawie wszystkie kwiaty w tej okolicy są żeńskie?

Moje niewinne pytanie wywołało salwę rubasznego śmiechu, a błękitne szelki rzuciły mi w odpowiedzi:

— Bo jesteśmy szczęściarzami.

Całkiem nierozsądnie podejmuję dyskusję i zaczynam się z nimi przekomarzać. Tłumaczę, że musimy zaopatrzyć spiżarnię w podstawowe produkty, ponieważ nasze zapasy są na wyczerpaniu, i dlatego dzisiaj zadowolimy się czymś bardzo prostym. Ale jest już za późno. Rozmówcy za bardzo zdążyli się rozkręcić. Przerzucają się przepisami, szepczą kulinarne mądrości, jakby odprawiali nieszpory. Tak oto kwiaty cukinii stały się zarzewiem godzinnej, pobudzającej apetyt dyskusji, w której nasz udział nader szybko okazał się zupełnie zbędny. Czym prędzej żegnamy się, na co nikt nie zwraca specjalnej uwagi, i wychodzimy. Za nami podąża Barlozzo.

— Wszyscy tu wiedzą, że tak naprawdę są trzy tematy, na które warto rozmawiać, przynajmniej w tych stronach — stwierdza. — Najważniejsza jest pogoda, bo decyduje o wszystkim, a oni są rolnikami. Druga rzecz to narodziny i śmierć, zarówno ludzi, jak i zwierząt. A trzecia to potrawy — z uwzględnieniem tego, co jadło się poprzedniego dnia i co planuje się zjeść następnego. W tych trzech tematach mieści się właściwie wszystko: filozofia, psychologia, socjologia, antropologia, nauki ścisłe, historia, sztuka, literatura i religia. Przy różnych okazjach dyskutujemy o tym, co tak naprawdę liczy się w życiu, ale zwykle to właśnie wtedy, gdy rozmawiamy o jedzeniu, dotykamy rzeczy najistotniejszych. Ten temat łączy się bowiem ściśle z innymi. W życiu najważniejsze są stół i łóżko. Wszystkie inne sprawy załatwiamy tylko po to, by móc znowu zasiąść do stołu lub wrócić do łóżka.

Dziękujemy naszemu gościowi za kwiaty i zapraszamy go do siebie na lunch, on jednak odmawia. Zamiast tego proponuje, że wpadnie o czwartej pomóc nam się urządzić w nowym domu i rozpakować resztę rzeczy. Mówi o tym tak, jakby rozmawiał o pracy do wykonania. Chętnie też odpowie na wszystkie nasze pytania dotyczące domu. Tę ostatnią wiadomość przekazuje ściszonym głosem.

Na łuku drogi biegnącej przez wyżej położoną część *piazza* mieści się warzywniak Sergia. Szukamy czegoś, co mogłoby współgrać z naszym kwiatowym menu. Sergio proponuje *fritto misto*, smażoną mieszankę warzyw i ziół. Podaje też pęk liści szałwii, długich i miękkich jak królicze uszy, pędy i liście selera. Bierze z koszyka garść smukłej zielonej fasolki i dodaje do naszych zakupów. Pyta, czy lubimy kartofle, ale nawet nie czeka na odpowiedź, tylko sięga do kartonu. Ziemniaki mają żółtą skórkę, są przybrudzone ziemią, a wielkością przypominają czereśnie.

Cztery kroki dalej, idąc pod górę w stronę kościoła i wieży magistrackiej, znajdujemy *gastronomię,* gdzie kupujemy mąkę i sól morską, butelkę piwa do przygotowania panierki oraz olej arachidowy do smażenia. Proszę też o jajka, ale sprzedawca przekrzywia znacząco głowę i spogląda na mnie z politowaniem. Mówi, że powinnam zajrzeć do kurnika położonego na wzgórzu, nieco poniżej naszego domu.

— *Può prendere da sola, signora, direttamente là.* Proszę sobie samej wybrać, leżą właśnie tam — mówi poirytowanym tonem, jakby zbieranie jajek w kurniku było jakimś toskańskim sakramentem, do którego wypada przystępować codziennie.

Naprzeciwko *gastronomii* mieści się *enoteca,* sklep winny, gdzie kupujemy wino Vernaccia i „oliwę turystyczną", jak będzie o niej mówił Barlozzo. Ładna litrowa butelka wypełniona jest pośledniej jakości oliwą, która kosztuje więcej niż pięć litrów wysokogatunkowej, jaką dostalibyśmy w przetwórni. Musimy się jeszcze sporo nauczyć. Potem rzeźnik, jubiler, *un'antichità,* sklep z antykami, a także dwa sklepiki spożywcze, nie większe od garderoby, zamykające listę miejsc, w których można dokonać zakupów w *centro storico.* Upłynie jeszcze kolejny długi dzień bez ciast i słodyczy, zanim odkryjemy, że w miasteczku jest *pasticceria,* której wcześniej nie zauważyliśmy, bo zasłaniał ją kościół.

Znajdujemy też drugą piekarnię usytuowaną na zboczu wzgórza, z którego schodzi się do owczarni.

Nigdy wcześniej nie zbierałam jajek w kurniku. A Fernando ani razu jeszcze nie widział kury. Pochylamy się nisko i wchodzimy do środka, gdzie przycupnęło sobie dwanaście, albo i więcej, tłustych, opierzonych dam. Ptaki siedzą spokojnie, żadnego zbędnego gdakania czy trzepotania skrzydłami. Podchodzę do pierwszej i pytam grzecznie, czy nie miałaby dla mnie jajeczka albo dwóch. Milczy. Przechodzę na włoski. Nadal brak odpowiedzi. Proszę Fernanda, aby ją podniósł, ale on już zdążył ewakuować się na zewnątrz. Pali, przechadzając się tam i z powrotem. Wyjaśnia, że w gruncie rzeczy wcale nie lubi jajek, a już zupełnie nie ma ochoty na *frittatę.* Kłamie w żywe oczy. W tej sytuacji sama zabieram się do dzieła. Usiłuję delikatnie przesunąć kurę, a ona uprzejmie zeskakuje z gniazda. Na słomie leżą dwa śliczne brązowe jajeczka. Zabieram je, najpierw jedno, potem drugie, i ostrożnie umieszczam w torbie. Potrzebne mi są jeszcze dwa. Rozglądam się uważnie po kurniku. Wybieram kurę, która siedzi obok tej potulnej. Podnoszę ją, a ona dziobie mnie mocno w nadgarstek, więc natychmiast wypuszczam ptaszysko z rąk. Widzę, że gniazdo jest puste, więc przepraszam za swoją nachalność. Pewnie nioska potraktowała mnie w ten sposób, bo była zwyczajnie zażenowana. Ruszam w stronę kolejnej kury i tym razem znajduję tylko jedno jajko, nieco jaśniejsze, wciąż jeszcze cieplutkie i pokryte źdźbłami słomy. Zabieram je i wychodzę, ale czuję się trochę nieswojo. Dopiero co zjechałam do Toskanii, a już zdążyłam ograbić kurnik, i to z samego rana.

Gdy wracamy do domu, ubijam jajka o żółtkach pomarańczowych jak dynia, dodając odrobinę soli morskiej, pieprzu, łyżkę stołową białego wina i garść parmezanu. Szukam płaskiej, szerokiej patelni, którą przechylam na boki, by równomiernie rozprowadzić turystyczną oliwę, i stawiam ją na małym ogniu, czekając, aż się rozgrzeje. Wrzucam na tłuszcz wymyte i osuszone kwiaty, nieco je przyciskam, żeby się nie przesuwały i smażę około minuty. W tym czasie urywam kilka listków bazylii i jeszcze przez chwilę ubijam jajka. Na gorącą oliwę wrzucam parę ziarenek kopru włoskiego dla uzyskania odpowiedniego aromatu. Kwiaty zaczynają się od spodu ładnie rumienić. Pora, by zwiększyć płomień i dodać jajeczną masę. Delikatnie podważam *frittatę*, by nie uszkodzić zapieczonych w niej kwiatów. Następnie wsuwam na moment wykwintne danie pod gorący ruszt, by na wierzchu utworzyła się złocista, porowata skórka, zsuwam omlet na talerz i dekoruję go listkami bazylii. Pod wpływem ciepła zioła zaczynają pachnieć jeszcze intensywniej. Na koniec skrapiam *frittatę* odrobiną doskonałego starego *balsamico* i odstawiam na jakiś czas.

Fernando i ja zanurzamy w cieście liście szałwii i selera, smażymy je, po czym zjadamy prosto z papierowego ręcznika. Stoimy przy piecu niemal w bezruchu. Kuchnia jest malutka, mniejsza od weneckiej, mniejsza niż jakakolwiek inna, pomijając kuchnie z zabudową na miarę. Smażymy tylko kilka kwiatów, drobne kartofelki i zielone fasolki. Wszystko to oraz *frittatę* i dwa kieliszki wina Vernaccia wynosimy na taras.

— No i jak ci się tutaj podoba? Chodzi mi o pierwsze wrażenia — pytam Fernanda.

— Mam najróżniejsze myśli. Czuję lęk, ale także wielkie podekscytowanie. Nadal do mnie nie dociera, że nie muszę chodzić do banku i że nie mieszkamy na Lido. Wszystko jest dokładnie takie, jak zaplanowałem, ale na tyle świeże, że prawie nierealne. A ten dom, cóż, jest inny od tego, co do tej pory oglądałem, a ja mam przecież tutaj mieszkać. Wiem, że niektóre pomieszczenia zostały dość dziwnie podzielone, ale, ogólnie rzecz biorąc, dom jest naprawdę duży.

Przez całe swoje życie Fernando zajmował kolejno dwa małe apartamenty, oddalone od siebie nie więcej niż kilometr. Nic dziwnego zatem, że ten stary dom — na wpół stajnia, na wpół wiejska chata — nieco go zaskoczył. Jeśli o mnie chodzi, wielka, dość ekscentrycznie zagospodarowana powierzchnia budzi moją ciekawość.

— Podoba mi się, że tyle jest tu zakamarków. Ten dom bardziej przypomina schronisko niż mieszkanie. Lubię go właśnie za tę jego siermiężną prostotę. To dobre miejsce, żeby zacząć wszystko od początku. Jednak z zewnątrz budynek robi smutne wrażenie. Przycupnięty na skraju drogi wydaje się opuszczony i, w pewien sposób, wzgardzony. Jakby między jego kamieniami kryło się cierpienie.

Fernando wstaje z krzesła i siada na posadzce tarasu. Plecami opiera się o ścianę domu i sączy wino.

— Z całą pewnością nie jest to Ca d'Oro, ale ja nie dostrzegam w nim cierpienia, zasługuje raczej na miano *eroica* — heroicznego. W moim przekonaniu ten dom uosabia trwanie.

— Tylko że nie ma w nim centralnego ogrzewania, telefonu, telewizji — prawie żadnych wygód.

— To prawda, ale przecież nie brakuje nam inwencji — mówi, posyłając mi przy tym jeden z najczulszych uśmiechów Petera Sellersa.

Kiedy trzy lata temu opuściłam Amerykę dla Italii, nie zrobiłam tego z powodu Wenecji ani domku na plaży, ale właśnie dla tego mężczyzny, dla Fernanda. Obecnie jest podobnie. Nie przyjechaliśmy do Toskanii ze względu na dom.

Teraz, gdy mamy już siebie, nadal chcemy odnaleźć pierwotną niewinność, której szukaliśmy nad morzem i przez całą drogę tutaj, do tych różowo-piaskowych wzgórz. Przyjechaliśmy tu, by coś zmienić, oczyścić swe życie z wszelkich zbytecznych naleciałości, poddać się rytmowi i rytuałom wiejskiego bytowania. To właśnie ono, zdaniem miejscowych, skrojone jest *a misura d'uomo* — na miarę człowieka. Mamy nadzieję, że w tym miejscu odnajdziemy prawdziwe życie, znane ze starych opowieści, pełne chwil trudnych, ale i radosnych. *Dolce e salata,* słodkie i słone zarazem. Jak post czyni ucztę czymś wyjątkowym, tak oba aspekty życia są sobie potrzebne, uświetniają się bowiem nawzajem. Niewykluczone, że podobną równowagę można osiągnąć w dowolnym miejscu na ziemi, ale my przyjechaliśmy akurat tutaj i tu chcemy ją odnaleźć. Dlatego zabraliśmy ze sobą zarówno zmienne koleje losu, jak i te najjaśniejsze momenty, które chcielibyśmy zachować w pamięci. Pełni determinacji wyruszyliśmy w drogę, by jak najszybciej dotrzeć do tego miejsca. Przyjechaliśmy, bo przypuszczamy, że właśnie tutaj dowiemy się, dokąd tak naprawdę prowadzi postęp. Podejrzewamy, że znacznie większy spokój można odnaleźć, cofając się do korzeni.

Przekonamy się. Wiemy już, że życie przypomina ważkę — szybko umyka. Dlatego dopieszczamy każdy dzień w jego najprostszej postaci i próbujemy wyzbyć się złudzeń, nawet tych najmniejszych. Właśnie rozebraliśmy do fundamentów jedno życie, więc zbyt pośpieszne konstruowanie nowego byłoby gwałtem. Szczególnie, że nie podjęliśmy jeszcze próby zdefiniowania, czego tak naprawdę pragniemy i co możemy osiągnąć, wznosząc nową budowlę.

Nie będziemy, ani w sensie fizycznym, ani w wymiarze duchowym, jak ten więzień, który stoi onieśmielony w otwartych drzwiach celi i zastanawia się, czy powinien z niej wyjść. Co pocznie, gdy wokół nie będzie ścian? I czym prędzej zaczyna wznosić nowe mury, określa granice własnej wolności — jakby po raz drugi popełniał tę samą zbrodnię, poślubiał tę samą osobę, wsiadał do tego samego pociągu, znajdował tę samą pracę, pisał ten sam list i tę samą książkę. Ludzie, którzy poszukują zmiany, innego życia, zaczynają coś od początku, czasami wyobrażają sobie, że zastaną wszystko gotowe tylko dlatego, że zmienili adres i zamieszkali pod inną szerokością geograficzną. Ale zmiana adresu

— bez względu na to, jak odległe i egzotyczne jest nowe miejsce zamieszkania — nie będzie niczym innym jak najzwyklejszą przeprowadzką. I gdy tylko rozejrzą się wkoło, zobaczą, że wszystko to, co, jak sądzili, zostawili za sobą, przybyło wraz z nimi. Wszystko. Tak więc, jeśli na tym wczesnym etapie mamy jakiś plan, to jedynie taki, by wlać w nasze życie energię i nadać mu nowy kształt — a nie odtwarzać to, co już było.

Przechadzamy się po naszym domu, zwiedzając pokój za pokojem, wchodzimy na górę, by za chwilę wrócić na dół. Fernando mówi, że tu jest wspaniale i mogę się z nim zgodzić, pod warunkiem, że odpowiada nam życie w *agriturismo* lub w sanatorium dla cierpiących na suchoty.

— Wystarczy odrobina farby, trochę materiału, kilka ładnych starych mebli — staram się przybrać maksymalnie obojętny ton, a mimo to mój mąż nie daje się nabrać.

Zaledwie kilka dni po tym, jak przyjechałam do Wenecji, żeby z nim wspólnie zamieszkać, wyszedł rano z wygodnego, choć zakurzonego domku na plaży, a po dziewięciu godzinach wrócił do siedziby paszy — wokół lśniące marmurowe posadzki, wszechobecna biel brokatu i delikatny aromat cynamonowych świec, wypierający zadomowiony tu od dwudziestu lat zapach dymu tytoniowego.

„*Cristo*".

Barlozzo przychodzi, gdy wybija czwarta. Nie uśmiecha się i zawzięcie milczy. Jego toskańska rezerwa wyraźnie kontrastuje z moim trajkotaniem i zachowaniem w stylu Donny Reed — skaczę wokół niego, poprawiam poduszkę, na której być może zechce spocząć, wyrażam radość z tego, że jest naszym pierwszym gościem i przynoszę szklankę wody, której on nie chce wypić, co uzasadnia tym, że *acqua fa ruggine* — od wody się rdzewieje. Gdy zamiast tego nalewam mu wina, natychmiast opróżnia kieliszek i bez zbędnych wstępów informuje nas, że urodził się w tym właśnie domu.

— W pokoiku na piętrze, położonym od zachodniej strony. Tu, na dole, trzymano zwierzęta. Krowy i muł spały tutaj — wskazuje ręką na *salotto,* czyli nasz salon. — A tam, gdzie macie kuchnię, stał żłób.

Tę ostatnią wiadomość przyjmuję z sympatią i zaciekawieniem. Ciasnota naszej kuchni przestaje mnie irytować. Zaczynam uważać, że jest tu miło i przytulnie. Jestem absolutnie pewna, że Donna Reed nigdy nie miała okazji gotować w takim miejscu.

— Cztery pokolenia rodziny Barlozzich dzierżawiły ziemie Luccich. Ja reprezentuję piąte, ale po wojnie wszystko się zmieniło. Mój ojciec poważnie zachorował i nie mógł dłużej pracować, więc zacząłem wykonywać dla Luccich najróżniejsze prace, żeby zarobić na nasze utrzymanie. Bardziej przydawałem się jako złota rączka niż jako rolnik. Do Luccich należy osiem posiadłości pomiędzy Piazze i Celle. Przenosiłem się bez przerwy z jednego miejsca na drugie, by łatać dachy, wznosić mury, nie dopuszczać, by domy popadały w ruinę, ratować co się da po haniebnych spustoszeniach wojennych.

Zawzięcie milczy, dopóki nie nabierze ochoty do rozmowy, jak gdyby chował te wszystkie historie na specjalne okazje. To prawdziwy monolog sceniczny, pieśń śpiewana cichym głosem przez starego mnicha. Po śmierci rodziców mieszkał tu jeszcze przez kilka lat sam, zanim wynajął mieszkanie w nowej części miasteczka położonej kilometr dalej. Był ostatnim lokatorem naszego domu. Potem budynek służył jako magazyn albo pomieszczenie dla robotników sezonowych, przyjmowanych do pracy przy zbiorze oliwek i winogron. Od ponad trzydziestu lat nie pracuje już dla Luccich i ani razu tu nie zajrzał. Jego przemilczenia są równie wymowne jak opowieści. Między poszczególnymi zdaniami robi dłuższe pauzy, aby dotarło do nas również to, co ukryte jest w ciszy.

— Chciałby pan zobaczyć, jak po remoncie wyglądają sypialnie na górze? — pytam.

Wspólnie z nami wyrusza na obchód pokojów. Dawniej kuchnia była tam, gdzie teraz mieści się nasza sypialnia. Barlozzo przesuwa dłonią po gipsowej ściance, postawionej w miejscu, gdzie kiedyś stał piec. Dwie pozostałe sypialnie pełniły wcześniej funkcję spiżarni, którą określa mianem *la dispensa.* To tutaj jego ojciec wieszał u potężnych dębowych krokwi marynowane w winie udźce wieprzowe, które przez okres zimy i wiosny owiewał suchy, chłodny wiatr, aż mięso apetycznie się zaróżowiło i nabrało wspaniałego, delikatnego smaku *prosciutto.*

— Wieszaliśmy na tych belkach najrozmaitsze rzeczy — mówi. — Figi i jabłka nanizane na sznurki, salami, pomidory i papryczki chili zasuszane na łodygach, warkocze czosnku i cebuli. Na ziemi zawsze leżała sterta zielonych okrągłych zimowych dyń, ułożonych jedna na drugiej, łodygami w dół. Leżały w ten sposób od września do kwietnia. Wzdłuż ścian biegły półki zbite z szerokich desek, uginające się pod ciężarem weków z brzoskwiniami, wiśniami i morelami, zabezpieczone *sotto spirito,* warstwą spirytusu. W dawnych, dobrych czasach.

Ponieważ sądziłam, że mój rozmówca powiedział *Santo Spirito,* zapewniłam go, że sama chętnie bym się dowiedziała, w jaki sposób Duch Święty zabezpiecza owoce przed zepsuciem, i wtedy po raz pierwszy usłyszałam śmiech Barlozza.

Pokazujemy mu obie łazienki, na co on kręci z niezadowoleniem głową, mrucząc pod nosem, że Lucci robią wszystko jak najmniejszym kosztem. Ma na myśli wanny na nóżkach i ściany z gołych cegieł. Lamentuje, że byli pracodawcy marnotrawią sterty ręcznie robionych kafli z terakoty, które trzymają w szopach i piwnicach rozrzuconych po całej dolinie, a zamiast nich kładą błyszczące, taśmowo produkowane płytki. W ten sposób niszczą klimat i styl starego wiejskiego domu.

— *È una tristezza* — mówi — *proprio squallido come lavoro.* To smutne, całkowicie spartaczona robota. Lucci urządzili wszystko tak tanio, jak się tylko dało, i to za państwowe pieniądze.

Chociaż niezupełnie pojmujemy sens ostatniego zdania, wyraz twarzy Barlozza i wymowna pauza, jaką umieścił na końcu wypowiedzi, jednoznacznie dają nam do zrozumienia, że nie powinniśmy drążyć dalej. Mimo że ocena, jaką wystawia naszemu domowi, jest bardzo surowa, podzielam jego opinię. Przypominam sobie jednak, że nie przyjechaliśmy tu dla domu.

Słońce zniknęło za horyzontem. Gdy wychodzimy na taras, ogród spowity jest niebieskim światłem. Dopiero co minęła siódma, a Barlozzo nadal jest w nastroju do wygłaszania monologów. Tym razem opowiada nam historię miasteczka. Tak jak wszyscy dobrzy nauczyciele, zaczyna od ogólnego zarysowania tematu.

— Jest to ostatnia z miejscowości usytuowanych na wzgórzach stanowiących południowe krańce Toskanii, w miejscu, gdzie region ten łączy się z Lacjum i Umbrią. San Casciano leży *precisamente,* dokładnie 582 metry powyżej poziomu morza. Zbudowane zostało na grzbiecie wzniesienia, które oddziela doliny dwóch rzek: Pagli i Chiany.

To niezwykle ekscytujące doświadczenie, być w samym środku tego wszystkiego, co opisuje. Mam wielką ochotę mu o tym powiedzieć, ale jest tak bardzo pochłonięty swoją historią, że nie ośmielam się przerywać.

— Jest równie stare jak sama Etruria, a możliwe, że jego początki sięgają jeszcze dalej. Osada rozrosła się za czasów rzymskich. Korzystając z wód leczniczych, wypływających z tutejszej gliniastej ziemi, zbudowano termy, które zaczęły przyciągać zamożnych Rzymian, dzięki czemu miejscowość mogła się rozwijać.

A kiedy na zlecenie imperium powstała Via Cassia — jedno z najwspanialszych osiągnięć konstrukcyjnych tamtych czasów — droga łącząca Rzym z Galią — San Casciano dei Bagni, San Casciano Zdrój, stało się łatwiej dostępne. Z tutejszych wód leczniczych korzystały tak słynne postaci jak Horacy czy Oktawian August.

W średniowieczu na ziemiach ciągnących się od Sieny aż do Orvieto toczyły się nieustanne walki gwelfów z gibelinami i łaźnie przestały przyciągać podróżnych. Dlatego dopiero w tysiąc pięćset pięćdziesiątym dziewiątym roku, kiedy to miejscowość dostała się pod protektorat Wielkiego Księstwa Toskanii, którym rządził florentyńczyk, Kosma Medyceusz, starożytne termy odzyskały dawną świetność. Zaczęły zjeżdżać tutaj koronowane głowy Europy wraz ze swoimi dworami. Wysoka ranga osób przyjeżdżających do San Casciano sprawiła, że w miasteczku i okolicach zabrano się do wznoszenia nieco bardziej reprezentacyjnych budowli.

Cały ten historyczny wywód ma miejsce niemal tuż za progiem naszego domu. Chociaż nadal z uwagą spoglądam na Barlozza, moje myśli zaczynają odpływać. Krótko mówiąc, możemy się zanurzać w tych samych ciepłych zdrojach, w których kiedyś zażywał kąpieli Oktawian August.

Każdego ranka, jeszcze o wschodzie słońca, udajemy się na spacer. Docieramy do rzymskich źródeł termalnych, z których z cichym bulgotem wypływa ciepła woda. Zanurzamy w niej stopy, a gdy mamy na to ochotę, także resztę ciała. Rześkie, wciąż jeszcze chłodne powietrze i gorąca woda stanowią wspaniałe połączenie, zwłaszcza przed śniadaniem. Pośród łąk i wrzosowisk niewiele jest wydeptanych ścieżek, dlatego nasz spacer przypomina trochę wyprawę w nieznane. Nogi zaczynają mnie boleć jak w ciągu pierwszych dni mojego pobytu w Wenecji, gdy przemierzałam niezliczoną ilość mostków i kładek. Chłodny wietrzyk raz po raz marszczy spokojną taflę wody. Z czasem przeradza się w silniejszy wiatr, zwiastując deszcz. Niedługo rzeczywiście zaczyna lać z takim impetem, że w ciepłej ziemi błyskawicznie tworzą się liczne wyżłobienia i kanały, którymi spływa woda. Ściągamy wtedy buty i taplamy się w błocie jak dzieci.

Kiedy nie możemy się już doczekać śniadania, szybkim krokiem ruszamy przez zarośla i pola w stronę domu. Gdy niemal bez tchu docieramy na miejsce, serca nam łomoczą, a nasze spocone ciała pachną odurzająco trawą i tymiankiem. Mam wrażenie, że jestem na letnim obozie, gdzie dyskretni i wyrozumiali wychowawcy z pobłażliwym uśmiechem przyglądają się naszym miłosnym uniesieniom. Bierzemy kąpiel, zmieniamy ubrania i wychodzimy do miasteczka.

W ciągu kilku dni ustanawiamy pewne rytuały. Gdy mijamy piekarnię, właściciel, na ogół z żoną, wychodzą nam naprzeciw. Witają nas przed sklepem, wręczając cieplutkie porcje *pizzy bianca* owiniętej w gruby szary papier.

Taką pizzę wyrabia się z ciasta chlebowego, które trzeba cieniutko rozwałkować, natrzeć oliwą, poprószyć solą morską, a potem wsunąć do pieca obok chleba. Jest gotowa w ciągu dwóch minut. Piekarz wyjmuje ją drewnianą łopatą, którą kładzie potem na stoliku przy drzwiach i na niej kroi ciasto. Wspaniały aromat świeżej pizzy budzi ze snu całe miasteczko. Jemy nasze pierwsze śniadanie w trakcie trzydziestometrowej wspinaczki pod górę, w drodze do baru „Centrale".

Gdy już jesteśmy na miejscu, zamawiamy nasze *cappuccini — caldissimi e con cacao,* bardzo gorące, z odrobiną gorzkiej czekolady. Po chwili filiżanki z kawą stoją przed nami na stole, tuż obok tacy z croissantami. Wprawdzie nic nie może się równać z serwowanymi przez Pasticcerię Maggion ciepłymi chrupiącymi rogalikami nadziewanymi marmoladą morelową — z powodu której codziennie przez trzy lata mojego pobytu na Lido miałam umorusane ręce i brodę — ale te tutaj też mi smakują. Podobnie jak tutejsze życie. Źle oceniłam stopień ryzyka. Nie brakuje mi determinacji i odwagi. Potrafię się dostosować. Przeniosłam się z Wenecji do Toskanii duszą i ciałem. Wciąż chłonę różne rzeczy. Cieszy mnie pocałunek. Zachwyca delikatny wietrzyk. Nadal mam w sobie ufność i — podobnie jak w Wenecji — poczucie przynależności do miejsca, gdzie akurat jestem, co ratuje mnie przed nostalgią.

Tutaj, tą samą drogą, którą chodzę, zrywając koper włoski, maszerowały legiony rzymskie. Przecież to starożytna Via Cassia, obecnie Strada Statale Numero 2. Na pobliskiej łące, gdzie kochaliśmy się i o zachodzie słońca piliśmy wino, Rzymianie palili ogniska pośród etruskich kamieni, gotowali zupę z *farro* i spali niespokojnym snem.

Wszystko nas nieustannie zdumiewa. Jedziemy do Urbino i z niedowierzaniem powtarzamy sobie: oto dom, w którym urodziła się matka Rafaela. W Città della Pieve mówimy: a to ten kościół, w którym pracował Perugino. Przechadzamy się po Spoleto i myślimy: to przecież brama, przy której *spoletini* powstrzymali pochód Hannibala. Gdy spacerujemy po lasach sąsiadujących z naszym ogrodem, zgadujemy: pewnie dzisiejszego ranka jacyś przygodni myśliwi znowu zabiją dwa dziki, kultywując te same praktyki i rytuały, co ich średniowieczni poprzednicy.

Prawie w każdej wiosce, gminie czy zakątku *borgo*, osady, znajduje się ruina na pozór skromna, a warta odnotowania: fragment murów, jakiś obraz, kaplica, wspaniały kościół, wieża, zamek, samotna pinia od wieków stojąca na straży sielskiego pagórka, półmetrowy fresk z dziesiątego stulecia, nadal czytelny, choć upłynęły milenia, niosąc niezliczone zmiany, świetnie zachowany, uroczy detal zdobiący dzisiejszą aptekę lub wytwórnię czekolady. Wąskie przejścia, znaki wyryte w kamieniu i inne pamiątki przeszłości, które, podobnie jak my, pragną być dotykane i ocalone od zapomnienia.

Co dnia uczymy się czegoś nowego. Stajemy przy każdym przydrożnym *frantoio* i kosztujemy oliwę. Ilekroć trafiamy na taką, która nam odpowiada, wlewamy ją do naszego dwudziestolitrowego glinianego dzbana zwanego *giara*. A ponieważ zużywamy średnio litr oliwy na tydzień, jej zapas wystarczy nam do grudnia, kiedy to wytłaczana jest kolejna partia. Taszczymy dzban w kierunku drzwi dawnej stajni, wciągamy go do środka i ustawiamy w ciemnym, chłodnym miejscu.

Mieszkamy na terenie *Chianti Geografico.* Chociaż miejscowe wino robione jest z tych samych szczepów winogron i przy użyciu tych samych metod, co w Chianti właściwym, tutejsze winnice leżą poza ściśle określonym obszarem produkcji win uprawnionych do nazwy Chianti i dlatego muszą mieć inną etykietę.

Wyruszamy drogą prowadzącą przez wzgórza. W naszym bagażniku brzęczy zapas świeżo wyszorowanych, lśniących, pięciolitrowych butli. Zaglądamy do każdej winnicy, gdzie na drzwiach domu widnieje zaproszenie: *degustazione, vino sfuso,* degustacja, wino niebutelkowane. Popołudniami kręcimy się po okolicy i wciąż próbujemy, aż w końcu decydujemy się na czerwone wino z winnicy Palazzone, które od tej pory stanie się oficjalnym winem naszego domu.

U Sergia i kilku innych ogrodników zaopatrujemy się codziennie w świeże warzywa, owoce i zioła. Jajek mamy pod dostatkiem. U młynarza w miasteczku kupujemy w dziesięciokilowych papierowych workach mąkę na chleb oraz gryczaną i razową. Wciąż się zastanawiamy, kto powinien zostać naszym *macellaio di fiducia,* zaufanym rzeźnikiem, chociaż wysoki młody człowiek z Piazze, który przy pasku Dolce & Gabbany nosi rzeźnicki tasak, zdecydowanie prowadzi w rankingu.

W Querce al Pino mieści się spółdzielnia, w której zaopatrujemy się w pozostałe artykuły. A jeśli idzie o sprawy nie związane ze stołem i jedzeniem, miejscowa *lavanderia* jest czymś znacznie więcej niż zwykła pralnia. To skrzyżowanie pralni chemicznej z zakładem krawieckim; połączenie sklepu bławatnego z pracownią dziewiarską. Oprócz tego właścicielka oferuje swe słynne likiery, toniki oraz wiejski samogon, uzyskiwany z destylatora, który swojsko bulgocze tuż obok maszyny do maglowania. Mąż właścicielki jest szewcem, syn — mechanikiem samochodowym, żona syna — fryzjerką, a wszystko to koegzystuje zgodnie w obrębie wspólnego ciasnego podwórka. Tym samym podstawy naszego bytu w miasteczku zostały zabezpieczone — mamy komplet usług i towarów. Wspaniale. Tego właśnie chciałam.

Któregoś ranka w drodze do baru zauważamy Barlozza. Stoi przy kurniku, zajęty śniadaniem. Obserwujemy, jak rozbija jajko, połyka zawartość, a następnie pociąga z butelki haust czerwonego wina. Wyciera usta chusteczką, pakuje wino z powrotem do torby i widać, że ma zamiar ruszyć dalej. Wołamy do niego, żeby na nas zaczekał. Kiedy docieramy do baru, Barlozzo bierze coś na popitkę, a my delektujemy się *cappuccini.* Straszy, że mleko, które pijemy, w końcu nas zabije.

Nie czekając na zaproszenie z naszej strony, codziennie o czwartej po południu składa nam wizytę. A my szybko uznajemy to za rzecz normalną i zaczynamy go wyglądać o ustalonej porze. Między sobą tytułujemy go *il duca*, Książę, jednak nigdy nie zwracamy się do niego w ten sposób. Chcąc go uhonorować, ochrzciliśmy nasz dom jego imieniem. Ilekroć pada nazwa Palazzo Barlozzo, nasz gość rumieni się jak mały chłopiec. I nigdy nie jestem pewna, czy to z radości, czy też z powodu zażenowania.

Barlozzo i Fernando dobrze się ze sobą rozumieją, tak jak z pewnością dobrze by się rozumieli Gary Cooper i Peter Sellers. Barlozzo wyjaśnia mojemu mężowi, w jaki sposób należy dbać o młode oliwki, które Fernando posadził przed kilkoma miesiącami, gdy postanowiliśmy wynająć ten dom. Dyskutują także o ogródku warzywnym. Ze słów Barlozza wynika, że większa część ziemi przypisanej do domu leży na stokach, gdzie znajdują się zagrody dla owiec. Tam, gdzie jego matka miała przydomowy ogródek, właściciele posesji, państwo Lucci, postawili brzydką betonową konstrukcję, która w założeniu miała być stodołą. Tłumaczy nam, że ów kawałek ziemi, który pozostał, nadaje się jedynie do założenia rabaty kwiatowej. Jednak kiedy Fernando opowiada mu, jak usilnie go prosiłam, by w tym miejscu zbudować opalany drewnem piec, Barlozzo unosi kąciki wąskich toskańskich ust i natychmiast podejmuje temat:

— Pojedziemy do Ponticelli, do mojego przyjaciela. On odleje dla was *canna fumaria e la volta,* komin i sklepienie. Wkoło jest mnóstwo starych cegieł, które można użyć do wyłożenia komory pieca i obudowy paleniska. Do izolacji wykorzystamy glinę oraz piasek i...

Ciągnie dalej temat, zachęcony, jak sądzę, spojrzeniem Fernanda, który przygląda mu się zafascynowany. Czyżby mój mąż nagle znalazł sobie idola? Jak dwóch dziewięciolatków, którymi kiedyś przecież byli, proszą o papier i coś do pisania. Siadają ze skrzyżowanymi nogami na podłodze i skrobią prymitywne rysunki, podobne zapewne do tych, jakie musieli kreślić Egipcjanie projektujący pierwsze piece. Opowiadamy Księciu, jak w trakcie zbierania materiałów do mojej pierwszej książki kucharskiej objeżdżaliśmy całe północne Włochy w poszukiwaniu pieców komunalnych i gminnych. Najbardziej podobały nam się te, które spotyka się w niektórych wioskach Friuli. Rozpala się je w każdy piątek o północy, wykorzystując gałązki winorośli i wielkie dębowe polana. Dzięki temu w sobotę już o świcie można przystąpić do pieczenia.

Mówimy mu o *maestro del forno,* mistrzu zduńskim, którego pozycja społeczna i polityczna jest tak wysoka, że ustępuje chyba tylko burmistrzowi. *Maestro* czyści i konserwuje piec oraz ustala termin kolejnego pieczenia, które rozpoczyna się o świcie i trwa aż do kolacji. Każda rodzina ma swój własny sposób znakowania chleba — może to być prosty krzyż albo bardziej skomplikowany układ serduszek lub strzał, który kreśli się na bochenkach, tuż przed włożeniem ich do pieca. A potem, aby nie zmarnować wytworzonego ciepła, mieszkańcy wioski przynoszą z domów naczynia z terakoty i żeliwne garnki. Są w nich potrawy z warzyw i ziół podlane winem; niekiedy jest to udziec jagnięcy albo wieprzowina przyrządzana z dodatkiem drobnej fioletowej cebuli i grubo krajanych łodyg dzikiego kopru włoskiego. Wszystko to, ustawione pośród żarzących się węgli, dusi się przez całą noc, a gdy palenisko wygaśnie, dania zostają jeszcze przez pewien czas w piecu, by przesiąkły zapachem dymu drzewnego.

W niedzielę przed poranną mszą każda rodzina wysyła swoje starsze potomstwo po garnki z niedzielnym obiadem. Niektóre dzieci zawijają naczynia w lniane płótno i taszczą swój skarb do kościoła, by jedzenie pobłogosławił ksiądz.

Tym razem Barlozzo nie tylko unosi kąciki ust, ale dostrzegam nawet coś na kształt uśmiechu. Ośmiela mnie to na tyle, że pytam go, czy w San Casciano też jest piec komunalny dla wszystkich mieszkańców.

— Prawdę mówiąc, kiedyś były tutaj nawet dwa takie piece. Jeden znajdował się na łące, tam, gdzie teraz mieści się boisko do piłki nożnej, a drugi nadal stoi za warsztatem naprawy traktorów przy drodze do Celle. Ale od czasów drugiej wojny światowej żaden nie był używany. Z kolei w nieco mniejszych piecach, które każdy z nas postawił sobie na podwórku, zagnieździły się wiewiórki albo gołębie. Niektórzy trzymają w nich narzędzia i doniczki — opowiada, chociaż nie bardzo może sobie przypomnieć, co i kiedy doprowadziło do takiego stanu rzeczy.

Barlozzo proponuje, abyśmy co rano od dziesiątej pracowali we trójkę przy budowie pieca. O pierwszej kończylibyśmy pracę, aby coś zjeść i uniknąć popołudniowego upału. Ten plan nam odpowiada, bo wczesnym rankiem lubimy zwiedzać okolicę, o czym, jak podejrzewamy, Barlozzo doskonale wie i dlatego wybiera dogodną dla nas porę.

Któregoś ranka, podczas wspólnej pracy, pytam go, czy budowany przez nas piec nie mógłby się stać nowym piecem komunalnym. Moglibyśmy go rozpalać w sobotnie poranki i zapraszać bliższych oraz dalszych sąsiadów, aby piekli w nim chleb.

— To niemożliwe z tej prostej przyczyny, że mieszkańcy San Casciano od dawna już nie pieką sami chleba. Nikt tego nie robi. Ani w domu, ani na podwórzu. Prawie nikt. Mamy tu na miejscu dwóch świetnych piekarzy, którzy zaopatrują nas w pieczywo. W dzisiejszych czasach ludzie zajęci są innymi sprawami. A te piece należą już do przeszłości.

Jego wypowiedzi przypominają mi tyrady Fernanda, które wygłaszał w naszej weneckiej kuchni, ilekroć chciałam upiec chleb, zrobić domowy makaron albo przygotować sześciopiętrowy tort przekładany maślanym kremem. Mąż usilnie próbował ostudzić mój zapał, przytaczając dokładnie takie same argumenty — nikt już nie bawi się w pieczenie chleba, ciast, tudzież robienie domowego makaronu. Nawet babcie i niezamężne ciotki wolą iść do sklepu, a potem przez cały ranek popijać sobie *cappuccino* — perswadował. Czy to na pewno ten sam człowiek, który teraz wprost nie może się doczekać, kiedy zanurzy ręce w chlebowym cieście?

— Dlaczego pomaga nam pan budować ten piec, skoro to tylko „melodia przeszłości"? — dopytuję się zaciekawiona.

— Ponieważ potrzebujecie mojej pomocy — odpowiada. — A w miarę jak coraz lepiej was poznaję, nabieram przekonania, że najbardziej zależy wam właśnie na „przeszłości". Liczę, że to nie jest tylko przejściowe zauroczenie folklorem i twardo stąpacie po ziemi. Chcę przez to powiedzieć, że przyjechaliście w te okolice z zupełnie innego świata z nadzieją, że zastaniecie tutaj wiek dziewiętnasty. Jak gdyby czekała tu na was kraina Utopii. Albo jeszcze gorzej — Sybaris. A prawda jest taka, że tutaj nie ma i nigdy nie było żadnej Utopii. Zapewne wiecie również, jaki los spotkał Sybaris? Przeszłość obfitowała w tragiczne momenty i taka sama może być też teraźniejszość.

Pośpiech, z jakim Barlozzo wychodzi, budzi w nas uczucie chłodu, mimo że jest południe i z nieba leje się żar.

Nie dziwi mnie, że stary Książę zna grecką historię, ani że próbuje zaglądać nam w dusze. Nieoczekiwanie przerywa rozmowę i na odchodnym rzuca tylko przez ramię: *buon pranzo* — smacznego obiadu. Potem rusza na skróty przez łąkę, kierując się w stronę miasteczka. Jego wypowiedzi były dość niejasne, ale jednocześnie nasycone znaczeniami. Barlozzo potrafi być ostry niczym damasceńska stal, chociaż nie sądzę, aby celowo chciał nas zranić. Obserwujemy go przez chwilę, a potem patrzymy po sobie. Oboje jesteśmy nieco zbici z tropu. Naruszyliśmy jego prywatność, mimo że to on był tym, który, wykorzystując własny spryt, starał się do nas zbliżyć; to on uwielbia dużo mówić i pouczać innych; zgłębiać własną historię, zwłaszcza przed tak gorliwie słuchającą go parą neofitów jak my. Nie znosi jednak, gdy ktoś ukradkiem próbuje podejść zbyt blisko i dotknąć jego głęboko ukrytych wspomnień. Barlozzo zakreśla wokół siebie wyraźne granice, których nikomu nie wolno przekroczyć — choćby minimalnie.

Mimo rozczarowania żadne z nas nie jest zaskoczone, gdy o czwartej nie słyszymy pukania do naszych stajennych drzwi. Fernando tłumaczy mi, że Książę nie przychodzi, by wzmocnić efekt — *un colpo di teatro,* typowo teatralny zabieg. Staramy się nie zauważać, że popołudnie powoli przeradza się w wieczór, a on dalej nie daje znaku życia.

Trzyma swoją wierną publiczność w napięciu, ale trwa to stanowczo zbyt długo, myślę.

Wychodzimy na taras, zakładamy buty i mamy zamiar wyskoczyć do baru na *aperitivi*, gdy zza rogu wyłania się nagle Barlozzo.

— *Avete benzina per la macchina?* Macie zatankowany samochód?

— *Certo* — odpowiada Fernando. — *Ma perchè?* Ale o co chodzi?

— Zapraszam was na kolację.

Zmierzamy na południe przez pobliskie miasteczka — Piazze i Palazzone. Po dwudziestu minutach Barlozzo, instruując nas z tylnego siedzenia, jak mamy jechać, mówi w końcu: *eccoci qua*, gdy pokonujemy zakręt, przy którym wznosi się dziwna budowla.

Ni to chata, ni to sklecona naprędce szopa. Wokół rosną wielkie krzewy magnolii, na których pozawieszano kolorowe lampki. Ich migotliwy blask i szelest połyskujących w świetle liści to jedyne elementy zakłócające spokój nocy. W powietrzu rozchodzi się aromat jakiejś potrawy przyrządzanej z pomidorów przyprawionych czosnkiem. Do tego dołącza się jeszcze zapach płonących z wolna polan. Zostawiamy samochód przy samym rowie, obok jakiejś furgonetki. Od Barlozza dowiadujemy się, że auto należy do szefa kuchni. Odsuwamy sznurkową zasłonkę zrobioną z czerwonych plastikowych koralików i wchodzimy do środka.

Wewnątrz znajdują się automaty do gry w bilard, drewniane beczułki na wino i mały bar. Powietrze jest ciężkie od papierosowego dymu, ale nie ma żywego ducha. Kolejna zasłonka z czerwonych koralików prowadzi nas do większego pomieszczenia, w którym stoją długie ławy nakryte wzorzystymi ceratami. Barlozzo zmierza ku małym drzwiom w głębi sali. Od progu krzyczy: *permesso?!* — czy można?! — anonsując w ten sposób swe przybycie. Ze środka wydobywa się przesycony parą zapach dobrej kuchni. Nasz przewodnik kiwa na nas, żebyśmy poszli za nim.

Przy masywnym drewnianym stole pracuje szefowa kuchni, właścicielka furgonetki — drobna kobieta, mniej więcej siedemdziesięcioletnia. Wolnym, rytmicznym ruchem wałkuje ciasto na makaron. Jaskraworude włosy ma starannie upięte i nakryte białą czapką z papieru. Mówią na nią Pupa, czyli Lalka.

Na ekranie zamocowanego na ścianie telewizora rozgrywa się finałowa scena westernu *Dobry, zły i brzydki*. Barlozzo czeka w ciszy i skupieniu na zakończenie, zupełnie jakby to była msza. Idąc za jego przykładem, również nieruchomiejemy. Gdy Clint Eastwood znika w plenerach Maremmy, Pupa — ani na moment nie przerywając wałkowania — nieznacznie obraca głowę w naszą stronę i mówi „dobry wieczór".

— *C'è solo una porzione di pollo con i peperoni, pappa al pomodoro, cicoria da saltare, e la panzanella. Come carne c'è bistecca di vitello e agnello impanato da friggere.* Jest tylko jedna porcja kurczaka z papryką, gęsta zupa pomidorowa, smażona cykoria i sałatka chlebowa — informuje, co możemy dostać na kolację, nie czekając, aż sami ją o to zapytamy.

— *E la pasta?* A makaron? — indaguje Barlozzo, wskazując głową wałkowane właśnie ciasto.

— *Eh, no. Questa è per domani, per il pranzo di Benedetto.* Nie, to na jutro, na obiad Benedetta — wyjaśnia, odrywając się na moment od swojej czynności i prostując przy okazji plecy.

— W takim razie spróbujemy wszystkiego po trochu — odpowiada Barlozzo. Uświadamia sobie, że zapomniał nas przedstawić i mówi:

— *Scusatemi, siete i nuovi inquilini di Lucci.* Przepraszam, to są nowi lokatorzy państwa Lucci.

Wracamy do jadalni. Przechadzamy się i oglądamy wiszące na ścianach okładki komiksów z serii *Daredevil*, oprawione w jasnobłękitne emaliowane ramki. Barlozzo odkręca kranik przy beczce, napełnia dzban winem, które następnie rozlewa do szklanic.

— *Aspetta, aspetta, faccio io.* Czekaj, czekaj, ja to zrobię — zza zasłonki z czerwonych koralików dobiega czyjś głos. Należy do młodego, mniej więcej dwudziestoletniego człowieka. Młodzieniec pojawia się dość nieoczekiwanie, jakby nagle wyskoczył zza krzaków magnolii. Ubranie ma jak od Armaniego, a kruczoczarne włosy błyszczą żelem, co upodabnia go do Cezara. Roztacza wokół siebie zapach limonek. Barlozzo przedstawia chłopaka. To Giangiacomo, wnuczek Pupy i nasz kelner.

Witamy się, wymieniając uściski dłoni.

Giangiacomo trzykrotnie całuje Barlozza w policzki, usadza nas przy stole, nalewa wina, zachwala pod niebiosa jagnięcinę i nagle, pośrodku toskańskiej głuszy, czujemy się tak, jakbyśmy trafili do „Spago" — luksusowej restauracji w Beverly Hills. Mimo że w naszej trattorii nie ma nawet karty dań, a za całe menu musi wystarczyć to, co na dany dzień zaplanowała babcia, Giangiacomo ani na jotę nie odstępuje od restauracyjnej etykiety. Zbiera zamówienia, skrupulatnie zapisuje sobie wszystko w notesiku, kilka razy powtarza na głos nazwy wybranych przez nas dań, a potem gna do kuchni, jakby się paliło.

— Chłopak chce podjąć w Rzymie pracę kelnera, a tutaj nabiera po prostu doświadczenia przed wyruszeniem w dalszą drogę — tłumaczy Barlozzo, jak gdyby obsługiwania stolików w Rzymie można się było nauczyć, sprzedając pocztówki w Sodomie. Barlozzo wyjaśnia, że okoliczni myśliwi dostarczają do trattorii upolowaną przez siebie zwierzynę. Pupa potem oprawia ją, zawiesza na hakach, żeby mięso skruszało, a następnie odpowiednio przyrządza. Kobieta ma wśród myśliwych własnego *amoroso,* wybranka serca. W sezonie łowieckim każdego ranka ów narzeczony dzwoni do niej ze swojego *telefonino,* jadąc terenówką, i zdaje raport, jakie ptactwo udało mu się upolować. Pupa twierdzi, że to miło, *carino,* gdy narzeczony dzwoni do niej z trasy. W oczekiwaniu na telefon starannie się ubiera, spryskuje perfumami i upina włosy. Podekscytowana, zawsze ma mu o czym opowiadać. Jednak głównym celem rozmowy jest ustalenie miejsca spotkania. Pupa wyjeżdża swojemu *amoroso* naprzeciw, żeby odebrać od niego torbę z upolowanym ptactwem, z którego później przygotowuje obiad. Podaje też ukochanemu *panini* z mortadelą — jego pierwsze śniadanie, spożywane o ósmej, przed przystąpieniem do pracy w ogrodzie.

— W sezonie łowieckim w jej kuchni widuje się więcej zajęcy, dzików, saren, bażantów i słonek niż w okolicznych lasach. Myśliwi znoszą tu swoje trofea, a potem zapraszają rodzinę i przyjaciół na wielką ucztę. Wszystkie dania obowiązkowo przygotowuje Pupa. Do tutejszej trattorii można zadzwonić nawet w ostatniej chwili, zamówić na kolację pieczonego królika z duszoną fasolą i mieć pewność, że wszystko będzie bez zarzutu — opowiada z przekonaniem Barlozzo, odwołując się najpewniej do własnych doświadczeń. — Gdy z jakiegoś powodu człowiek zostaje sam, bo, na przykład, umiera mu ktoś bliski, zawsze może zjeść obiad lub kolację tutaj, z grupą innych osób w podobnej sytuacji. Przychodzą tu nawet miejscowe wdowy, ale przebywają głównie w kuchni, pomagając Pupie, zanim wszyscy zasiądą wspólnie do stołu, żeby oglądać *Piękną*. Potem kobiety wędrują po okolicznych wzgórzach, zbierając zioła na sałatkę i snując własne historie. Aż znowu przychodzi pora na gotowanie i jedzenie.

Barlozzo gra rolę gospodarza, jakbyśmy siedzieli przy jego własnym stole. Na blacie leży wielki trójkątny kawał chleba. Dzieli go na mniejsze części i wręcza nam chrupiące pajdy, a potem bierze jedną dla siebie. Ja również miałam w zwyczaju podawać chleb w ten właśnie sposób, a teraz po raz pierwszy ktoś mnie w tym wyręczył.

Zaczynamy od kurczaka duszonego z czerwoną papryką, jedynej porcji, jaka pozostała. Gdy tylko Giangiacomo stawia danie na stół, Barlozzo spryskuje mięso kilkoma kroplami białego wina, tego samego, którego użyto do duszenia. Na każdego z nas przypadają co najwyżej dwa lub trzy soczyste kąski. Następnie nasz kelner przynosi miseczkę sałatki chlebowej. Wygląda inaczej niż tradycyjna *panzanella*. Piękny kolor bordeaux podpowiada nam, w jaki sposób została przyrządzona — nie tak jak zwykle, czyli z czerstwego chleba maczanego w wodzie, lecz w czerwonym winie. Do sałatki dodano siekane pomidory, poszatkowany ogórek, drobną zieloną cebulkę i całe listki bazylii skropione oliwą. Zanim potrawa trafiła na stół, przez jakiś czas stała na boku, by wszystkie składniki odpowiednio się połączyły.

Kolejnym daniem jest świeżo przyrządzona zupa pomidorowa, zagęszczona chlebem i podawana w małych miseczkach z dodatkiem tartego, ostrego sera *pecorino*. Zaraz potem na stole ląduje półmisek pełen cieniutkich kotletów jagnięcych, panierowanych i smażonych, obłożonych listkami dzikiej sałaty. Oprócz tego dostajemy też steki cielęce z grilla opalanego węglem drzewnym, serwowane z pokrojoną w ósemki cytryną. Z dodatków i przypraw na stole pojawia się butelka oliwy, młynek do pieprzu i miseczka soli morskiej. Pupa osobiście przynosi nam z kuchni owalną miedzianą patelnię ze smażoną cykorią przyprawioną czosnkiem i papryką chili.

Na zakończenie dostajemy *ricottę di pecora*, ricottę z owczego mleka, serwowaną w filiżankach do herbaty. Pupa okrąża stół i polewa *ricottę* świeżo zaparzonym espresso, które nalewa z małego czajniczka. Stawia na stole także cukierniczkę i kakao w pojemniku z dziurkami. Przyglądamy się, jak Barlozzo dodaje różne składniki do filiżanki i miesza je ze sobą. Pochłania deser, jakby to był pudding. Idziemy w jego ślady. Mam ochotę poprosić o dokładkę, ale boję się, że Pupa uzna mnie za obżartucha. Wkrótce i tak prawda wyjdzie na jaw.

W trakcie naszego obiadu do trattorii napływają grupki nowych gości. Widzę, jak Pupa się martwi i przeprasza, że w kuchni o tej porze prawie nic już nie zostało poza chlebem, *salame, prosciutto,* odrobiną sera i miodu oraz niewielką ilością sałatki. Ma się rozumieć, żadna z przybyłych osób nie zgłasza pretensji. W sali oprócz nas jest para, która mówi z wyraźnym florenckim akcentem, a niektóre słowa wymawiają z kastylijska. Z kolei siedzący dalej mężczyzna i kobieta to z całą pewnością Anglicy, co można łatwo poznać po ich eleganckich, nienagannie wymiętych, lnianych ubraniach. Każdej parze towarzyszy dziecko. Florentyńczycy mają córeczkę, niespełna czteroletnią; Anglicy zaś chłopca w wieku sześciu lub siedmiu lat. Urodziwy blondynek najwyraźniej wzbudził zainteresowanie małej *la fiorentina*. Dziewczynka zdecydowanym krokiem zmierza w jego stronę. Rączki ma wciśnięte głęboko w kieszenie białej sukienki, co zapewne dodaje jej odwagi. Zatrzymuje się przy krześle blondynka i pyta:

— *Come ti chiami? Io mi chiamo Stella.*

Chłopiec jest wyraźnie zmieszany śmiałym zachowaniem dziewczynki, tym bardziej że nie rozumie jej słów. Ojciec wybawia go z opresji, tłumacząc mu:

— Ona chce wiedzieć, jak masz na imię. Nazywa się Stella. Odpowiedz jej po angielsku.

— *My name is Joe* — bez entuzjazmu przedstawia się chłopiec.

Teraz z kolei Stella jakby nie rozumiała, o co chodzi. Chociaż, kto wie? Tak czy inaczej trudno jest zbić z tropu florentynkę. Bez zbędnych wstępów mówi prosto z mostu:

— *Allora, baciami. Dai, baciami, Joe. Forza. Un bacetto piccolo.* Daj mi buziaczka. No już, pocałuj mnie, Joe. Spróbuj. Tylko mały całusek.

Stella już od małego wie, jak należy wyrażać swoje potrzeby.

## Wiśnie Ducha Świętego

Owoce powinny być lśniące i soczyste, ale nie przejrzałe. Można połączyć ze sobą różne odmiany, na przykład ciemne i słodkie z jasnoczerwonymi i kwaśnymi.

*900 g nie drylowanych wiśni, opłukanych i osuszonych na papierowym ręczniku (ogonki można usunąć albo zostawić)*
*1,2 l kirszu (eau-de-vie o smaku wiśni) lub wysokogatunkowej grappy (na przykład pochodzącej z Nonino w regionie Friuli*
*1¼ szklanki cukru kryształu*

Dwa słoiki o pojemności 1,2 l należy umyć, wypłukać i wytrzeć do sucha. Wkładamy do każdego z nich połowę przygotowanych wiśni. Łączymy kirsz lub grappę z cukrem i mieszamy, aż cały się rozpuści. Rozlewamy syrop do słoików po połowie, tak by owoce były zanurzone. Szczelnie zamkamy słoje i stawiamy je w spiżarce albo innym ciemnym i chłodnym miejscu. Energicznie wstrząsamy zawartością raz dziennie przez okres dwóch tygodni, a potem odstawiamy na kolejne dwa. Po tym czasie wiśnie nadają się do spożycia. Mogą też być przechowywane nawet przez rok bez obawy, że się zepsują, ale z chwilą gdy słoik zostanie otwarty, zawartość należy trzymać w lodówce.

Ten sam przepis można zastosować do innych owoców pestkowych, takich jak morele albo śliwki. Także maliny, jagody i agrest smakują wybornie zaprawione w taki właśnie sposób. Można też zalać owoce *eau-de-vie* o innym smaku, na przykład do malin dodać *framboise*, a do śliwek *mirabelle.*

Tak przygotowane owoce doskonale komponują się z lodami i kremami. Są też świetnym dodatkiem do pieczonych albo grillowanych mięs. Ja najbardziej lubię łączyć je z serami — świeżymi lub ostrymi. W tym ostatnim przypadku do sera należy podać mały kieliszek tego samego gatunku alkoholu, którego użyliśmy do zaprawiania owoców.

ROZDZIAŁ TRZECI

# *Dolina jest bezpieczna, a my będziemy wypiekać chleb*

Jest dziesiąta. Łagodny wiatr roznosi w powietrzu zapach pszenicy. Fernando spaceruje po okolicznych łąkach.

— *Ogni giorno la vita è una grande corrida, ma la notte, no*. Każdy dzień jest wielką walką, ale noc — nie.

Mogłabym przysiąc, że owce uważnie słuchają jego porannych neapolitańskich koncertów, bo zastygają w całkowitym bezruchu. Ja również słucham śpiewu Fernanda i próbuję nucić razem z nim.

— *Già il mattino è un po' grigio se non c'è il dentifricio, ma la notte, no.* Ranek jest trochę szary i smutny, gdy nie ma pasty do zębów, ale noc — nie.

Barlozzo spóźnia się. Ponieważ jednak przez cały tydzień cierpliwie instruował mojego męża, Fernando sam zabiera się do pracy. Robota dobrze mu idzie. Miesza cement, kładzie cegły, kielnią wyrównuje zaprawę. Stopniowo wznosi piec. W niektóre dni Barlozzo w ogóle się nie pojawia i wiemy doskonale, że robi to celowo. Najwyraźniej wyczuwa, że Fernando chce przejąć nadzór nad tym projektem — pierwszym tak konkretnym dziełem, jakie przyszło mu w życiu wykonać. Dowód — obecność żony na budowie jest mu coraz bardziej nie na rękę.

Moje obowiązki ograniczają się do obsługi kelnerskiej i przynoszenia różnych niezbędnych rzeczy. W tym czasie Fernando pracuje w natchnieniu, zachwycony tym, czego potrafią dokonać jego dłonie. Wspaniale, że tak bardzo go to cieszy, myślę, ale jednocześnie zaczyna mnie nużyć ciągłe przypatrywanie się jego robocie. Wciąż tylko stoję albo kucam i czekam, aż usłyszę kolejną prośbę o lemoniadę albo papierowe ręczniki. W końcu postanawiam przeznaczyć te godziny dla siebie.

Na początek zamierzam zmienić swój toskański uniform na coś innego. Od przyjazdu wciąż chodzę tak samo ubrana — buty robocze, spodenki khaki i koszulki z nadrukiem Cocteau Twins, których moja córka nie miała już ochoty nosić. Chociaż uwielbiam życie na wsi, niespecjalnie przepadam za wiejskimi strojami. Tak jak szeregowiec Judy Benjamin, bohaterka słynnego filmu, tęsknię do sandałków i randek w porze lunchu. Co więcej, marzę o włożeniu obcisłego topu bez ramiączek i szeleszczącej spódnicy. Moja letnia garderoba wygląda jak szafa Mimi z *Cyganerii* Pucciniego. Nic, tylko tafta, koronki, tiule i krynoliny, a oprócz tego błękitny lniany żakiet z baskinką i drugi taki sam z jedwabiu, w kolorze czekolady. No i oczywiście kapelusze, pomagające mi ujarzmić bujne włosy. Romantyczne stroje, głównie z kolekcji Romea

Gigliego — zwiewne i delikatne. Dla kontrastu mam także parę rzeczy vintage w stylu lat czterdziestych od Normy Kamali. Staram się nie dostrzegać tych paru sukienek, które wiszą w mojej szafie.

Wenecja wzbudza różne apetyty, a już z pewnością każe pamiętać o odpowiednim stroju. W takim miejscu spacer zacienioną *calle*, wenecką alejką, w suto marszczonej, koronkowej spódnicy — której barokową obfitość łagodzi nieco obcisły golf — z włosami ściągniętymi w elegancki kok upięty tuż nad karkiem, wydaje się czymś jak najbardziej właściwym. Także na pokładzie stateczku — płynącego o północy po zalanych gwiezdnym blaskiem wodach laguny, obok wyłaniających się z mroku marmurowych pałaców — kobieta może poczuć się naprawdę wspaniale, ubrana w aksamitną pelerynę z kapturem, łopocącą w zimnych podmuchach wiatru. Jednak ta sama rozwiana peleryna, tak romantyczna w Wenecji, w barze „Centrale" wzbudziłaby tylko niepotrzebny zamęt i skojarzenia z Halloween. Mimo to prosta, zakrywająca kolana spódnica z poliestru, wykładana na wierzch luźna bluzka i czółenka z odkrytą piętą — typowy strój moich tutejszych sąsiadek — to nie jest ten rodzaj *mise*, ubioru, który mogłabym od nich przejąć. Nie mam też najmniejszego zamiaru spędzić reszty życia w wygodnych skądinąd dżinsach, tylko po to, żeby nie urazić czyichś gustów.

Dlatego wyciągam z szafy cienką jedwabną sukienkę w różany, pomarańczowo-różowy deseń. Cięta ze skosu, łagodnie opina pośladki, od kolan rozszerzana, sięga do połowy łydek. Uwielbiam, gdy zaczyna falować przy każdym moim ruchu, jak gdyby stanowiła ze mną jedną całość. Postanawiam, że założę do niej swoje stare buty robocze — przede wszystkim dlatego, że nie chcę skręcić kostki w czasie wędrówki po tutejszych wzgórzach, a po drugie dlatego, że lubię kontrastowe zestawienia. Rankiem dorzucę rozpinany sweter, słomkowy kapelusz i stare ciemne okulary od Chanel. Do gotowania i pieczenia włożę długi biały fartuch. Wieczorem zwiążę włosy, dodam jakiś naszyjnik i kropelkę „Opium". Przed pójściem do łóżka ściągnę sukienkę przez głowę, napawając się zapachem słońca wymieszanym z zapachem mojego ciała. Potem wrzucę ją do umywalki i wypiorę tak, jak się pierze bieliznę — z odrobiną pachnącego piżmem mydła w płynie. W końcu wycisnę z niej wodę i powieszę sukienkę na satynowym wieszaku, ostatnim, jaki mi pozostał. Do rana przeschnie. Cieszę się na samą myśl, że nie będę musiała zastanawiać się już, co na siebie włożyć. Sukienka w róże z pewnością okaże się najodpowiedniejsza na całe lato.

Druga rzecz, której chciałabym poświęcić swój wolny czas, wymaga sporządzenia planu. Ponieważ bardzo nam zależy na tym, żeby stajenne drzwi prowadzące do naszego domu odgrodziły nas skutecznie od wszelkich nakazów i obowiązków, którym musiał sprostać Fernando, gdy pracował w banku, sama muszę poddać się swoistej dyscyplinie. Teraz przyszła kolej na mnie i powinnam zadbać o nasze finanse po to, żeby Fernando chociaż przez chwilę mógł zakosztować życia emeryta.

Na moją pierwszą książkę, napisaną w Wenecji, składają się wspomnienia i przepisy oraz relacje z podróży po dziesięciu regionach północnych Włoch. Ponieważ tom jest właśnie przygotowywany do druku i ma się ukazać późną jesienią, moja rola w zasadzie się skończyła. Tymczasem podpisałam kontrakt na drugą książkę, o mniej więcej takiej samej objętości, ale omawiającą osiem południowych regionów. Na zebranie materiałów i pisanie dostałam osiemnaście miesięcy, ale chociaż na pierwszy rzut oka wydaje się, że to szmat czasu, dobrze wiem, że w praktyce nie ma go wcale tak wiele. Najwyższa pora przygotować ogólny szkic i zaplanować podróże.

Mam mieszane uczucia. Z jednej strony bardzo się cieszę i z utęsknieniem czekam, aż będę mogła przystąpić do pracy, a z drugiej — najchętniej wszystkie te papierzyska wsunęłabym jeszcze na jakiś czas pod łóżko i rozkoszowała się urokami toskańskiego życia. To jednak niemożliwe. Chociaż staram się trzymać naszego planu, by nie wchodzić w żadne utarte schematy, mam jeszcze kilka comiesięcznych zobowiązań względem moich stałych amerykańskich klientów. Muszę przygotować informator dla sieci kalifornijskich restauracji, opracować zmianę menu i poszerzenie oferty dań dla innego kontrahenta i — ostatnie zlecenie — stworzyć koncepcję i plan rozwoju pewnego nowego przedsięwzięcia w Los Angeles. W głębi serca cieszę się z tych wszystkich zleceń, bo dzięki nim będziemy mogli jakoś egzystować, bez konieczności uszczuplania naszych i tak skromnych zasobów finansowych.

Zaczynam organizować w „stajni" coś w rodzaju biura. Planuję ulokować się na wprost kominka. Dokładnie w tym momencie w drzwiach dostrzegam schyloną, chudą postać Barlozza — pojawia się niczym pies gończy, który właśnie wyczuł zająca.

— *Ti serve una mano?* Przydałaby się pomoc? — pyta, widząc w moim ręku plątaninę kabli od komputera. Książę już wie, że wynalazki dwudziestego pierwszego wieku staram się ograniczyć do niezbędnego minimum.

— Byłem pewien, że piszesz swoje książki i artykuły gęsim piórem na pergaminie z owczej skóry — zwraca się do mnie, przejmując stery.

— Komputer jest dla mnie edytorem tekstów. W y ł ą c z n i e edytorem tekstów. Wszystkie bardziej skomplikowane sztuczki pozostawiam mojemu mężowi. Ale jak to możliwe, że znasz się również na komputerach? — pytam.

— Nie jestem pewien, czy rzeczywiście się znam, ale z pewnością wiem więcej niż ty — odpowiada. — A poza tym wszystkie instrukcje napisane są po włosku, a ja potrafię czytać. Spróbuję to podłączyć, a ty w tym czasie pobaw się w *tappezziere,* tapicera. W domu bez wątpienia znajdzie się jeszcze wiele rzeczy, które trzeba ponakrywać albo odpowiednio udrapować.

Dlaczego on koniecznie musi zachowywać się tak obcesowo? Kręcę głową i tłumię śmiech. Bawi mnie ta jego ciągła potrzeba ukrywania własnej dobroci i uprzejmości za pozorną surowością. Wyciągam z kufra kotary. Zostały uszyte z ciężkiego żółtego brokatu i ponoć wisiały kiedyś w jakimś teatrze albo kaplicy. Tak przynajmniej twierdził sprzedawca, od którego nabyłam je na targu w Arezzo. Naciągam zasłony na czarny metalowy karnisz zabezpieczony z obu stron rzeźbionymi drewnianymi nakładkami w kształcie ananasa, i umieszczam go nad naszymi stajennymi drzwiami. Tkanina spływa w dół. Trzy pasy materiału, każdy o szerokości 180 centymetrów i podobnej długości. Jedną z bocznych kotar przewiązuję czerwonym satynowym sznurem, robię na końcu sabaudzki węzeł i przymocowuję zasłonę do ściany. Gruby materiał nie przepuszcza słońca, które mimo to próbuje wedrzeć się do wnętrza, podkreślając barwę tkaniny tak, że niewielkie pomieszczenie wygląda jak skąpane w złocistej poświacie. Przez cały ten czas Książę nie odzywa się ani słowem i nawet teraz, gdy siedzi w kucki, przyglądając się rezultatom mojej pracy, tylko jego uśmiech mówi mi, że zasłony prezentują się naprawdę wspaniale.

Budowa pieca posuwa się naprzód, a mieszkańcy miasteczka coraz częściej do nas zaglądają, komentując wszystko na swój sposób. Niektórzy coś mruczą, inni pogwizdują, a jeszcze inni mówią, że piec jest *formidabile*, niesamowity. Są też tacy, którzy rwą włosy z głowy, krzyczą *madonnina!* i straszą, że gdy tylko rozniecimy ogień, wysadzimy w powietrze całą nieszczęsną dolinę.

W miarę jak Fernando coraz bardziej zbliża się do finału, z okolicznych wiosek przybywają na inspekcję delegacje, bardziej lub mniej oficjalne. Ludzie przyjeżdżają głównie wieczorami, zostawiają samochody przy drodze i pielgrzymują do naszego pieca jak do świątyni. Dla żartu zaczynamy mówić o nim Santa Giovanna, św. Joanna. Niemal wszyscy odwiedzający nawiązują w rozmowach do czasów dzieciństwa. Opisują niegdysiejsze piece, wspominają, co w niedziele piekła zwykle ciocia i jaki pyszny chleb robiła mama. Nasz piec wygląda trochę jak skrzyżowanie chrzcielnicy z ulem — jest naprawdę ogromny. Chcąc cokolwiek do niego wsadzić, będę musiała stawać na podwyższeniu. W tym celu Barlozzo przygotował dla mnie specjalną drewnianą skrzynię, którą dla wzmocnienia konstrukcji nakrył kamienną płytą.

Wszystkie narzędzia piekarskie Książę wykonuje sam, na sposób neolityczny. Bez pośpiechu wygładza papierem ściernym półtorametrowe dębowe stylisko, a potem przytwierdza do niego kawał blachy, który wyklepuje kamieniem na odpowiednią grubość. Tak powstaje nasza łopata piekarska. Miotła do pieca zrobiona jest z pęku suchych gałązek oliwnych przewiązanych splecionymi pędami traw. Za pomocą groźnie wyglądającego narzędzia, podobnego do neandertalskich kleszczy, Barlozzo przewierca w równych odstępach dwa inne arkusze blachy, które umieszcza jeden nad drugim i opiera na kawałkach drążka pozostałych po sporządzeniu uchwytu łopaty. Stelaż posłuży nam do wykładania gorącego pieczywa.

Fernando i ja zastanawiamy się, jaki gatunek chleba upieczemy jako pierwszy.

— Z mąki kukurydzianej czy może lepiej z gryczanej? A może upiec płaski chleb z dodatkiem rozmarynu?

Mój mąż upiera się przy mące gryczanej, suszonych czarnych oliwkach i prażonych orzechach włoskich.

Książę podnosi wzrok znad blach, w których ciągle jeszcze wywierca otwory. Wie, że nasza rozmowa nie ma większego sensu. Wie, jaki powinien być nasz pierwszy bochenek i... wszystkie następne — porządny toskański chleb pieczony bez dodatku soli, o grubej twardej skórce i gliniastym kwaśnym miękiszu. Przygotowujemy *bigę,* nowy zaczyn — wystarczy odrobina drożdży, trochę mąki i wody. Wszystkie te składniki mieszamy razem i odstawiamy, żeby zaczyn rósł. Łączymy go z tym, który przywieźliśmy z Wenecji. Chcemy, aby nasz toskański chleb był bogatszy o weneckie doświadczenia.

Budowa pieca zostaje zakończona w niedzielę. Ustalamy, że pierwsze pieczenie odbędzie się w następny sobotni poranek — ostatni poranek lipca. Po wyjęciu chleba spróbujemy udusić w nagrzanym piecu *coscia di maiale al chianti,* udziec wieprzowy w winie chianti. A może nawet będą to dwa udźce wieprzowe, jeśli zechce się do nas przyłączyć więcej osób? Zaproszenia zostawiamy w barze. Informujemy, że z okazji uruchomienia pieca chcemy wydać uroczystą kolację. Zachęcamy, aby w sobotę rano okoliczni mieszkańcy przynieśli ciasto i upiekli wspólnie z nami domowy chleb, jeśli tylko mają na to ochotę.

— *Senz'altro, ci vediamo, ci sentiamo prima.* Oczywiście, przyjdziemy, odezwiemy się jeszcze — usłyszeliśmy od wielu osób.

Przed wschodem słońca układamy w ogrodzie drewno i przygotowujemy podpałkę — zgodnie ze wskazówkami Barlozza. Z gałązek dębu i pędów winorośli tworzymy istną martwą naturę. Na samym wierzchu umieszczamy pęk suszonego kopru włoskiego, zarówno dla jego pięknego aromatu, jak i na szczęście. Fernando przytyka do kopru zapałkę, kolejną zaś do leżącej niżej podpałki. Wesoło skwierczą płomienie. Ze środka buchają gęste kłęby dymu, które rozchylają drzwiczki pieca i przesłaniają wszystko tak, że nie widzimy nawet samych siebie. Myślimy, że piec uległ zniszczeniu i staramy się uciec stamtąd jak najdalej, ale już wkrótce zauważamy, że duszący podmuch stabilizuje się i zaczyna wędrować w górę przewodu kominowego. Chwilę później z komina wystrzela czarny słup dymu. Zanosząc się kaszlem, krzyczymy ze szczęścia — odnieśliśmy sukces. Dolina jest bezpieczna, a my możemy przystąpić do pieczenia chleba.

Przysuwamy do pieca dwa krzesła z kutego żelaza i siedzimy niczym położne oczekujące na poród. W oddali zielenią się łąki, które wyglądają jak posiekane listki szałwii i selera zmieszane z serkiem *mascarpone*; drzewa oliwne ślą srebrne błyski, sygnalizując coś gromadzie przelatujących rozkrzyczanych ptaków; majaczące w oddali ścierniska zżętej pszenicy są spieczone słońcem i spękane, przypominają zastygły karmel. Moje życie jest dokładnie takie, jak sobie wymarzyłam. Chcę tego, co już otrzymałam. Mówię o tym mężowi.

— Trzeba przygotować palenisko — słyszę w odpowiedzi.

Możliwe, że oboje mówimy o tym samym.

Fernando sięga po pogrzebacz i przegarnia żarzące się polana. W górę, tak jak poprzednio, wystrzela pióropusz iskier i czarnego dymu. Lada chwila będzie można przystąpić do pieczenia, udaję się więc do kuchni, żeby uformować półkilowe *pagnotte,* bochenki chleba, i pozostawić je na godzinę do wyrośnięcia. Fernando spycha węgle na jedną stronę, a ja wspinam się na moją skrzynkę i energicznie potrząsam łopatą, starając się zsunąć chleby. Biodrem domykam drzwiczki i czekam, aż moje bochny będą gotowe. Jest już prawie dziewiąta trzydzieści, i sądziliśmy, że do tej pory ktoś do nas dołączy. Na razie nie ma nikogo.

Jesteśmy sami przez cały ranek. Kiedy piecze się następna partia chlebów, wyciągamy udziec wieprzowy z zalewy przygotowanej z czerwonego wina, nacinamy go i doprawiamy pastą z czosnku, rozmarynu i goździków. Nacieramy udziec olejem i znowu polewamy winną marynatą. Piec zaczyna już stygnąć, gdy rozgarniamy zbielały popiół i wsuwamy przykrytą brytfannę. Pozostaje tylko mieć nadzieję, że wszystko pójdzie świetnie. Na śniadanie i lunch delektujemy się świeżo upieczonym chlebem z plasterkami *prosciutto.* Połykamy łapczywie nasz posiłek i popijamy schłodzonym *trebbiano*, białym, wytrawnym winem.

Jest już prawie dziewiąta wieczorem i po gwałtownej, krótkiej burzy na moment wygląda słońce, życząc nam dobrej nocy. Na tarasie przed domem nakrywamy stół do kolacji, a gdy podnosimy głowy, dostrzegamy schodzącą ze wzgórza Florì. Wolno i bez szczególnego entuzjazmu zmierza w naszą stronę. Do piersi przyciska miskę. Dwadzieścia metrów za nią podąża Książę. W ręku niesie słomiany kosz, z którego wygląda pięciolitrowa butla czerwonego wina. A więc mimo wszystko nie zasiądziemy sami do uroczystej kolacji.

Wybiegam na spotkanie Florianie, która tak się zmęczyła marszem, że nie może złapać tchu. Staje na drodze, a na jej plecy padają ostatnie promienie zachodzącego słońca. Krople deszczu spływają po jej odkrytych, rozpuszczonych włosach. Zielone oczy rozświetla nowy, a może dawny blask, płynący z głęboko ukrytego zakamarka duszy, o istnieniu którego często zdarza się jej zapominać. Gawędzimy przez chwilę. Barlozzo przechodzi obok jak chłopiec zbyt nieśmiały, by rozmawiać jednocześnie z dwoma dziewczynami.

— *Belle donne, buona sera.* Dobry wieczór, pięknym paniom — mówi, nie przerywając marszu.

Nasi goście są uprzejmi i mili, a mimo to w ich zachowaniu daje się wyczuć jakiś przymus. Za to wieprzowina jest delikatna jak świeży ser, a sos ma konsystencję gęstego grzanego wina. Chleb przywołuje zapach palonego drewna i dawne dzieje. W krótkim czasie Barlozzo i Floriana zaczynają rozmawiać bardziej ze sobą niż z nami. Wyczuwamy, że w naszym towarzystwie czują się mniej skrępowani. Próbuję nie zatrzymywać na nich wzroku, ale razem wyglądają naprawdę czarująco. Każde z nich dyskretnie troszczy się o drugie. Chyba nigdy nie widziałam, żeby się dotknęli albo chociaż spojrzeli sobie w oczy. Jednak wyczuwa się od razu, że łączy ich głębokie uczucie — miłość pierwsza z pierwszych, jaka prawie nigdy się nie zdarza. Oficjalnie nie są parą, a przynajmniej w żaden sposób nie dali nam tego poznać w przeciągu minionych tygodni. Każde z nich ma swój własny dom i własne, w dużym stopniu oddzielne życie. Ale za tym wszystkim musi kryć się coś więcej. To oczywiste.

— Znacie pochodzenie słowa *compagna,* towarzyszka życia? — Barlozzo stawia pytanie, bierze nowy bochenek chleba i dzieli go na pół. — To wyraz łaciński. *Com* znaczy *con* — z, a *pan* to *pane* — chleb. Towarzyszka życia to ktoś, z kim dzielimy się chlebem.

Każde z nas podnosi kieliszek i podaje bochenek następnej osobie. Wszyscy nabieramy na chleb resztki sosu. Amen.

Po kolacji panowie mają ochotę sobie posiedzieć, zapalić i napić się grappy. Florì i ja decydujemy się na spacer w stronę ciepłych źródeł, gdzie razem z Fernandem chodzimy się kąpać niemal każdego ranka. Do papierowej torebeczki wrzucamy *biscotti.* Paczuszkę tę wkładamy do torby na zakupy, obok małego koca i ręcznika. Sprawdzamy baterie w latarkach, zrzucamy sandały i wkładamy na nogi pierwsze z brzegu kalosze, jakie udaje nam się znaleźć w stodole. Opatulone szalami zostawiamy Fernanda i Księcia samym sobie.

W nocy powietrze szybko się ochładza. Chichoczemy i trzęsiemy się z zimna, mówiąc: *siamo due matte,* jesteśmy dwie wariatki. No bo kto to widział, żeby wybierać się na spacer o tak późnej porze. Wyczuwam, że cieszy ją ta nieco dzika i wariacka eskapada. Jej radość potęguje moją własną. W czasie spaceru zaczyna mi opowiadać o książce *Przygody Hucka Finna*. Podoba mi się to kulturowe zderzenie — sześćdziesięcioparoletnia Toskanka, z burzą prerafaelickich loków, zafascynowana najbardziej amerykańską książką przygodową.

— Wiesz, Chou, zawsze chciałam zbudować sobie taką tratwę i spłynąć tą właśnie rzeką — największą na świecie. A potem zacumować w jakimś odludnym miejscu na skraju lasu, rozpalić ognisko, smażyć bekon i jeść go prosto z patelni. *Come si dice „pancetta" in Inglese?* Jak się mówi *„pancetta"* po angielsku? Ach, *„bacone"*. *Certo. Sarebbe bellissimo.* Byłoby naprawdę pięknie.

Gdy docieramy do źródeł, zapalamy latarki i rozglądamy się za odpowiednim miejscem do siedzenia. Zrzucamy buty i zanurzamy nogi w ciepłej wodzie. Wprawdzie nie marzną nam już stopy, ale reszta ciała jest jeszcze bardziej zziębnięta, dlatego Florì sięga po koc. Otulamy ramiona i siedzimy sobie, gawędząc o najważniejszych książkach naszego życia. Pomimo wielkiej miłości do *Przygód Hucka Finna* Florì mówi, że spośród „zagranicznych" książek najbardziej sobie ceni *Panią Bovary*, *Davida Copperfielda* i *Annę Kareninę*. Szczególnie tę ostatnią.

— Och, jak bardzo chciałabym poznać takiego Wrońskiego. Kogoś tak niebezpiecznego jak on. Niebezpiecznego w tym sensie, że nikt inny nie liczyłby się prócz niego. Rozumiesz, o czym mówię?

— Tak sądzę — odpowiadam.

Nadal owinięte kocem, gasimy latarki i kładziemy się na plecach, gniotąc przy tym pędy traw i kłujące łodyżki tymianku. Mościmy sobie miejsce, obracając twarze w stronę księżyca. Gnane wiatrem chmury przesłaniają raz po raz jego tarczę. Przesuwają się tak szybko, że czujemy się, jakbyśmy płynęły po niebie. Absolutnie wolne.

Florì podnosi się, pochyla się nad źródłem i rozgarnia dłonią wodę. Déjà vu?

— Kiedyś znałam pewną kobietę bardzo podobną do ciebie — mówię.

— Chcesz powiedzieć, że wyglądam na Amerykankę? — pyta nieśmiało Florì, tylko nieznacznie obracając głowę w moją stronę.

— Nie do końca. Widziałam tę kobietę zaledwie raz. Miałam wtedy osiem albo dziewięć lat. Byłam z wizytą u przyjaciół albo dalekich krewnych mojej babci, na wybrzeżu liguryjskim, nieopodal Genui. Raczej nie bardzo mi się tam u nich podobało. Tak czy inaczej wyruszyłam na spacer po plaży, niedaleko domu naszych gospodarzy, i spotkałam pewną kobietę piekącą ziemniaki w ognisku rozpalonym z kawałków drewna wyrzuconego przez fale. Miała na sobie kilka warstw długich spódnic, cała była owinięta szalami i chustami. Uśmiechnęła się do mnie, a ja usiadłam obok niej na piasku i zaczęłam ją obserwować. Wyciągnęła z kieszeni płaską srebrną butelkę, ujęła moją rękę i nalała na nią kilka kropli gęstego, ciemnozielonego płynu. Następnie wypiła odrobinę tajemniczego napoju, uśmiechając się i zamykając z lubością oczy. Ja zrobiłam to samo. Najpierw pomyślałam, że ten zielony syrop jest okropny — zupełnie jakbym piła krople żołądkowe. Jednak gdy go przełknęłam, poczułam właściwy smak i wtedy na mojej twarzy również pojawił się uśmiech. Pierwszy raz w życiu skosztowałam oliwy.

Florì nadal siedzi pochylona nad wodą, ja zaś snuję swoją opowieść. Gdy mówię, widzę jej profil i spuszczone powieki. Po chwili otwiera oczy i odwraca się w moją stronę. Potem rozprostowuje nogi i poprawia spódnicę. Na jej wąskich ustach pojawia się uśmiech.

— Proszę cię, nie przerywaj, mów dalej.

— Otóż ta Ziemniaczana Dama przykucnęła na piasku podobnie jak ty przed chwilą. Na nogach miała grube kalosze widoczne spod spódnic. Wpatrywała się w ogień i co jakiś czas wstawała, żeby cisnąć w morze jakiś kamień albo kawał drewna. A gdy ziemniaki przypiekły się na złoty kolor, obróciła je i namaściła oliwą. Rzuciła też garść soli, którą wyjęła z innego magicznego schowka, rozniecając wielkie płomienie. W końcu wsadziła dwa albo trzy kawałki ziemniaka na patyk i podała mi. Zdążyłam nabrać na nie tak wielkiej ochoty, że jadłam, parząc sobie usta — nie mogłam się nasycić ani pieczonymi ziemniakami, ani tą chwilą. Chciałam wtedy być nią. Kobietą z plaży. Nosić takie spódnice, szale, chusty i mieć srebrną buteleczkę. Też chciałam umieć sprawić, że kartofel smakuje lepiej niż czekoladowe ciasteczko. To właśnie ona, bardziej niż ktokolwiek inny, pozwoliła mi poznać samą siebie. Niekiedy zastanawiam się, czy ta Ziemniaczana Dama nie była jakimś duchem, który pojawił się, by przekazać mi jedną z największych tajemnic — że o urodzie życia decyduje umiejętność cieszenia się chwilą. Tylko że ta kobieta istniała naprawdę, Florì. I gdy myślę o niej teraz, uświadamiam sobie, że na pewno miała swoje zmartwienia. Ale znalazła sposób na to, by jej życie mimo wszystko było piękne, tak jak tamtego popołudnia. Przyszło jej to tak samo łatwo, jak wyciągnięcie z kieszeni tej srebrnej flaszeczki. To był jej dar dla mnie. Pokazała, że szczęście jest kwestią wyboru.

— Myślisz, że tak naprawdę jest? Szczęście się wybiera?

— Przeważnie. A przynajmniej znacznie częściej, niż wielu z nas sobie to uświadamia.

Kościelne dzwony wybijają północ. Niczym bajkowy Kopciuszek, podrywamy się, pakujemy rzeczy i wciągamy kalosze. Zaśmiewając się przez całą drogę, wędrujemy w górę śliskiego zbocza, podtrzymując się nawzajem. Po przyjściu do domu zastajemy panów na tarasie. Książę udziela przysypiającemu Fernando lekcji astronomii.

— Widzę, że wszystko jest w najlepszym porządku, więc spokojnie mogę wrócić do siebie i położyć się do łóżka — chichocze Florì, całkiem jak mała dziewczynka. Książę wstaje i podąża za nią. W oddali dźwięczy ich *buona notte, notte ragazzi, notte tesori.* Słowa przebijają się przez mrok i wiatr. Obejmuję sama siebie i pocieram dłońmi ramiona, próbując się rozgrzać. Stoję i zastanawiam się, jak bardzo podobne są ludzkie pragnienia. Rozmyślam o obozowisku nad Missisipi, kąpieli w etruskich termach, smażeniu bekonu, niezapomnianym aromacie pieczonych ziemniaków i ziół wiszących nad ogniskiem, zapachu wzburzonego morza, jęku fal wdzierających się na skały i zagarniających coraz większe połacie piasku. O miejscu do odpoczynku. I o nas.

## *Schiacciata Toscana*
### **Płaski chleb toskański (albo chlebowy placek)**

Dwa płaskie chleby o średnicy około trzydziestu centymetrów

*1 łyżka stołowa drożdży suszonych lub 1½ kostki świeżych drożdży prasowanych*
*1 płaska łyżeczka ciemnego brązowego cukru*
*2¾ szklanki letniej wody*
*3 łyżeczki miałkiej soli morskiej*
*6½ szklanki mąki uniwersalnej*
*1 szklanka drobno mielonej żółtej mąki kukurydzianej*
*2 łyżki stołowe świeżego rozdrobnionego rozmarynu*
*gruboziarnista sól morska (lub inna)*
*oliwa extra virgin do wysmarowania form i nadania połysku*

W dużej misce łączymy drożdże i cukier z ciepłą wodą. Mieszamy, dopóki cukier się nie rozpuści. Nakrywamy plastikową folią i pozostawiamy na dziesięć minut, aż roztwór będzie gotowy. Następnie należy wymieszać oliwę z solą i dodać do drożdży. Stopniowo dosypujemy po szklance mąkę, każdorazowo dokładnie mieszając. Dodajemy mąkę kukurydzianą. Całość należy dobrze wymieszać. Ciasto powinno być miękkie i suche. Jeśli jest zbyt lepkie, dosypujemy po łyżce stołowej mąkę, aż do uzyskania odpowiedniej konsystencji. Kładziemy ciasto na stolnicy poprószonej mąką i zagniatamy przez dziesięć minut. Przekładamy do czystej, lekko posmarowanej oliwą misy i przykrywamy plastikową folią. Ciasto powinno rosnąć przez godzinę lub dłużej, aż jego objętość zdąży się podwoić.

Gdy wyrośnie, należy je nakłuć, by wypuścić nagromadzone powietrze. Następnie dzielimy ciasto na dwie części i każdą z nich wykładamy na lekko naoliwioną formę o średnicy około 30 centymetrów, wysypaną mąką kukurydzianą. Ciasta nie będzie łatwo rozprowadzić, ale mimo to nie powinno się go wałkować. Należy je tak ugniatać palcami, by równomiernie zakrywało całe dno. Na kilka minut odstawiamy ciasto, a potem ponownie rozprowadzamy je palcami tak, by dotykało brzegów formy. Do tego czasu powinno się już wyrobić i łatwiej poddawać ugniataniu. Gotowe *schiacciate* nakrywamy czystym kuchennym ręcznikiem i odstawiamy na pół godziny do wyrośnięcia. W tym czasie nagrzewamy piec do temperatury 230°C.

Kiedy ciasto znowu urośnie, ręką spłaszczamy chleby. Na powierzchni powinny powstać charakterystyczne zagłębienia. Delikatnie smarujemy chleby oliwą, która zatrzyma się we wgnieceniach. Następnie posypujemy *schiacciate* rozmarynem i — jeśli ktoś chce — solą morską. Chleby pieczemy przez 20–25 minut — do uzyskania złotej skórki. Następnie wyciągamy je z formy i kładziemy na stojak, gdzie pozostaną do wystygnięcia. Za pomocą pędzla, używanego przy pieczeniu ciastek, pociągamy gorące, świeżo upieczone bochenki oliwą.

Chleb najlepiej podawać ciepły, ewentualnie o temperaturze pokojowej. Tradycyjnie nie kroi się go nożem na kawałki, lecz rozrywa dłońmi, częstując w ten sposób gości.

# ROZDZIAŁ CZWARTY

## *Czy ty wypychasz rozmarynem materace?*

Lewica. Zawsze lewa strona. Można by to odnieść zarówno do sympatii politycznych i sentymentów typowych dla tej części Toskanii, jak i do leworęczności Barlozza. Bezustannie posługuje się lewą ręką, wymachując nią zwinnie niczym maestro dyrygujący orkiestrą. W ten sposób chce podkreślić istotniejsze myśli.

— *Siamo un pò rossi qui.* Jesteśmy tu trochę czerwoni — mówi Barlozzo któregoś wieczoru, gdy idziemy pod górę do baru na *aperitivi.*

Jego słowa odnoszą się do komunizmu. Czerwona ideologia zakorzeniła się na tych terenach po pierwszej wojnie światowej, gdy *contadini,* miejscowi chłopi, powrócili do Toskanii i zastali jeszcze mniej niż zostawili. Przepaść pomiędzy tymi, którzy mieli, i tymi, którzy nie mieli, wyraźnie się pogłębiła, aż w końcu bieda rozszalała się na dobre niczym plaga. Ludzie ginęli z głodu, zupełnie jakby wojna wciąż jeszcze zbierała swe straszne żniwo. Członkowie frakcji politycznych, które zrodziły się z tej biedy, domagali się pracy i chleba, podobnie jak to było w Rosji. Takiego właśnie znaczenia nabrał tu kolor czerwony. I do dziś niewiele się zmieniło.

Po pierwszej wojnie światowej uchwalono i zmodyfikowano wiele ustaw, przebudowując system prawny, niekiedy pod bardzo szumnymi hasłami. Część nowych przepisów udało się nawet wdrożyć w życie, co poprawiło nieco stosunki społeczne i złagodziło napięcia. Ale tempo tych zmian było zbyt słabe, a reformy źle zaplanowane. Nowe idee nie trafiały na podatny grunt, zderzając się z panującym, w dużej mierze jeszcze feudalnym, systemem wywodzącym się ze średniowiecza i opartym na pracy pańszczyźnianej. Właściciele ziemscy nadal zawierali z niepiśmiennymi chłopami kontrakty, w których wieśniacy godzili się przekazywać im siedemdziesiąt pięć, a nawet osiemdziesiąt procent plonów. Panowie zaś wiedzieli doskonale, że z tego, co pozostanie, chłopi nie są w stanie wyżyć i będą cierpieć głód. Ich dzieci miały zamkniętą drogę do edukacji. Nie tylko z tego powodu, że liczyła się każda para rąk zdatnych do pracy, ale także dlatego, że łatwiej było kierować nie kształconymi umysłami i w ten sposób nadal czerpać zyski z pracy niewolniczej. Jak przed siedmiuset albo ośmiuset laty, tak i wówczas właściciele ziemscy, ubrani w eleganckie stroje uszyte z drogich materiałów, dosiadali swoich ulubionych koni krymskich, przeznaczonych do polowań, i spoglądali na świat z wysokości siodła. Cały zysk przeznaczali na powiększanie posiadłości, ale nie przyszło im do głowy, żeby coś unowocześnić — zapewnić lepsze narzędzia albo zmodernizować chłopskie domy, których mieszkańcy gnieździli się wspólnie ze zwierzętami. Tak więc w krótkim okresie pokoju, pomiędzy dwoma wojnami, na dobrą sprawę podjęto jedynie próby reform. Później jednak ugrupowania lewicowe zyskały na sile i znaczeniu.

Panowie pozostali panami, ale lokalne prawodawstwo zmusiło ich do wprowadzenia zmian. Zwiększono udziały rolników w zyskach i nieco polepszono nędzne warunki ich egzystencji. Zrobiono jednak zbyt mało i zbyt późno. Wielu mieszkańców wsi zdążyło wyjechać na północ, najwyraźniej nie mogąc się już doczekać, kiedy wreszcie będą mogli zakosztować robotniczej biedy. Płaca, która z trudem wystarczała na jedzenie i czynsz, wydawała się im darem losu. Dlatego rzadko oglądali się za siebie.

O zachodzie słońca siedzimy w trójkę na *piazza*, na kamiennym murku. Obok nas stoi dzban wina. Rozprawiamy o polityce. Książę nawiązuje do współczesności.

— Szczęście jest tam, gdzie pojawiają się nowe wyzwania. Tak to wygląda i dlatego z miasteczka mamy kolejny exodus.

Białą głowę Księcia spowijają kłęby dymu.

— Swoją krucjatę rozpoczęli *i progressisti.*

W San Casciano utworzyły się dwa skrajne ugrupowania. Ci bardziej hałaśliwi to właśnie *i progressisti,* którzy sposobią się do skoku w przyszłość — zgrzytają zębami, walą pięściami i wrzeszczą *basta!,* domagając się postępu, jakby chodziło o kolejkę dżinu. Głos ich przeciwników brzmi bardziej nostalgicznie. *I tradizionalisti* stoją na straży dawnych obyczajów, twierdząc, że postęp polega na powrocie do przeszłości.

*I progressisti* z San Casciano chcieliby sprzedać swoje rozsypujące się domy o czerwonych dachach, gęsto upakowane wzdłuż małych, krętych uliczek. Fernando i ja jesteśmy zdania, że te domki — przycupnięte na zboczu wzgórza — wyglądają naprawdę uroczo i chętnie byśmy sobie taki kupili. Za to ich właściciele woleliby mieszkać w jednym z różowożółtych bloków, które czekają na nich w niżej położonej części miasteczka. Nie musieliby wtedy taszczyć drewna po schodach ani wynosić popiołu. Jedynym ogniem, o który przyszłoby im dbać, byłby spokojny płomień fajerek gazowych. *I progressisti* marzą o garderobach z przesuwanymi drzwiami, a nie o ciężkich rzeźbionych szafach z drewna wiśniowego — przepastnych i głębokich jak jaskinie. Wolą zlewozmywaki ze stali nierdzewnej niż stare marmurowe zlewy, gładkie jak jedwab od nieustannego szorowania. U sufitów zawieszają wielkie sztuczne żyrandole zamiast surowych, ręcznie kutych żelaznych latarni, w które przed stu laty dziadek Biagiottiego zaopatrywał wszystkie okoliczne domy.

*I progressisti*, którzy pozostali na wsi i nadal uprawiają cudze pola, pragną porzucić swoje wolne od czynszu, zimne przez osiem miesięcy w roku domostwa o grubych ścianach. Niegdyś zamieszkiwały w nich trzy albo nawet cztery pokolenia — wszystkie utrzymujące się z pracy na rzecz innych. Te ogromne wielopokoleniowe rodziny odchodzą bezpowrotnie w przeszłość.

Rodzice i dziadkowie umierają, a młodzi wyjeżdżają. Tylko ci, którzy są zbyt starzy, by uciekać i zbyt młodzi, by umierać — pozostają. Uwiązani, bez możliwości wyboru.

Od niedawna chłopi zaczęli otrzymywać za pracę na roli comiesięczną zapłatę, a także całkiem sporą część zebranych plonów. To dlatego *i progressisti* nabrali przekonania, że stać ich na kupno własnego lokum w różowożółtych betonowych pałacach, gdzie bez problemu działają komórki, jest dużo więcej telewizorów, za to znacznie mniej okien do mycia.

Ale nie tylko o większą liczbę elektronicznych gadżetów tu chodzi i nie o równiejsze, gładsze ściany. Ich gniew zakorzeniony jest w przeszłości.

— *È la scoria della mezzadria.* To efekty dawnego systemu — tłumaczy Barlozzo, gdy nagle na *piazza* pojawia się Florì, niosąc półmisek nakryty kuchennym ręcznikiem.

Podchodzi do nas na palcach i cichuteńko mówi *„scusatemi"*, jak gdyby przepraszała, że właśnie się spóźniła na drugi akt *Madame Butterfly*. Barlozzo wita przybyłą. Wstaje z miejsca, odbiera od niej talerz i kładzie go na murku obok dzbana z winem. Całuje Florì w rękę i oferuje jej swoje miejsce. Zaraz potem podejmuje przerwany temat:

— Wstydzą się, ale nadal pracują na polu pana, oddając mu hołd i należne plony. Z zażenowaniem kłaniają się, zdejmując kapelusze. Raczej z rezygnacją niż z dumą stawiają u jego lśniących drzwi kosze najlepszych *porcini*, prawdziwków, i najokazalszych trufli.

Zapłata, którą otrzymują, jest zbyt skromna, by mogła zrekompensować lata niewolniczej pracy — całkiem jak werniks, który błyszczy, ale nie zasłania malowidła.

Fernando przeczuwa, że na półmisku kryją się jakieś pyszności, dlatego czym prędzej ściąga z niego ręcznik. W pierwszej chwili wydaje się, że na talerzu jest ciasto, ale nie — to okrągły bochen słonego chrupiącego chleba *pecorino*. Fernando kroi go na cienkie kromki małym nożem. Kobieta wyjmuje z kieszeni swetra papierowe serwetki, kładzie na nich kawałki chleba, które następnie podaje siedzącym. Ten sam cichy rytuał dzielenia i rozdawania pieczywa powtarzamy z namaszczeniem.

— *I tradizionalisti* kręcą z dezaprobatą głowami. Niektórzy mieszkają w miasteczku, inni na wsi, ale żadnemu nie przyjdzie na myśl, żeby się przeprowadzić do różowożółtych pałaców z betonu. Mówią, że dawniejsze, trudne i surowe życie było lepsze. Jedzenie też bardziej smakowało, gdy w oczy nieraz zaglądał głód. Ich zdaniem nie ma nic piękniejszego niż życie regulowane wschodami i zachodami słońca. Twierdzą, że praca wyciskająca ostatnie poty, przejadanie własnej części plonów i sen mocny jak u dziecka — to esencja istnienia. Mówią, że nie rozumieją żądzy posiadania rzeczy, których nie da się zjeść ani wypić, ani założyć na grzbiet. Pamiętają czasy, kiedy gromadzenie dóbr oznaczało zebranie trzech worków kasztanów zamiast dwóch. Twierdzą, że ich sąsiedzi stracili wyobraźnię, uczucia, a niektórzy zdolność kochania. Mówią, że skoro mamy wszystko, a jednocześnie niczego nie posiadamy, jedyne, co nam pozostaje, to spróbować zrozumieć rytm życia. Dzień. Noc. Pory roku. Trzeba żyć godnie, gdy się człowiekowi wiedzie, ale także wtedy, gdy się mu nie układa. Należy umieć przyjąć i jedno, i drugie. Inaczej okradamy samych siebie z połowy naszego istnienia. Mówią, że wszyscy ci, którzy przeprowadzili się do bloków, czekają już tylko na śmierć, a dla wypełnienia czasu oglądają w telewizji kolejny kiepski program. Dostatek i beztroska składają się na coś, co można by określić mianem nonszalancji. Gdy ma się wszystko i o nic nie trzeba się starać, cóż innego może z tego powstać jak nie nonszalancja?

Włoskie określenie, którego Barlozzo używa, mówiąc o nonszalancji, to *sprezzatura*. Trudne słowo, niełatwe do przetłumaczenia. Oznacza „stan, kiedy wszystko przychodzi bez wysiłku". Może odnosić się do osiągnięcia w czymś doskonałości niejako samoistnie, bez większego trudu — mistrzostwa w sztuce, w życiu — co nieuchronnie prowadzi do nonszalancji.

— *Tradizionalisti, progressisti. Bah!* Też coś! A może po prostu chodzi o to, by nasze życie trwało jak najdłużej i wypełniło się do końca — rozumiecie, co mam na myśli? Powinna w nim panować harmonia, nic nie może zostać zaniedbane. Jak wtedy, gdy sięgamy po kawałeczek chleba, żeby nim zebrać z talerza ostatnią kroplę oliwy i popijamy go ostatnim łykiem wina, który pozostał w kieliszku — mówi Florì.

Książę wstaje, podchodzi do Fernanda, po czym kładzie ręce na jego ramionach i spogląda to na mnie, to na Florì.

— Ty i Florì jesteście do siebie podobne, Chou. Ale ty jeszcze bardziej przypominasz moją matkę. Ona też miała ciężkie życie.

— Ale ja wcale nie uważam, że życie jest ciężkie.

— Oczywiście, że nie. W każdym razie nie teraz, gdy wprowadziłaś do niego tyle „udoskonaleń". Tak samo robiła moja matka. Dla niej życie było zbyt jaskrawe i zbyt odległe. Dlatego ciągle musiała mrużyć oczy i skracać perspektywę. Niczym malarz impresjonista, starała się wygładzać wszystkie nierówności, jej obraz świata był rozproszony, półprzezroczysty. Życie odsłaniało się przed nią w blasku świecy. Była osobą dość niepokorną, ale swój sprzeciw wobec rzeczywistości wyrażała w elegancki sposób. Otaczała ją aura tajemnicy. Tak jak ciebie. I tak jak ty uważała, że bochenek chleba może rozwiązać wszystkie problemy.

— To prawda, że ona wszystko postrzega na swój własny sposób — wtrąca się do rozmowy Fernando, opowiadając pewną historię, która przytrafiła się mnie i Erichowi. Otóż któregoś ranka wiozłam syna do szkoły autostradą Rio Americano w Sacramento. Znaliśmy doskonale każdy zakręt, wszystkie przydrożne budynki i charakterystyczne punkty, toteż gdy w odległości jakichś stu metrów zobaczyłam nagle nową tablicę informacyjną, szturchnęłam Ericha i powiedziałam:

— Spójrz, kochanie, otworzyli francuską piekarnię.

Na tablicy dostrzegłam bowiem francuskie słowo wypisane jaskrawoczerwonymi literami: *pain,* chleb.

— Mamo, przecież to napis angielski. *Pain* oznacza ból. To nie piekarnia, tylko szpital — uzmysłowił mi.

Fernando nie byłby sobą, gdyby odpowiednio tej historii nie ubarwił. Rozbawiony, porozumiewawczym gestem szturcha Księcia. Czekam, aż obaj panowie trochę się uspokoją, a z mojej twarzy zniknie wyraz zakłopotania. Dopiero wtedy ośmielam się zapytać Barlozza:

— A jakaż to tajemnica mnie spowija?

— Gdybym wiedział, nie byłoby tajemnicy, prawda? Mogę rzec tylko tyle, że ludzie okryci tajemnicą bez trudu rozpoznają pokrewne dusze.

— Skoro się na mnie poznałeś, to sam również musisz być tajemniczy, tak?

Florì podnosi głowę zdziwiona, ale wyraz zdumienia szybko znika z jej twarzy. Dla niepoznaki sięga po talerz, na którym zostało już tylko parę okruszków chleba i stary srebrny nóż.

— No dobrze. Zostawmy już może ten temat.

— OK. Ale jeśli idzie o chleb jako panaceum na wszelkie problemy — to, biorąc pod uwagę wszystkie za i przeciw, sądzę, że bochenek chleba jeszcze nikomu nie zaszkodził. À propos, znowu skończył mi się zapas rozmarynu. Mógłbyś mi trochę dać?

— Czy ty wypychasz rozmarynem materace? Jeszcze nigdy nie widziałem, żeby ktoś był tak bardzo zakręcony na punkcie tej przeklętej przyprawy — słyszę w odpowiedzi od Barlozza.

— Może moja miłość do rozmarynu bierze się z tęsknoty za morzem. *Rosmarino.* Róża morza. Ta łąka pełna ziół, tam w górze, obok starego *spa*, jest prawie tak samo urzekająca jak pokryte warstewką soli krzewy rosnące wzdłuż brzegów Morza Śródziemnego.

— Przyniosę ci tyle rozmarynu, że starczyłoby do wypchania choćby i tuzina materacy. Chętnie też przyjmę zaproszenie na dowolną liczbę twoich egzotycznych kolacji. Ale pod jednym warunkiem — za każdym razem specjalnie dla mnie upieczesz bochenek zwykłego chleba, dobrze? A na stole postawisz kieliszek wina i butelkę oliwy. Myślę, że najwyższy czas zacząć wprowadzać w życie to, o czym mówiła Florì — niczego nie zaniedbywać. Pamiętać, że musi być równowaga — chleb, wino i oliwa.

*Ułożyć kurczaka w brytfannie, dać na spód rzepę, ziemniaki, cebulę, pory i marchew...*

W niektóre poranki nie schodzimy w dół, do ciepłych źródeł znajdujących się poniżej San Casciano, ale z mozołem pniemy się do miejsca położonego za miasteczkiem, gdzie są oryginalne *terme* — *spa*. Słowo *spa* jest łacińskim akronimem od *salus per aquam,* zdrowie poprzez wodę. Gdy zaglądamy do opuszczonych łaźni, w których niegdyś Medyceusze zażywali kąpieli, zaczynamy się zastanawiać, czy to, o czym mówi się w okolicy, jest prawdą. Gdyby jakaś spółka z Florencji rzeczywiście zdecydowała się odbudować termy, miasteczko z całą pewnością zmieniłoby charakter. Wytworne towarzystwo zaraz zaczęłoby tutaj zjeżdżać dla poratowania zdrowia i uspokojenia skołatanych nerwów, w czym niewątpliwie pomogłyby ciepłe kąpiele połączone z masowaniem obolałych pleców. Senne miasteczko z pewnością wreszcie by się obudziło, choć niekoniecznie za sprawą pięknego księcia. Ukradkiem przyglądam się własnemu księciu, idącemu obok mnie. Każde z nas pogrążone jest w swoich myślach. Ale nagle czuję na plecach dreszcz. Czy to chłodny wiatr, który usilnie stara się przegnać stąd lato? A może dotyk ręki Fernanda na moich biodrach? Wciąż czuję na twarzy gorąco, gdy wspominam jego pocałunki. Lubię smak jego ust, który ma w sobie nutę kawy, mleka, chleba i nie rozpuszczonych kryształków cukru. Jakbym kosztowała pysznej maślanej *kugelhopf*, babki. Jak on to robi? Dlaczego kręci mi się potem w głowie? A może to jednak nie on, tylko po prostu wysokie ciśnienie. Dlaczego od razu nie przyszło mi to na myśl? Teraz jestem pewna. Ten dreszczyk spowodowało podwyższone ciśnienie. A może skaczą mi hormony, ot tak, dla zabawy? Nie, chyba jednak to wszystko za sprawą Fernanda. Ostatecznie uznaję, że chodzi o niego, ale brak pewności napełnia mnie lękiem. A jeszcze straszniejsze jest to, że ten mężczyzna równie łatwo może przyprawić mnie o dreszcze zupełnie innego rodzaju.

Jestem w ogrodzie i przyrządzam kurczaka w taki sposób, jak zwykła to robić mama Florì, gdy szykowała niedzielny obiad. Postępuję dokładnie według jej przepisu: „Ułożyć kurczaka w brytfannie, dać na spód rzepę, ziemniaki, cebulę, pory i marchew...".

Na tym wskazówki się niestety kończą, dlatego dalej działam już na własną rękę. Kładę do środka garść czosnku. Ząbki muszą być zmiażdżone, ale nie wolno ściągać z nich skórki. Następnie nacieram pierś kurczaka oliwą, przyozdabiam sporą gałązką dzikiego rozmarynu i wkładam do pieca opalanego drewnem. Mniej więcej po godzinie skórka przybiera piękny brązowy odcień i robi się chrupiąca, a ze środka wypływają złociste soki. Wyciągam kurczaka i wykładam go na długi, ogrzany półmisek. W domu stawiam brytfannę na ogniu i odskrobuję od dna kawałki przypieczonych warzyw oraz tłuszcz z pieczenia. Podlewam to wszystko białym winem, robiąc sos, który smakuje wybornie — jak sobotnia noc albo niedzielne popołudnie. Do środka wkładam na chwilę kawałki chleba i czekam, aż nasiąkną sosem. W tym czasie przygrzewam pół szklanki *vin santo* i wrzucam do środka garść dorodnych *zibibbi* — rodzynków pochodzących z wyspy Pantelleria położonej u wybrzeży Sycylii. W lodówce czekają już wymyte i osuszone na kuchennym ręczniku liście dzikiej sałaty. Otwieram butelkę *sauvignon blanc* z Castello della Sala i umieszczam ją w wiaderku z lodem.

Monetowi na pewno spodobałby się nasz stół na tarasie. Zdobi go dzban pełen maków i lawendy oraz świece, które dla ochrony przed gwałtownym wiatrem, jaki często zrywa się o dziewiątej wieczorem, umieszczam w starych, stylowych lampach okrętowych. Wołam Fernanda, który jest gdzieś na górze. Na półmisek wykładam schłodzone liście sałaty, które skrapiam odrobiną sosu. Na wierzchu kładę nasączony chleb, posypując go ciepłymi, napęczniałymi od wina rodzynkami. W końcu, na tak udekorowany talerz wykładam kurczaka. Skręca mnie z głodu.

Zatrzymuję się u podnóża schodów i przywołuję męża:

— Fernando, *la cena è pronta,* kolacja na stole.

Nalewam wina, stoję na tarasie i powoli smakuję zawartość kieliszka. Rękę opieram na biodrze i patrzę na kończący się dzień. Fernando wciąż ociąga się z przyjściem. Wychodzę do ogrodu i wołam w stronę otwartych okien.

— Fernando, zejdziesz na dół, żeby zjeść ze mną kolację?

Ktoś zupełnie niepodobny do mojego męża wystawia głowę przez okno pokoju gościnnego. Nawet w tych ciemnościach potrafię go rozpoznać. A może bardziej w y c z u ć. To stary znajomy, pan Żywe Srebro. Bezbrzeżny smutek, który tak często dopadał mojego męża w Wenecji, odkrył naszą toskańską kryjówkę.

— *Non ho fame*.

No tak, pan Żywe Srebro nigdy nie był głodny.

— To może zechciałbyś przynajmniej dotrzymać mi towarzystwa? Kurczak prezentuje się naprawdę świetnie. Wypiłbyś chociaż kieliszek wina albo zjadł kawałek chleba. Chodź i porozmawiaj ze mną.

Wypróbowuję wszystkie metody, które wcześniej działały, ale tym razem wszystkie okazują się zawodne.

Mistrz suspensu potrafi budować napięcie. Upływa kilka minut, zanim słyszę na schodach jego ciężkie kroki. Wypijam głębszy łyk wina. Wystarczy jedno spojrzenie i już wiem, co się dzieje — janczar wyruszył stoczyć walkę z własnym przeznaczeniem. Zaczyna od tego, że porzucił pracę w banku, bo miał wielką nadzieję odnaleźć spokój ducha. Tak się jednak nie stało. Czuje tylko rozgoryczenie i żal — stracił poczucie bezpieczeństwa, swoją pozycję społeczną i tytuł.

— Zamiast spokoju jest tylko ziejąca pustką dziura — oświadcza.

Chcę mu wytłumaczyć, że spokój ducha nie zależy od położenia geograficznego i skoro nie znalazł go w Wenecji, to dlaczego miałby go znaleźć w Toskanii. W końcu jednak nic nie mówię, tylko przyglądam mu się w ciszy i skupieniu. Przez głowę przelatują mi cudowne obrazy minionych tygodni i miesięcy. Tłumaczy mi, że czuje się okradziony. Wysuwa te wszystkie oskarżenia, stojąc tuż obok mnie.

— Czyżbym to ja była tym złodziejem? — pytam i również wstaję.

— Owszem. To ty karmiłaś mnie złudnymi nadziejami, że to może się udać — mówi. — To przez ciebie uwierzyłem, że stary poczciwy Fernando potrafi stać się kimś zupełnie innym — ciągnie dalej, mając pewność, że za chwilę spłyną na niego czułe słowa pocieszenia.

— Stary poczciwy Fernando jest najcudowniejszym człowiekiem, jakiego kiedykolwiek znałam. Nie odrzucaj go. Zabierz ze sobą i bądź cierpliwy. Zamiast zamartwiać się, kto cię okradł i czego pozbawił, uświadom sobie lepiej, że tak naprawdę okradasz samego siebie. Kradniesz swój czas, Fernando. Zachowujesz się naprawdę arogancko. Traktujesz ten wieczór, jakby to była cierpka wiśnia, którą wypluwasz bez żalu. Za każdym razem, kiedy drążysz przeszłość, marnujesz cenny czas. Masz go naprawdę tak wiele, mój drogi?

Czy on faktycznie sądził, że jakaś turecka wróżka uprzątnie przed nim drogę wiodącą przez toskański las? A może miał już dosyć zniewolenia i dlatego zdecydował się na ucieczkę? Wygląda na to, że Fernando nie potrafi pielęgnować żadnego innego uczucia poza melancholią. Wiem, że ta jego melancholia jest w rzeczywistości błaganiem o ratunek, ale okazywane przeze mnie współczucie nie wystarcza. Fernando buduje swój spokój na fundamencie z patyków. Najmniejszy wstrząs sprawia, że wszystko zaczyna się walić. Jak unoszące się na falach gniazdo ptaka morskiego, które zatapiają wzburzone wody.

— Dlaczego wciąż twierdzisz, że jesteś na krawędzi i lada chwila runiesz w przepaść? Nie słyszałeś? Przecież ziemia jest okrągła. Wystarczy zwinąć się w kłębek, a będziesz mógł się toczyć. Potem wstaniesz i zaczniesz wszystko od nowa. Tak jak to robią inni! — już nie mówię, lecz krzyczę.

Ale on mnie nie słyszy. Wyciągam książkę André Gide'a i czytam: „Jeżeli ktoś pragnie odkryć nowe lądy, musi pogodzić się z tym, że przez bardzo długi czas będzie na morzu".

Fernando odpowiada, że to bzdury. Wrzeszczy, że całe życie czuł się tak, jakby płynął bez sterów. A teraz może bardziej niż kiedykolwiek.

— Czy naprawdę chcesz, żebym sobie przypisała winę? Przecież sam zrezygnowałeś z pracy, nawet nie pytając mnie o zdanie. To ty nie mogłeś się doczekać, kiedy wreszcie sprzedasz dom i będziesz mógł zacząć wszystko od nowa. Teraz łatwiej ci o tym nie myśleć i wylewać swoje żale. Czy to jest cena, którą mam zapłacić za to, że zostałam twoją żoną? Nie wiem, czy stać mnie na to! Nie wiem, czy chcę zapłacić!

Nagle dociera do mnie, że wykrzykuję te wszystkie rzeczy po włosku i to nadzwyczaj składnie. Potrafię być nawet elokwentnie uszczypliwa. Jestem Anną Magnani i Sofią Loren. Ze zdumieniem przyglądam się swojemu drugiemu wcieleniu. Stoję z boku, ukryta w bezpiecznym miejscu i obserwuję samą siebie. Czy ta kobieta, która wbija zęby w dłoń, tupie i potrząsa włosami to ja? Czy to naprawdę ja wykrzykuję te wszystkie przekleństwa? Jest wszakże coś pocieszającego w tym, że wyrzuciłam z siebie minione trzy lata, a właściwie sto lat połykania cierni. Tak, to ja. Całkiem jeszcze mała. Płaczę, gdy coś mnie rani i uśmiecham się, gdy mówię coś głębokiego i kojącego zarazem — komukolwiek, kto znalazł się wystarczająco blisko. Potrzebowałam nauczyć się obcego języka, by móc wreszcie wyrazić głęboko skrywane emocje. Przestałam być grzeczną dziewczynką, która bezustannie musi się pilnować. Wychodzę.

Przekraczam próg i ruszam przed siebie. Jest po dziesiątej. Na niebie wciąż nie pojawił się księżyc, a ja nadal odczuwam głód. Żałuję, że nie wzięłam ze sobą choć kawałeczka kurczaka. Pomimo gorąca trzęsę się w swojej cieniutkiej sukience w różowopomarańczowe róże, jak w listopadzie. Jestem głodna, a moja sukienka jest taka cienka. Nie wiem, dlaczego łączę ze sobą te dwie sprawy.

Początkowo kieruję się w stronę Celle, ale wkrótce gwałtownie skręcam w lewo. Schodzę po stromym zboczu piaszczystą ścieżką prowadzącą do jednego z ciepłych źródeł. W ciemnościach ślizgam się i potykam, bo nie założyłam roboczych butów. Przez moment siedzę na skalnej półce i czuję, że do oczu zaczynają napływać mi łzy. Gniew, który mam w sobie, nie pozwala im jednak popłynąć. Wyczuwam stopami zasuszone kępy dzikich kwiatów rosnące po obu stronach ścieżki i dzięki temu nie zbaczam z drogi. Są bardzo łamliwe i delikatne, ale mimo to ufam, że będą mnie prowadzić. Nie posiadam zezwolenia na prowadzenie pojazdów na terenie Włoch. Ale mam zdrowe, silne nogi. Rzemienie sandałów wrzynają się między palce i ranią mi stopy. Nie wzięłam ze sobą portfela. Ale i tak było w nim niewiele. Czas podliczyć straty. Sięgam do kieszeni sukienki i wyciągam banknot o wartości pięciu tysięcy lirów. Bez względu na to, co będę dalej robić, te pieniądze muszą mi wystarczyć. Idę ciężkim, ale szybkim krokiem trasą numer 321 w kierunku Piazze. Sześć kilometrów wiejskiej drogi oświetlonej blaskiem gwiazd. Sobotnia noc w Toskanii.

Oprócz kilku przejeżdżających samochodów spotykam tylko młodego szarego lisa. Idę szybko, jakbym zmierzała do jakiegoś celu. Wiem co prawda, gdzie mieszka Barlozzo i Floriana, ale w tym miasteczku nikt rozsądny nie składa wizyt o dwudziestej drugiej trzydzieści w sobotnią noc, no, chyba że ucieka przed niedźwiedziem. Najwyżej można by wstąpić do baru. Wiem, że to pierwsze miejsce, do którego zajrzy Fernando, jeśli zacznie mnie szukać. Dlatego obieram przeciwny kierunek.

Piazze jest jeszcze mniejsze niż San Casciano. Całe miasteczko mieści się właściwie na zakręcie drogi.

Ale jest tam *osteria* i gdy ją mijam, widzę tłum ludzi jedzących kolację przy stolikach. Wstępuję do środka i podchodzę do baru, gdzie zamawiam espresso. Próbuję także zagaić rozmowę z *padroną,* ale kobieta nie ma nikogo do pomocy, obsługuje wszystkich gości i pewnie również gotuje dla nich. Dlatego w odpowiedzi tylko się uśmiecha i mówi *buona serata,* miłego wieczoru. Trochę za późno na takie życzenia, myślę sobie, i wracam na drogę. A wtedy widzę jadące wolno bmw. Jestem pewna, że Fernando jest zmartwiony. Jeszcze mnie nie dostrzegł i mogłabym się przed nim skryć, ale nie robię tego. Nagle ogarnia mnie tęsknota za nim. Wiem, jakie to wszystko jest trudne. I takie może już być zawsze. Wychodzę na jezdnię i udaję, że chcę zatrzymać samochód. Podjeżdża i otwiera mi drzwi.

— Bez względu na to, co jeszcze się wydarzy i jak głupio się zachowam, obiecaj mi, że nigdy więcej już tego nie zrobisz — mówi.

Obiecuję, bo przecież podpisałam „kontrakt", na dobre i na złe. Obiecałam, że będę go wspierać także wtedy, gdy przybierze postać Żywego Srebra i popadnie w rozpacz. Tylko że jestem już trochę zmęczona tym ciągłym pakowaniem i wypakowywaniem mojego serca. Co dziwne, te jego kryzysy odbieram nieomal jak zdradę i czuję się po nich wydrążona. Pustka, którą mam w sobie, nie daje się prędko wypełnić. Z trudem przypominam sobie, jak Fernando jest s k o n s t r u o - w a n y. Przecież całe to zachowanie wynika z jego charakteru i jest czymś niezbywalnym, podobnie jak krew i kości. Poza tym mój mąż jest przecież Włochem. Wie doskonale to, czego ja nie potrafię przyswoić. Rozumie, że życie jest operą, w której musi pojawić się krzyk i lament i tylko raz na jakiś czas słychać śmiech. Teraz, pomiędzy aktami, wyznaje mi, że dobrze się stało, iż zdołał się wreszcie wyrwać z letargu, w którym tkwił przez całe życie. Cieszy go, że w końcu poznał, co to są emocje, nauczył się krzyczeć, a nawet śmiać. Jednak najważniejsze, że potrafi płakać. Prosi, żebym kochała go przede wszystkim wtedy, gdy pojawiają się trudności, a nie tylko wówczas, gdy wszystko toczy się gładko i bez problemów. Prosi o coś, o co nigdy nie poprosiłby żaden mężczyzna, gdyby nie miał pewności, że tak właśnie się stanie. Mimo to muszę uważać, by wspieranie go nie stało się dla mnie formą autoterapii podyktowanej próżnością.

Siedzimy w jego samochodzie i nie rozmawiamy, aż w końcu decyduję się przerwać milczenie.

— Bardzo cię kocham, dlatego mogę zaakceptować to, że czasem mnie odepchniesz, na krótką chwilę. Pozwól mi jednak powiedzieć, co wtedy przeżywam. Gdy cię poznałam, byłeś sobą zmęczony. Czułeś się niedoceniony i niespełniony. Powiedziałeś mi, że zawsze dokładałeś starań, aby być prawym człowiekiem, cierpliwym i poświęcającym się dla innych. Ale ludzie bez skrupułów wykorzystywali twoją uczciwość i oddanie. Wiedzieli, że nie zaprotestujesz. Bank, rodzina, przyjaciele — wszyscy byli pewni, że nic nie jest w stanie cię złamać. Czy właściwie to interpretuję?

— W zupełności — odparł cicho.

— Ale w pewnym momencie, dawno temu, gdy zacząłeś ich skreślać ze swego życia jednego po drugim, poczuli się urażeni. Tak to wyglądało?

— Tak. Właśnie tak.

— W takim razie, dlaczego mi to robisz, dlaczego mnie wtłaczasz w swoje dawne schematy? Czy nie dostrzegasz, że czasem traktujesz mnie tak, jak inni traktowali ciebie? Wprawdzie zdarza się to tylko raz na jakiś czas i zdecydowanie rzadziej niż w Wenecji, ale ja chciałabym, żeby nie zdarzało się wcale. Gdy podnosisz głos, nie słyszę, o co ci chodzi. Broniąc się, sama uczę się reagować krzykiem, co przychodzi mi zresztą bez trudu. Zrozum, że jeśli oboje zaczniemy wrzeszczeć, nie usłyszymy siebie nawzajem i nie pozostanie nam nic innego, jak się rozstać.

Jego postać wyraża cierpienie i lekką irytację. Sądzę, że nie zrozumiał ani słowa z całej tej przemowy. Jestem zbyt zmęczona, by próbować dalej i dlatego pogrążam się w ciszy, która najwyraźniej bardziej mu odpowiada. Przypomina mi się mój syn — uraz, którego kiedyś doświadczył. Był to ten rodzaj bólu, jaki mógł zadać czteroletniemu dziecku starszy kolega. Pamiętam, jak próbowałam przekonać Ericha, że nie musi udawać, że nic się nie stało.

Teraz wiem, że w miłości jest miejsce na rozpacz i na radość. Oba te uczucia — plus wszystko inne, co zależy od inwencji kochanków i granic, jakie sobie wyznaczą — to pewien układ stały. Kochające się osoby nigdy nie wytrzymają zbyt długo bez siebie. Gdy radość poprzedzona jest rozpaczą, czy staje się przez to pełniejsza? Tak jak jedzenie smakuje lepiej, gdy doskwiera głód, sen zaś jest twardszy, kiedy poprzedza go długie czuwanie? A jeśli to prawda, czy nie powinniśmy wyglądać rozpaczy z takim samym utęsknieniem, jak czekamy na radość?

Dawanie, otrzymywanie, branie, pielęgnowanie. Zaczynam rozumieć, że na zmianę podejmujemy się wykonania tej lub innej posługi, uznając ją za nasz codzienny obowiązek. Robimy to tak długo, aż wszystkie czynności i zachowania zostaną komuś przypisane i ustali się podział ról. Siła sprawcza miłości polega właśnie na wypełnianiu tych obowiązków i rzadko sięga poza nie. Trzeba również pamiętać o tym, że miłość przekształca kochanków.

Nic nie jest takie, jakim było wcześniej, zanim pojawiła się miłość. Tak jak wspólnie przemierzaliśmy kolejne dni i noce od początku naszej miłości, tak będziemy poruszać się już zawsze. Na samym starcie dopasowaliśmy się do siebie jak w tańcu. I nawet teraz tańczymy razem dokładnie w taki sam sposób. Z muzyką lub bez. Długi posuwisty krok, a zaraz potem gwałtowny skręt i obrót. Dwa takty ciszy, wstrzymany rytm — czas dany do namysłu. Szybki, wolny, cichy, pełen słodyczy i ognia. Miłość to tango tańczone w bardzo indywidualny sposób. I co jakiś czas, abyśmy nie zapomnieli, przypomina się stara prawda, że możemy w miłości razem wzrastać, lecz nie możemy się nawzajem zmieniać.

Żadne z nas nie ma jeszcze ochoty wracać do domu. Jedziemy do Camporsevoli i na zboczu wzgórza, pod sosnami, kładziemy narzutę zdjętą z samochodowych siedzeń. Rozmawiamy. Leżę na brzuchu, gorący policzek przytulam do ziemi. Przez materiał wyczuwam jej kojący chłód. Korony sosen tworzą nad nami szczelny baldachim. Przebija przez nie jedynie księżycowy blask. Fernando jest tak blisko, że niemal mnie sobą nakrywa, jakby chciał mnie chronić. Lubię czuć na sobie jego ciężar. Uśmiecham się na samą tę myśl i mówię: „jakie to wszystko zagmatwane". Fernando słyszy: „kochanie", wypowiada też to słowo i jest zdumiony, słysząc mój śmiech. Wtuleni w siebie zapadamy w sen.

Po jakimś czasie budzimy się, trochę rozmawiamy, ponownie zasypiamy, aż wreszcie czujemy, że powietrze staje się rześkie. Nadciąga fioletowy brzask. Gwiazdy powoli gasną, nie więcej niż kilka naraz, bo to przecież zaledwie uwertura. I już po chwili — *ecco, Apollo.* Ciemności rozpierzchają się, a niebo eksploduje kolorami — bursztynem, oranżem i różem, jak z serca granatu.

# Jesień

# ROZDZIAŁ SZÓSTY

# *Vendemmiamo — Chodźmy na winobranie*

Gdy zbliżamy się do Palazzo Barlozzo, jest dopiero siódma. Nawet jak na wizytę Księcia, to jeszcze trochę za wcześnie, a jednak proszę, oto jest — krąży na tyłach domu i wygląda trochę jak Ichabod Crane. Podchodzimy bliżej, a on wita nas jak zmartwiony ojciec, który widzi swoje zagubione pociechy całe i zdrowe. Wkrótce jego niepokój i zatroskanie ustępują miejsca stanowczości, a głos przybiera surowy, ojcowski ton.

— *Buongiorno, ragazzi. Sono venuto a dirvi che la vendemmia a Palazzone comincerà domani all'alba. Io verrò a prendervi alle cinque*. Witajcie, moi drodzy. Przyszedłem powiedzieć, że jutro o świcie w Palazzone zacznie się zbiór winogron. Wpadnę po was o piątej. Bądźcie gotowi.

— To świetnie, doskonale, cudownie. Oczywiście, że będziemy — zapewniamy go, starając się okazywać entuzjazm, a jednocześnie ukryć zażenowanie, malujące się na naszych twarzach po zajściach minionej nocy. On sobie najwyraźniej zdaje sprawę z tego, że były między nami jakieś niesnaski i widzę, że Fernando chciałby się z tego wytłumaczyć, gdy nagle Książę mówi:

— Posłuchaj, Chou, następnym razem, jak będziesz miała ochotę trochę odreagować, idź lepiej drogą w kierunku Celle. Tam jest mniej niebezpiecznie. Próbując odnaleźć równowagę ducha, zakłócasz spokój innym.

Po czym bez ostrzeżenia ściska moją dłoń, obejmuje mocno i całuje w oba policzki, mówiąc na odchodnym, że zobaczymy się rano. To zdumiewające, że nie tylko wie, iż ubiegłej nocy coś się wydarzyło, ale jeszcze potrafi skarcić, pogrozić, a potem pocieszyć za pomocą zaledwie paru słów i prostego gestu.

— *Adesso, io vado a fare colazione in santa calma.* A teraz idę w spokoju zjeść śniadanie — mówi chłodnym tonem. Spogląda na nas surowo, po czym odwraca się i wielkimi krokami zmierza prosto w stronę kurnika.

Próbujemy zachować powagę, ale i tak w końcu któreś z nas nie wytrzymuje i zaczyna chichotać. Słysząc to, Barlozzo również zanosi się śmiechem.

— *Vi voglio un sacco di bene, ragazzi*! Chciałbym, żebyście byli szczęśliwi, moje dzieci! — woła z oddali. Jego słowa częściowo tłumi szum wrześniowego deszczu.

Jeszcze w czerwcu podpytywaliśmy Barlozza, gdzie moglibyśmy pomóc przy zbiorze winogron. Kiedy pracowałam jako dziennikarka, dużo podróżowałam po Europie i miałam okazję tu i ówdzie uczestniczyć w *vendemmia*. Między innymi w Bandol, w południowej Francji, na Maderze, a także w regionie Chianti, w położonej bardziej na północ części Toskanii. Podczas tych wojaży zbierałam informacje i notowałam wrażenia, które wykorzystuję przy pisaniu książek. Za każdym razem na nowo odkrywałam w sobie duszę rolnika. Nie mogłam pojąć, jak można ż y ć tutaj i nie brać udziału w winobraniu. Mój zapał i tęsknota były ogromne, ale Fernanda chyba jeszcze większe. Tak czy inaczej, bankier miał się teraz zajmować zrywaniem winogron.

Jednakże Barlozzo bardzo powściągliwie odniósł się do naszego pomysłu. Spytał nas, czy zdajemy sobie sprawę, jakie to mordercze zajęcie, *un lavoro massacrante*. Trzeba wstać bardzo wcześnie rano, gdy tylko obeschnie rosa i pracować do zachodu słońca. Wytłumaczył nam, że sąsiedzi nawzajem sobie pomagają. Najpierw pracują w jednej winnicy, a gdy tam zbiorą wszystko, przechodzą do następnej. W związku z tym czasami trzeba obrobić sześć albo siedem winnic, do czego zobowiązuje przyjaźń i konieczność zapewnienia sobie dostawy domowego wina, które jest przecież nieodzownym elementem tutejszej kuchni.

— Komu zwykle pomagasz przy zbiorach? — zapytałam wprost, mając nadzieję, że w ten sposób będzie nam oszczędzony opis kolejnych scen rodem z Armagedonu, rozgrywających się we wciąż bezlitosnym, wrześniowym słońcu.

— Zwykle jeżdżę pomagać swoim kuzynom w Palazzone, chociaż teraz oni dorobili się już tylu dzieci i mają tak wielu krewnych krzątających się wokół winnicy, że spokojnie dają sobie radę beze mnie — oznajmił.

— No cóż, to może moglibyśmy pomóc w inny sposób, na przykład przy gotowaniu?

— Musicie zrozumieć, że zbiór winogron to sprawa „rodzinna". Nie mają do niej przystępu ani ciekawscy, ani entuzjaści. Ale zobaczymy, co się da zrobić. Popytam w okolicy.

Po tej surowej i nie pozostawiającej cienia wątpliwości lekcji z dziedziny lokalnych obyczajów, zaniechałam na pewien czas dyskusji na ten temat. No i proszę, pierwsza rzecz, jaką nam dzisiaj rano zakomunikował, to zaproszenie do udziału w winobraniu i zapewnienie, że będzie na nas czekał jutro z samego rana.

*La vendemmia* jest bardziej oczekiwana i świętowana niż jakiekolwiek inne wydarzenie z życia toskańskich rolników. Najstarszą rośliną uprawną na Półwyspie Apenińskim jest właśnie winna latorośl, a historia jej wiąże się zarówno z obrzędami pogańskimi i chrześcijańskimi, jak i ze zwykłym życiem.

Prawie każdy tutaj uprawia winorośl, pracując u siebie lub u właścicieli ziemskich. Powszechne są małe winnice, złożone z około stu skarłowaciałych krzewów rosnących wśród jeżyn albo pomiędzy rzędami kukurydzy pastewnej. Ale są też ogromne winnice, na które składają się całe hektary bujnych, pięknych roślin, jakby wyjętych prosto z ogrodniczych katalogów i ze znawstwem pielęgnowanych przez mistrzów. Spotyka się także formy pośrednie — winnice takie jak te, które mają kuzyni Barlozza. Najczęściej, poza wielkimi areałami, na których możliwy jest zbiór mechaniczny, winogrona zbiera się ręcznie, grono po gronie. Rolnicy wykorzystują w tym celu sekatory, których stukot idealnie wpisuje się w pejzaż dawnej Toskanii.

Na każdym winnym krzewie zawiesza się specjalny płaski koszyk wyplatany z gałązek. Dzięki temu ręce rolnika są wolne i dwa zręczne ruchy wystarczą, by kiść została odcięta. Gdy koszyk jest już pełen, owoce przekładane są do większych plastikowych pojemników, z którymi idzie się do półciężarówek lub wozów, stojących w różnych miejscach winnicy w oczekiwaniu na transport do przetwórni.

Kiedy mieszkałam w Kalifornii, odkryłam, że znawcy — ci prawdziwi lub samozwańczy — potrafią zepsuć najprostsze przyjemności związane z piciem wina poprzez zbyt dogłębne analizowanie zawartości szklanki soku winogronowego. Tutaj nikt nie popełnia takiego błędu. Miejscowi rolnicy robią swoje wino na terenie winnicy, a nie w sterylnych laboratoriach, z których korzystają przemysłowcy. Ich owoce są dokładnie takie, jakimi zesłali je bogowie — całkowicie naturalne, nie modyfikowane — to z nich powstaje tutejsze wino, tworzone w dodatku z prawdziwą pasją. I właśnie z połączenia tych dwóch elementów bierze się jego magia. Cierpkie, esencjonalne wina o silnym posmaku garbników utrzymujących się na języku —

gęsty, rubinowoczerwony eliksir, który rozchodzi się po zmęczonym i spragnionym organizmie na podobieństwo krwi. Te wina — pozbawione aromatu fiołków, bez choćby jednej nuty wanilii czy dżemu, nie pachnące angielską skórą — to czysty sok pozyskiwany z winnych gron, ulegający cudownemu przeobrażeniu po zamknięciu w beczkach.

Gdy wysiadamy z furgonetki Barlozza na drogę prowadzącą do winnicy, widzimy gromadę ludzi — trzydzieści lub więcej osób, stojących lub siedzących w pobliżu sterty koszy i skrzynek. Każda z nich ma włosy związane albo nakryte zwykłą chustką. Ronda kapeluszy zahaczają o pędy winorośli i utrudniają zbiór, za to skutecznie osłaniają nas przed palącym bezlitośnie słońcem, przez co mniej się pocimy. Ostatecznie opuszczam furgonetkę w słomkowym kapeluszu à la Holly Golightly i mam tylko nadzieję, że niewiele z obecnych tu osób zauważy jego nieprzyzwoicie szerokie falbaniaste rondo o średnicy przekraczającej sześćdziesiąt centymetrów. Gdy podchodzę do grupy, Barlozzo wręcza mi starannie wyprasowaną, niebiesko-białą chustkę, całkowicie ignorując moje spojrzenie, co wpływa na mnie jeszcze bardziej deprymująco. Mam ochotę go zapytać, dlaczego wcześniej nie powiedział mi, że mój kapelusz jest nieodpowiedni, ale się powstrzymuję. Fernando nie ma najmniejszej ochoty rozstawać się ze swoją czarną bejsbolówką marki Harley, na co otrzymuje milczącą zgodę Barlozza.

Kolejną rzeczą odróżniającą nas od reszty osób jest brak sekatorów przy paskach. Nagle zaczynam się czuć jak kucharz, który nie ma żadnego noża, albo jak hydraulik, który musi pożyczać klucz francuski. Okazuje się jednak, że parę innych osób też nie posiada odpowiedniego sprzętu. Wkrótce *vinaiolo,* zarządca winnicy, zaczyna nas odpowiednio „dozbrajać" i rozdaje przechodnie rękawice. Czujemy się tak, jakbyśmy stali w kolejce po darmowy posiłek i wyciągali ręce po grzankę.

Gdy w nikłym świetle poranka *vinaiolo* instruuje nowicjuszy i przydziela każdemu określony pas ziemi, z którego mamy zebrać winogrona, zagubieni wśród krzewów winorośli jakoś niespecjalnie czujemy, że uczestniczymy w doniosłym święcie winobrania. Mimo woli przypominam sobie, jak wyglądała praca przy zbiorze winogron w Kalifornii. Nadzorca posiadłości i zarządca winnicy nieustannie krążyli wśród winnych krzewów, na zmianę to kręcąc, to kiwając głowami. Macali winogrona, wąchali je, sporządzali notatki i co chwila pędzili do laboratorium, żeby określić stopień kumulacji cukru w skali Brixa. Czy przystępować do zbioru dzisiaj, czy może zaczekać do jutra, by stężenie cukru w owocach wzrosło? Tutaj to wszystko wygląda nieco inaczej. Gdy księżyc zaczyna blednąć, a winogrona są napęczniałe i ciemne, pokryte wyraźnym białawym nalotem i w pierwszych promieniach słońca osuszone z porannej rosy — wówczas *vinaiolo* zrywa kiść winogron, pociera owoc lub dwa o rękaw koszuli, po czym wkłada je do ust, żuje, połyka, uśmiecha się i mówi: *vendemmiamo,* możemy przystąpić do zbioru.

Wszyscy ruszają do pracy, ale ja czuję nagłą potrzebę skorzystania z toalety. Dwie kobiety w fartuchach i butach korekcyjnych z wycięciem na piętę starają się mi pomóc, pokazują drogę i pytają o samopoczucie. Jestem ostatnią osobą wślizgującą się pomiędzy zielone rzędy krzewów winorośli. Mam pracować wspólnie z dwoma panami. Jeden z nich to pewny siebie trzydziestolatek o imieniu Antonio, a drugi Federico, blisko siedemdziesięcioletni, ale szarmancki niczym hrabia. Kiedy zauważają, że całkiem nieźle posługuję się sekatorem, ścinając kiście winogron i wkładając je do kosza niemal w tym samym rytmie, co oni — mój wielki kapelusz w stylu Holly Golightly zostaje mi wybaczony.

— *Non è la tua prima vendemmia. Sei brava, signora.* Nie pierwszy raz uczestniczy pani w winobraniu. Doskonale pani idzie.

Upłynęło mniej niż dwie godziny od rozpoczęcia zbiorów, a ja cała jestem zlana potem i upaprana różowym sokiem. Kiedy wyłaniam się z wilgotnej klatki, jaką tworzą regularne rzędy winorośli, i wychodzę na palące wściekle słońce, wydaje mi się, że mam gorączkę i czuję się słaba jak dziecko. To pierwszy zbiorowy odpoczynek tego dnia i nie mogę sobie przypomnieć, czy kiedykolwiek wcześniej byłam aż tak zmęczona. Nogi odmawiają mi posłuszeństwa, jak młodemu źrebakowi, który dopiero co przyszedł na świat. Moje ciało przeszywa ból, ale jednocześnie wypełnia mnie niesamowita, wszechogarniająca radość, stan bliski ekstazy, jak po doznaniu orgazmu. Rozglądam się za

Fernandem, który pracuje zapewne po drugiej stronie wzgórza rozdzielającego obydwa pola. Oto jest — macha, żebym do niego podeszła. Wolę przemykać między krzewami, tak bardzo są piękne, niż iść biegnącą obok piaszczystą ścieżką. Tu i ówdzie, wśród soczystej zieleni widać liście spalone słońcem na złoty kolor, łamliwe i lekko pozwijane. Widomy znak nadchodzącej jesieni.

Dołączamy do grupy, która zebrała się przy pojemnikach napełnionych wodą mineralną, stojących w cieniu pomiędzy dwoma starymi dębami, obok beczek z winem. Nikt tu nie pije wody, chyba że przypadkowo zamoczy usta w czasie polewania głowy, piersi i ramion. Woda służy do omywania ciała z potu, do picia zaś przeznaczone jest wino. Ma to swoje logiczne uzasadnienie. Staram się ich naśladować. Przygotowano też kosz pełen *panini* — grubych pajd chleba przełożonych szynką lub mortadelą. Pospiesznie zaspokajam głód kanapką, a Fernando dolewa mi wina. Opróżniam szklankę błyskawicznie, jakbym była rdzenną mieszkanką Enotrii. Jest mi słabo.

Znajduję w sobie dość sił, by się pochylić i wrócić do pracy przy ścinaniu winogronowych kiści. W pewnej chwili słyszę dźwięk akordeonu i towarzyszący mu śpiew. Myślę sobie, że lada chwila miłe wrażenie pryśnie, gdy Antonio obwieszcza:

— *È ora di pranzo*. Czas na obiad.

Szczęśliwie nastała pora obiadu i śpiewania serenad. Odnajduję Fernanda. Leży wyciągnięty na ziemi obok krzewów winorośli, przy których pracował, kiedy ogłoszono fajrant. Śmieje się i zapewnia, że już się stąd nie ruszy. Idziemy w ślad za innymi do tego samego miejsca pod dębami co poprzednio, ale wchodzimy głębiej w cień, tam gdzie stoi długi wąski stół nakryty zielononiebieskim obrusem. Są na nim wielkie okrągłe bochny chleba, miseczki z *panzanellą,* koła *pecorino* i cała *finocchiona* — typowa toskańska *salame* — wielka w przekroju jak talerz i pachnąca dzikim koprem włoskim. Oprócz tego są jeszcze płaskie koszyczki, na których piętrzą się *crostini* posmarowane pastą *fegatini,* zrobioną z kurzych wątróbek. Wiele osób staje w kolejce z dzbankami w rękach, a inni nalewają sobie wina prosto do szklanek. Siedzimy na ziemi pośród tłumu pracujących wspólnie z nami ludzi. My, słońce i niebo — pradawny pastoralny motyw.

Na odległym zboczu widać malowniczą grupę kobiet przy pracy. Wspinają się na drabiny i zrywają owoce z kępy drzew figowych — prawdziwie saficka scena. Ich aksamitny śmiech dźwięczy w rozedrganym powietrzu jak kryształ. Kobiety zmierzają w naszą stronę. Fartuchy mają pełne owoców. Delikatnie wysypują figi na stół. Biorę jedną z nich, nagrzaną słońcem. Nagryzam i czuję na języku miodowe soki, które mieszają się ze smakiem wina. Drugą figę podaję mężowi. Zjada ją w całości. Przymyka oczy. Przez pół godziny panuje cisza, nikt nic nie mówi. Część osób ogarnęło rozleniwienie, a reszta po prostu śpi. Słychać wyłącznie śpiew akordeonisty.

*Vinaiolo* kluczy pomiędzy krzakami winorośli, mówiąc:

— *Per oggi, basta, ragazzi.* Na dzisiaj wystarczy, moi drodzy.

Dopiero co minęła piąta. Kończymy pracę prawie dwie godziny przed czasem. Przez szeregi osób pracujących w winnicy przebiega szmer zdziwienia. Szybko zaczyna rozchodzić się wiadomość, że zebraliśmy owoce z ponad połowy krzewów i to w rekordowym czasie. Nawet gdyby wytłaczarnia pracowała całą noc, nie zdołano by wszystkiego przerobić. Wszyscy są szczęśliwi, mężczyźni przechadzają się pełnym dostojeństwa krokiem, obejmują się i całują, niczym grupa latynoskich desperados, którzy dopiero co powrócili z udanego rajdu. Każdy może napić się grappy. Później pędzimy do aut i ciężarówek, mając w perspektywie kąpiel i łóżko.

*Vinaiolo* stoi na końcu podjazdu, gdzie parkują samochody, każdemu z nas ściska dłoń, patrzy prosto w oczy i dziękuje żarliwie. Myślę, że to ciągłe glissando nastrojów, tak charakterystyczne dla Włochów, jest odbiciem ich artystycznego ducha. A może winna jest oliwa?

Przez kolejne dziewięć dni pracujemy z tą samą ekipą w czterech różnych winnicach, aż w końcu wszystkie owoce zostają zebrane. Jest nadal ciepło, rozsadza nas energia i dopisuje dobry humor.

Kiedy ostatniego dnia wracamy furgonetką Barlozza do domu, mówię mężowi, że mięśnie moich nóg wyraźnie się wzmocniły. On zaś obwieszcza z przekonaniem, że praca na roli to jego żywioł. Zdaniem Barlozza niepotrzebnie znów zapuszczamy się w meandry bezowocnego myślenia, typowego dla ludzi przeżywających kryzys wieku średniego. Zamiast wyciągać pochopne wnioski, powinniśmy przyjąć, że najzwyczajniej w świecie wsparliśmy sąsiadów. W ten sprytny sposób pomaga nam odzyskać równowagę i widzieć rzeczy takimi, jakimi są. Ściskam palcami udo i dochodzę do wniosku, że wcale nie jest tak sprężyste i jędrne, jak mi się początkowo zdawało. Pewnie dla polepszenia nastroju Barlozzo pyta nas, czy planujemy wieczorem wziąć udział w biesiadzie.

— Już nie możemy się doczekać — rzucamy w odpowiedzi.

Gdy wyskakujemy z furgonetki, Fernando mówi:

— *Tutti al bar per gli aperitivi alla sette e mezza, va bene?* Spotkamy się wszyscy w barze na *aperitivi,* o siódmej trzydzieści, dobrze?

Chociaż rytuał związany z *aperitivi* jest święty i wszyscy starają się go przestrzegać, zawsze ktoś czuje się zobowiązany przypomnieć o nim pozostałym.

Kolacja na zakończenie winobrania została zorganizowana na terenie jednej z winnic, w której pracowaliśmy kilka dni wcześniej. To najmniejsza spośród nich, ale w moim przekonaniu najpiękniejsza. Na obrzeżach pola rosną sosny, a sama posiadłość graniczy z gajem oliwnym. Długie, wąskie stoły, zbudowane z desek położonych na beczkach, nakryte są białymi, wykrochmalonymi obrusami i ustawione pośród krzewów winorośli, z których zebrano już owoce. Do siedzenia służą prowizoryczne ławy umieszczone po obu stronach stołów. Wszystko oświetla blask płomieni. W czerwoną ziemię wbito pochodnie. W pobliżu pali się także ogromne ognisko obłożone kamieniami. Na całej długości stołów rozstawiono świece. Również ścieżki prowadzące do zabudowań oświetlone są rzędami świec umieszczonych w specjalnych papierowych osłonkach. W powietrzu rozchodzi się zapach świeżego chleba i młodego wina. Zapadł już zmierzch i na niebo leniwie wspina się blady sierp księżyca.

Chciałabym w jakiś sposób pomóc, ale nasza trzydziestoosobowa ekipa znacznie się rozrosła i liczy sobie teraz sześćdziesiąt albo i siedemdziesiąt osób. W rezultacie tylko się przyglądam. Kolacja została zorganizowana u Federica, tego samego, z którym zrywałam winogrona. Przychodzi, żeby się ze mną przywitać. Prowadzi mnie do szeroko otwartych drzwi kuchni, skąd jego żona i córki nadzorują cały spektakl. Doliczyłam się dziewięciu kobiet, ale poruszają się tak szybko, że równie dobrze może ich być więcej. W czasie gotowania śpiewają. W sposób naturalny rozdzielają się na dwa chóry — soprany zadają liryczne pytania altom. Te z kolei odpowiadają sopranom i zadają własne pytania. Operetka, która rozgrywa się wśród kuchennych oparów i blatów wysypanych mąką.

Przy jednym ze stołów kobiety formują z ciasta płaskie chleby i układają na nich winogrona. Opowiadają mi, jaka jest tradycja pieczenia tego chleba. Otóż *vinaiolo* ścina pierwszą kiść winogron w każdej rodzinnej winnicy i wkłada je wszystkie do wspólnego koszyka, który zanosi się następnie do kościoła, aby owoce poświęcił ksiądz. Później winogrona wkłada się do miski z oliwą, rozmarynem i zmiażdżonym koprem włoskim. Po tej kąpieli owoce są wykładane pojedynczo lub w postaci malutkich kiści na gotowe ciasto. Kobiety najpierw obficie posypują winogrona cukrem — białym i brązowym wymieszanymi w równych proporcjach — a następnie świeżo mielonym pieprzem. Potem wsuwają chleby do pieca opalanego drewnem, stojącego w głębi przepastnej kuchni.

— *Schiacciate con l'uva.* Winogronowe placki — mówi jedna z kobiet, gdy znowu pojawia się Federico z wielką kopią etruskiej urny. Mężczyzna przesuwa palcami po zdobiących ją ornamentach i wskazuje przedmioty kształtem podobne do dysków. Trzymają je w górze postaci kobiece idące w orszaku.

— *Vedi. Sicuramente anche gli Etruschi hanno fatto le schiacciate durante la vendemmia. Questo pane è una cosa antichissima.* Spójrzcie tylko. Etruskowie z całą pewnością także robili takie placki w czasie winobrania. To bardzo stara tradycja — mówi.

Chleby pieką się bardzo szybko i już wkrótce Federico zaczyna wyciągać je z pieca. Kładzie placki na starych drewnianych drzwiach leżących na stole kuchennym. Gdy już wszystkie są wyjęte, cztery kobiety — ubrane w fartuchy, w chustkach na głowie, każda z ręką na biodrze i twarzą zarumienioną jak u panny młodej — podnoszą drzwi i idą z nimi w stronę winnicy alejką oświetloną blaskiem świec. Ludzie robią im miejsce i witają okrzykami: „*brave, bravissimo!*". Kobiety poruszają się jak kapłanki na etruskiej urnie i przyjmują podobne pozy. Na każdym stole kładą po dwa lub trzy cudeńka o słodkiej, chrupiącej skórce. Tłum wiwatuje.

Federico przynagla mnie, abym poszła obejrzeć kolejne wspaniałe danie. W popiołach, jakie pozostały w palenisku z poprzedniej nocy, dużym nieomal jak pokój, umieścił pękate butelki. Większość tych butli, w których obecnie dusi się biała, fasola o dużych ziarnach, pochodzi z kolekcji jego dziadka i służyła do przechowywania wina.

Federico zalał fasolę wodą, dodał szałwię, czosnek, rozmaryn, sól morską, świeżo utłuczony pieprz i odrobinę oliwy extra virgin. Zamknął szyjki kawałkami wilgotnej flaneli, tak by para mogła swobodnie uchodzić i nie rozsadziła butelek, a potem zostawił fasolę w gorącym popiele na całą noc. *Fagioli al fiasco sotto la cenere,* fasola w butelce zapiekana w popiele. Teraz, gdy danie jest już gotowe, Federico przesypuje ostudzoną, pachnącą ziołami fasolę z butelek do dużej białej misy, skrapia ponownie oliwą i miesza. Gdy wszyscy zasiądą do jedzenia, on i jego żona wniosą misę pełną wspaniałej fasoli o kremowej konsystencji. Naczynie będzie wędrować od stołu do stołu, od osoby do osoby, zupełnie jak w czasach jego dziadków.

Tyle rzeczy dzieje się naraz, tyle osób próbuje mi coś pokazać. Krążę pomiędzy piecem, stołem i paleniskiem. Ciągle ktoś podtyka mi na widelcu lub na łyżce jakieś smakołyki. Jestem nakłaniana, zachęcana i przymuszana do jedzenia, co tylko wzmaga mój apetyt. Wciąż mam ochotę na więcej.

Jedna z kobiet rozgniata w misce winogrona za pomocą tłuczka do ziemniaków. Mówi, że nałoży je sobie na twarz jako maseczkę i pozostawi na całą noc. Twierdzi, że po tej kuracji skóra jest doskonale oczyszczona, gładka, promienna i ładnie zaróżowiona. Dziewczyna nie wygląda na więcej niż dwadzieścia pięć lat, więc pewnie i tak ma różaną, świetlistą cerę, niemniej jednak dziękuję jej za radę.

Kolejne winogrona. Świeżo wymyte, oczyszczone z ogonków i umieszczone pomiędzy tłustymi kiełbaskami ułożonymi w wielkim, miedzianym garze z grubym dnem. Jedna z kobiet wlewa do środka odrobinę oliwy, inne ręce rozprowadzają ją po kiełbaskach i winogronach, aż ich skórka zaczyna lśnić. W ten sam sposób przygotowywana jest następna porcja, i jeszcze kolejna, po czym wszystkie trzy garnki wędrują do pieca.

— *Quaranta minuti e saranno pronti, ma adesso venite tutti per il battesimo.* Za czterdzieści minut będą gotowe, ale teraz chodźcie wszyscy na chrzest.

Spory tłum zebrał się przy płocie okalającym zaniedbany przydomowy ogródek, w którym rosną tylko wielkie, pomarańczowe dynie oplecione pędami winorośli. Ogień skaczący pośród ułożonych w krąg kamieni oświetla od tyłu miejsce, gdzie za chwilę rozegra się widowisko. Młody blondyn w dżinsach i różowym podkoszulku trzyma na rękach maleńkie dziecko — własnego syna, którego ledwo co widać pomiędzy fałdami miękkiego, białego kocyka. Na stoliku stoi drewniana wanienka, również obleczona w biel.

Nastrój tego wieczoru jest zniewalający. Jedna z kobiet wychodzi do przodu i ostrożnie poprawia ułożenie główki dziecka w ramionach ojca. Inna, z całą pewnością matka maleństwa, przyciska ręce do policzków — na jej twarzy maluje się boleść, ale także podekscytowanie. Wszyscy wstrzymują oddech. Zapada cisza. Ojciec odmawia modlitwę dziękczynną za pomyślne zbiory, za zdrowie i dobrobyt, jakie zapewni im wino, za miłość i przyjaźń sąsiadów i za narodziny pięknego syna, który nazywa się Filippone — Filip Wielki. Pośpiesznym, nieco teatralnym gestem kocyk zostaje zdjęty i upuszczony na ziemię. Ojciec jedną ręką przytrzymuje główkę dziecka, a drugą podkłada mu pod plecy. Następnie zanurza Filipa Wielkiego, potomka tej rolniczej ziemi, w wanience wypełnionej młodym winem. Symboliczny wymiar tej ceremonii robi na mnie ogromne wrażenie. Kąpiel trwa tylko moment i już po chwili ojciec podnosi wysoko ponad głowę, swojego spokojnego, nagiego, wykąpanego w winie synka, który przyszedł na świat przed zaledwie sześcioma dniami. Rozlegają się owacje zebranych:

— *Eviva Filippone, eviva Filippone!* — Niech żyje Filip Wielki! Niech żyje!

Malutki syn Bachusa za kilka dni będzie zaniesiony do kościoła, gdzie zostanie z niego zmyty grzech pierworodny. Rytuały pogańskie przeplatają się z chrześcijańskimi. Filip Wielki będzie zabezpieczony ze wszystkich stron.

Zebrani zasiadają do stołu. Krążą półmiski z jedzeniem, tace i koszyki. Naturalnie nie obywa się bez wina. No i żadna prawdziwie toskańska kolacja nie może się zacząć bez peklowanych mięs pokrojonych w cieniutkie plastry, bez *crostini* z pasztetem z kurzych wątróbek i bez świeżo upieczonego chleba posmarowanego oliwą. Również i ta noc nie będzie się różnić od innych. Biała fasola Federico, pięknie zrumienione chrupiące kiełbaski skąpane w gęstym winnym sosie, powstałym z winogronowego soku, są podawane ze *schiacciate* i kawałeczkami mocno przypieczonej dyni, której skarmelizowany miąższ nabrał niezwykłej słodyczy, a za jedyną przyprawę służy odrobina soli. Harmonia, jaka panuje zarówno wśród tutejszych dań, jak i ludzi, sprawia, że ta noc wydaje mi się zupełnie wyjątkowa.

Gdy kolacja zmierza ku końcowi, talerze zostają zebrane, a obrusy wyczyszczone z okruszków — kuchnia serwuje kolejne smakołyki. Tym razem są to koszyczki pełne *biscotti*, ciasteczek, albo *crostate*, kruchego ciasta z marmoladą. Butelki *vin santo* krążą wśród stołów, a biesiadnicy maczają kruche ciasteczka w winie, by nieco zmiękły i pogryzają je, sącząc złocisty trunek. Dzielą tarty z dżemem na mniejsze porcje, biorą do rąk i zjadają.

— *Aspettate, aspettate, ragazzi, c'è anche la saba.* Poczekajcie, poczekajcie, kochani. Będzie jeszcze *saba* — ostrzega Federico, za którym jak zwykle podąża nieodłączny orszak kobiet, taszczących kolejne naczynia.

*La saba* to świeży moszcz, sok winogronowy, który nie został poddany fermentacji, destylowany nad łagodnym płomieniem i zamieniony w zniewalający, złotawobrązowy syrop, zmysłowy jak pachnące dymem stare porto. Deser ten ma równie starą tradycję, co samo wino. Butelki *saby* są przechowywane w *dispensa* i strzeżone jak relikwie. Dzisiejszego wieczoru smużki *saby* dekorują miseczki z serkiem *mascarpone*. *Saba* podawana jest też w filiżankach do espresso, w komplecie z malutkimi łyżeczkami — ewidentnie jest to delikatne, subtelnie wyrażone „do widzenia", znak, że powinniśmy wstać od stołów. Mimo to nikt jakoś nie kwapi się do wyjścia. Wszyscy siedzą w milczeniu, każdy pogrążony we własnych myślach. Fernando wydaje się drzemać — jego ciężka głowa spoczywa na moim ramieniu. Opowiedziano już, co było do opowiedzenia, pośmiano się i zapanowała cisza. Mleczny księżyc raz po raz znika, przesłaniany pędzącymi po niebie chmurami. Robaczki świętojańskie odbijają się rykoszetem od krzewów winorośli, z których zebrano winogrona, ktoś delikatnie trąca struny mandoliny. Powietrze przecina świst sennych posapywań mojego męża. A Filip Wielki jest gdzieś niedaleko i ssie pierś.

**Kiełbaski winiarza zapiekane z winogronami**

Porcja dla sześciu osób

*⅔ szklanki oliwy extra virgin*
*2 łyżki stołowe świeżego, rozdrobnionego rozmarynu*
*2 łyżeczki nasion anyżu*

*2 łyżeczki nasion kopru włoskiego*
*świeżo zmielony pieprz*
*900 g kiełbasek wieprzowych domowej roboty, z czosnkiem lub papryką chili (kiełbaski wieprzowe można zastąpić kiełbaskami z kaczki lub królika)*
*900 g czerwonych, białych i ciemnych winogron, opłukanych, osuszonych i oczyszczonych z ogonków*
*1 szklanka czerwonego wina*

Na małym ogniu przygrzewamy w rondelku oliwę, nie dopuszczając do wrzenia. Dodajemy zioła, nasiona i obficie posypujemy świeżo mielonym pieprzem. Następnie oliwę należy zamieszać, przykryć i zostawić na 15 minut, by przesiąkła aromatem ziół. Kiełbaski nakłuwamy czubkiem noża w jednym lub w dwóch miejscach, wkładamy do dużego garnka i zalewamy zimną wodą. Przygrzewamy je na wolnym ogniu, do momentu aż woda zacznie lekko wrzeć. Kładziemy pokrywkę, lekko ją uchylamy i gotujemy kiełbaski przez pięć minut. W tym czasie trzeba nagrzać piekarnik do 200°C.

Ugotowane kiełbaski wyjmujemy z wody i przekładamy do żaroodpornej brytfanny. Wlewamy przygotowaną wcześniej oliwę, dodajemy winogrona i całość mieszamy tak, by zarówno kiełbaski, jak i winogrona pokryła cienka warstwa aromatyzowanej oliwy. Wkładamy garnek do nagrzanego pieca na dwadzieścia pięć minut, co jakiś czas obracając kiełbaski, aż ich skórka stanie się chrupiąca, a napęczniałe winogrona zaczną puszczać sok. Za pomocą łyżki cedzakowej wyciągamy kiełbaski i winogrona z brytfanny, nie pozwalając, by ostygły.

Do brytfanny wlewamy szklankę czerwonego wina i mieszamy na średnim ogniu, starając się zeskrobać to, co przywarło do dna. Zwiększamy płomień i czekamy, aż wino uzyska konsystencję syropu. Odparowanym winem polewamy kiełbaski i winogrona, po czym przekładamy je szybko na podgrzane talerze. Idealnym dodatkiem do kiełbasek i winogron jest ziemniaczano-porowe purée albo chochla polenty. Równie dobrze można podać pajdy chrupiącego chleba.

# *Fagioli al Fiasco sotto la Cenere*
## Fasola duszona w butelce umieszczonej w gorącym popiele

Toskańczycy tak bardzo lubią fasolę, że mieszkańcy innych regionów Włoch często nazywają ich *mangiafagioli,* fasolarzami. Najstarszym sposobem gotowania fasoli, dzięki któremu zachowuje ona odpowiednią jędrność i konsystencję, jest właśnie duszenie jej *al fiasco,* w pękatych butelkach po winie. Do podgotowanej białej fasoli dodaje się wodę lub wino, oliwę, gałązkę rozmarynu, kilka ząbków czosnku, liście szałwii i wkłada to wszystko do butelek. Otwór butelki należy przesłonić wilgotną szmatką, by mogła uchodzić para, a następnie umieścić naczynie w gorącym popiele. Fasola powinna się dusić przez całą noc i jest gotowa rano następnego dnia (ewentualnie po południu lub wieczorem). Trzeba ją wtedy przełożyć do głębokich misek, na dnie których kładzie się skórki czerstwego chleba. Wywar powstały w trakcie gotowania z pewnością wystarczająco nasączy i zmiękczy chleb. Na koniec odrobina oliwy i pieprz (trzeba kilka razy zakręcić młynkiem). Do tego jeszcze butelka czerwonego wina i Toskańczyk ma co jeść przez cały dzień.

Porcja dla 8–10 osób (lub dla czwórki Toskańczyków)

*450 g białej fasoli cannellini, którą trzeba zalać wodą na całą noc*
*2 łyżeczki grubo mielonej soli morskiej*
*1 szklanka oliwy extra virgin*
*1½ szklanki wody*
*1½ szklanki białego wytrawnego wina*
*1 duża gałązka rozmarynu*
*3 lub 4 duże ząbki czosnku, obrane i zmiażdżone*
*spora garść liści szałwii*
*2 łyżeczki miałkiej soli morskiej*

Odlewamy wodę i przekładamy napęczniałą fasolę do dużego garnka. Ponownie zalewamy zimną wodą, dodajemy grubo mieloną sól morską i doprowadzamy do wrzenia na dużym ogniu. Następnie zmniejszamy płomień i gotujemy fasolę jeszcze przez godzinę. Odcedzamy i przekładamy do pękatych dwulitrowych butelek po chianti albo do innych butelek o podobnym kształcie. Dodajemy oliwę, wodę, wino, rozmaryn, czosnek, szałwię i drobno mieloną sól morską. Wstrząsamy butelką, by wszystkie składniki dobrze się wymieszały. Otwór przewiązujemy wilgotną szmatką, zagrzebujemy butelkę w gorącym popiele i idziemy spać.

Można też gotować fasolę na płycie kuchennej. Wkładamy fasolę do dużego garnka z grubym dnem i dusimy na małym ogniu przez dwie godziny, albo do uzyskania kremowej konsystencji. Trzeba jednak uważać, by fasola się nie rozgotowała.

## *Dolce e salata, słodkie i słone — bo moim zdaniem tak właśnie smakuje życie*

Teraz wszystko się zmieniło, taki jest powód — nieco opryskliwym tonem rzuca Floriana wśród szelestów październikowych drzew. — Minęło dwadzieścia lat, a może i więcej od czasu, kiedy to robiłam. Czy ty wiesz, ile ja w życiu zebrałam ton brzoskwiń, śliwek, pomidorów, fasolki szparagowej i czerwonej papryki? Ile oczyściłam, włożyłam do słoików, zagotowałam i odstawiłam do spiżarni? I ty chcesz, żebym teraz zaczynała wszystko od początku? *Neanche per sogno.* Ani mi się śni — zarzeka się, gdy z drzew rosnących koło mego domu zbieramy ostatnie ciemne śliwki, próbując zdążyć przed nadciągającą burzą.

— No cóż, ja tylko chciałam uratować to, co już zostało zebrane — wyjaśniam, wskazując na kosze z owocami, stojące wszędzie dokoła. — Nie sposób przecież tego przejeść i wszystko się zmarnuje. A poza tym dzisiaj rano pojechałam do Cetony i kupiłam dwa buszle*

* Jednostka objętości ciał sypkich. W USA odpowiada to 36,38 l.

pomidorów. Miałam nadzieję, że spędzimy wspólnie kilka godzin i nauczysz mnie robić przetwory. Dalej poradziłabym już sobie sama. Muszę się tylko do tego zabrać — mówię, zdając sobie sprawę, że proszę o zbyt wiele.

Gdy wracamy w kierunku domu, Floriana tłumaczy:

— Jak się zacznie, to nie można skończyć. Pod tym względem robienie przetworów jest jak całowanie. Najpierw to, potem tamto, zanim się człowiek obejrzy, obstawiony jest słoikami i butelkami, których nie ma gdzie składować. A w moim wypadku nie ma też komu jeść tych wszystkich pyszności. Tak jak wiele innych rzeczy, które kiedyś pozwalały przeżyć, robienie przetworów nie ma dziś większego sensu.

Milczę i spoglądam na nią ze swojego miejsca na stopniach tarasu. Myślę, jak niewiele wciąż o niej wiem. Mało się przede mną otwiera. Jest wdową od ponad dwudziestu lat, nie ma dzieci, przez cztery dni w tygodniu pracuje jako gosposia u pewnej rodziny w Città della Pieve. Mieszka w małym, przytulnym mieszkanku — *una mansarda,* w niewielkim *palazzo* obok kościoła. Tu się urodziła, wychowała, w tym miasteczku spędziła całe swoje życie. Serdeczna i wyrozumiała wobec sąsiadów, a jednak często w pewien sposób wyobcowana — rudowłosy odmieniec przyjęty ze zrozumieniem i współczuciem przez życzliwie usposobione doń stado. Madonna Rafaela, kto wie — może najpiękniejsza kobieta, jaką widziałam w życiu. Owal jej twarzy — kamień księżycowy, skóra prześwietlona blaskiem jak skrzydła motyla, szkarłat rumieńca na policzkach — czynią ją podobną do młodej dziewczyny. Z żarcików i przekomarzań między nią a Barlozzem wywnioskowałam, że musi być co najmniej dziesięć lat od niego młodsza. Nieco powyżej sześćdziesiątki. On mówi o niej zawsze *una ragazzina,* dziewczynka, ona zaś o nim: *vecio mio.* To gwarowe określenie, które znaczy tyle, co „mój staruszek".

Już w dniu naszego przyjazdu, kiedy Floriana stała w ogrodzie z rękami na biodrach, proponując pomoc przy przeprowadzce, od razu powstała między nami więź. Coś jakby nić sympatii. Często wracam myślami do tamtego czerwcowego wieczoru, gdy poszłyśmy razem do ciepłych źródeł, moczyłyśmy nogi i zajadałyśmy *biscotti* przy świetle księżyca. Odtąd, gdy ma wolny dzień, przychodzi do mnie przed południem i pomaga w gotowaniu lub pieczeniu albo wspólnie z moim mężem grabi i zamiata podwórze. Zawsze musi mieć jakieś zajęcie. Jakby chciała się rozliczyć z każdej chwili życia.

Kiedy Fernando i ja krzątamy się wokół swoich spraw, ona siada niekiedy przy oknie, w małym pokoiku na piętrze wychodzącym na główny korytarz i ceruje. Pod jedną ze ścian stoi tam stół, na którym są dziesiątki zdjęć przedstawiających nasz ślub, podróże i moje dzieci. Twierdzi, że chciałaby je poznać, i zawsze długo ogląda ich fotografie. Bierze do ręki jedną, potem następne, uśmiecha się i cmoka, wyrażając w ten sposób swoje uznanie. Mówi, że Lisa wygląda jak Audrey Hepburn — powinna wybić sobie z głowy uniwersytet i ruszyć na podbój Hollywoodu. Ogromnie podobają się jej oczy Ericha.

— *Lui è troppo tenero da vivere tra i volpi.* On jest zbyt delikatny, by żyć między lisami.

Jak wyjaśnia Fernando, Floriana chce przez to powiedzieć, że Erich jest miły. A już szczególnie podoba jej się jedno z naszych zdjęć ślubnych, na którym stoję obrócona plecami do obiektywu, a Fernando pomaga mi wysiąść z gondoli na pomost. Zabiera je do okna, bo tam może dostrzec więcej szczegółów.

Florì nigdy nie zabawia długo, mniej więcej godzinę. I nie chce nawet słyszeć o tym, by zostać z nami aż do lunchu, zjeść coś albo się napić. Myślę, że ona po prostu lubi sobie z nami pobyć.

Raz na jakiś czas, licząc zazwyczaj bardziej na przypadek niż na celowo zaaranżowane spotkanie, wczesnym wieczorem spacerujemy razem drogą prowadzącą do Celle. Florì jest niezbyt rozmowna. Częściej się uśmiecha, niż zabiera głos. Bliskość wyraża dotykiem ramienia, a nie słowami. Chodzimy tak bez względu na pogodę, bo zawsze jest miło. Któregoś wieczoru przynoszę torebkę drażetek lukrecjowych i dwie dojrzałe gruszki, innym razem pomarańczę, ale najczęściej to Florì ma kieszenie swetra wypchane czekoladkami zawiniętymi w błękitne sreberka. Dzielimy je między siebie jak diamenty. Dostosowuję się do jej sposobu bycia, nie czuję potrzeby rozmowy. Nawet gdybyśmy nie dowiedziały się o sobie już nic więcej ponad to, co ustaliłyśmy pierwszego dnia, pewnie i tak byłybyśmy przyjaciółkami. Jednak obie jesteśmy siebie ciekawe i czasami zadajemy sobie różne bardziej lub mniej osobiste pytania. Ją interesuje Ameryka, zwłaszcza San

Francisco, gdzie pracowałam przez wiele lat. Mówi, że chciałaby się przejść po słynnym Golden Gate Bridge i przepłynąć promem do Sausalito. Stać na pokładzie spowitym mgłą jak aktorka, którą widziała w jakimś filmie.

Floriana lubi słuchać moich wspomnień, na przykład, jak poznaliśmy się z Fernandem, i często prosi mnie, abym po raz kolejny opowiedziała jej chociaż jeden fragment tej historii. Pewnego dnia zapytałam ją o Barlozza, jak długo są razem, ale ona odparła, że tak naprawdę nigdy nie byli parą w romantycznym sensie tego słowa. Za to przez całe życie przyjaźnili się i tak już pozostanie. Kiedyś przyznała, że była *impazzita* — szalała za nim, będąc młodą dziewczyną, ale on nigdy nie zwracał na nią większej uwagi. Florì twierdzi, że Barlozzo zawsze był typem samotnika, *un lupo solitario,* samotny wilk. Domyślam się, że gdy Floriana odpowiada wymijająco, nie znaczy to wcale, iż moje pytanie ją uraziło. Jest raczej skrępowana tym, że sama nie zna odpowiedzi. Oświetlona słońcem, czym prędzej zanurza się w cień — widzę ją przez chwilę, a potem znika. Wszyscy znamy podobne wybiegi. Ale może w jej przypadku to wcale nie jest gra. Taką ma po prostu naturę — Florì pochodzi z Toskanii.

— Och, Chou. Ja — w przeciwieństwie do Barlozza — nie jestem skarbnicą tradycji, do której wystarczy zapukać, by otrzymać stosowne wyjaśnienie. On nigdy tego nie powie, ale bardzo lubi z wami wędrować w przeszłość. W pewien sposób próbuje tego również z innymi, którzy mu na to pozwolą. Ale z wami, a już zwłaszcza z Fernandem, łączy go szczególna nić porozumienia. Tak jakby chciał przekazać mu w spadku całe swoje dziedzictwo, wszystkie stare opowieści i historie, by jego życie zyskało na znaczeniu, otrzymało właściwy wymiar i sens. Wy w trójkę zawarliście coś w rodzaju przymierza. A to również jest forma miłości, nie sądzisz? W pewnym sensie on rzeczywiście zachowuje się jak zakochany. Przez bardzo długi czas przebywał tylko wśród miejscowych. Starsi są przeświadczeni, że wciąż może się od nich sporo nauczyć, a młodsi nie chcą żyć przeszłością, choć może sporo na tym tracą. Jednakże bez względu na wiek — my wszyscy czujemy się w pewien sposób zmęczeni. Wy zaś tchniecie świeżością, od której kręci mu się w głowie.

Starając się uciec od tych rozważań, Floriana sprytnie zmienia temat:

— Szkoda, że nie możecie jego poprosić o pomoc przy śliwkach i pomidorach. Robienie weków owocowych i warzywnych to chyba jedyna dziedzina sztuki kulinarnej, na której się nie zna. Barlozzo potrafi zaszlachtować świnię i oprawić ją. Z przygotowanych przez niego udźców wieprzowych powstaje doskonała szynka *prosciutto* — jędrna, o delikatnym słodkim smaku. Umie też zrobić *salame,* kaszankę i salceson ze świńskich uszu i ogona, przetapiać tłuszcz na skwarki. Widziałam, jak kiedyś nadział na kij serce świni, obłożył liśćmi szałwi i upiekł nad ogniskiem, a potem z apetytem zjadł „swoją kolację”. *Lui qualche volta è una bestia, altre volte, un principe.* Czasami wyłazi z niego bestia, a znowu kiedy indziej zachowuje się jak książę.

Ale to dobry człowiek, Chou. *Barlozzo è buono come il pane.* Barlozzo jest dobry jak chleb.

Florì dokłada wszelkich starań, żeby mnie zmylić, ale na próżno. Cała ta kampania reklamowa na rzecz Barlozza, jego talentów i zalet, to czysta strata czasu. Ja i tak od dawna jestem przeświadczona, że on jest upadłym aniołem przybyłym tutaj prosto z neolitu, okresu rzymskiego, edwardiańskiego i średniowiecza. Wiem, że zna się na wszystkim. Jedyna rzecz, której nie umie, to robienie przetworów ze śliwek i pomidorów.

— *Ciao tesoruccio, devo andare. Ma, sai di che cosa hai bisogno? Un congelatore, bello grande. Così puoi conservare tutto quello che vuoi, anche tutte le prugne toscane.* No to cześć, skarbie. Muszę już iść. Wiesz, co najbardziej by ci się przydało? Wielka zamrażarka, która pomieściłaby śliwki z całej Toskanii.

Przez moment myślę, że mówi serio i już mam ją oskarżyć o bluźnierstwo, ale widzę, że nie może powstrzymać chichotu, więc sama też zaczynam się śmiać. Gdy schodzi ze wzgórza, w oddali rysuje się jej samotna postać. Zostawiła mnie w środku nawałnicy, pomiędzy stertami pleśniejących owoców.

Barlozzo i Fernando siedzą przy stole, pochłonięci rysowaniem. W czasie przyjęcia wydanego z okazji winobrania w ogrodzie Federica zauważyli ruszt i postanowili, że zbudują podobny. Do realizacji tego projektu potrzebne są tylko kamienie i wydzielony płaski teren, na którym można palić ognisko bez obawy, że od ognia zajmą się pobliskie drzewa. Ma to być prosty ruszt ogniskowy, zbudowany nad dołem wykopanym w ziemi. Będzie można na nim piec, a także, jak obiecuje Barlozzo, podwiesić kociołek na specjalnym, skonstruowanym przez niego stojaku i dusić w nim rozmaite potrawy, począwszy od ptactwa, a skończywszy na fasoli. W przeciwieństwie do pieca chlebowego, ruszt umieszczony nad ogniskiem może służyć nie tylko do gotowania, ale również jako źródło ciepła.

— Inaczej, już wkrótce oznajmicie, że jest zbyt zimno, żeby przesiadywać na zewnątrz i stracicie przez to jedne z najpiękniejszych wieczorów roku. Niedługo nadejdzie długa i ciężka zima, a wówczas będziecie musieli przebywać w domu, ale po co to przyspieszać? Wystarczy, że raz na jakiś czas zdecydujecie się zrezygnować z obrusów i świec, by zasiąść przy ognisku, gotując i ucztując pod gwiazdami, tak jak pasterze — stwierdza.

Wiedział, że to porównanie z pasterzami do mnie przemówi. On rzeczywiście jest w nas zakochany, myślę i widzę już oczyma wyobraźni te cudne jesienne wieczory i smakowite kotlety wieprzowe, ociekające aromatycznym sokiem z nutą czosnku. Barlozzo ciągle potyka się na słowie my i zamienia je na wy, bo nie chce nam się narzucać. Chciałabym, żeby wiedział, że forma my jest jak najbardziej stosowna.

Książę stał się nam obojgu bardzo bliski, ale z Fernandem łączy go chyba szczególna więź, pozbawiona ostentacji i wynikająca z wzajemnej potrzeby. Fernando zauważa, że w miarę upływu czasu pod niektórymi względami może się upodobnić do Barlozza, który jest

— a może b y ł? — zbyt samotny i wciąż balansował na granicy gniewu. Barlozzo to jakby postać wyjęta z Dickensa — Duch Przyszłych Świąt Bożego Narodzenia przychodzący z wizytą. Z kolei sam Książę, jak mi się wydaje, widzi w moim mężu siebie z dawnych lat, zwłaszcza w tych momentach, kiedy Fernando wykazuje niezłomność woli. Pewnie dlatego sześć razy dziennie powtarza, że to cudowne, iż mój mąż zdobył się na to, by rzucić bank, *scappato dalla Banca.* Nie wiem dlaczego, ale żywię podejrzenie, że Barlozzo również chciał kiedyś od czegoś lub od kogoś uciec. A ponieważ tego nie zrobił, z tym większą atencją odnosi się do Fernanda, który to potrafił.

Kilka kilometrów za San Casciano, w kierunku Piazze, jest *cava,* kamieniołom. Według Fernanda znajdziemy tam tyle kamieni, że wystarczyłoby na Koloseum. Ale Barlozzo ostrzega, żebyśmy nie napytali sobie biedy. Ktoś z pewnością nas zauważy, zechce dowiedzieć się, co budujemy, będzie pouczać, że robimy wszystko nie tak, jak należy. Najprawdopodobniej Barlozzo pragnie zachować całą przyjemność płynącą z podejmowania decyzji dla siebie.

— Zaczną się schodzić, tak jak wtedy, gdy stawialiśmy piec chlebowy, i będziemy musieli wysłuchiwać trzydziestu różnych opinii na temat tego, w jaki sposób powinno się układać kamienie. Znam takie miejsce w Umbrii, gdzie o tej porze roku poziom wody w Tybrze jest niski. W ciągu paru godzin zdążymy wybrać z dna rzeki tyle kamieni, ile nam potrzeba. A poza tym odbędziemy bardzo przyjemną przejażdżkę.

Tak więc któregoś pogodnego popołudnia ładujemy na furgonetkę Księcia naszą taczkę oraz jego worek z narzędziami jak z epoki kamienia łupanego, i wyruszamy w drogę. Fernando zaczyna śpiewać swoje ulubione kawałki z repertuaru Cole'a Portera:

— *You do something to me, something that simply mystifies me.*

Czasami, gdy wieczorami przesiadujemy w barze, Fernando i ja śpiewamy całymi godzinami, a Barlozzo i jego kompani słuchają w zamyśleniu, jakbyśmy byli trupą wędrowną Jacques'a Brela. Klaszczą w dłonie i krzyczą: *bravi, bravi*, nawet wtedy, gdy tylko na moment przerywamy, zastanawiając się nad następnym wersem. Książę zapamiętał jedną lub dwie frazy i przyłącza się do Fernanda.

— *Tell-e mee-eh wh-h-y-ah should eet-ah be-ah, you-ah have-eh the power-r-r-ah to hyp-eh-notize-eh mee-eh?*

Odwracam się, żeby na niego popatrzeć, ale on jest sztywny i poważny. Usiłuje powtarzać po nas angielskie słowa, odwzorowując je fonetycznie, co jest nie lada wyczynem. Wymawia wszystkie samogłoski i rozdziela każdą sylabę. W rezultacie jest mniej więcej trzy i pół taktu za Fernandem. Barlozzo — w roli toskańskiego echa powtarzającego za weneckim śpiewakiem amerykańskie piosenki o miłości. To cudne wykonanie po prostu zapiera dech w piersiach.

Barlozzo szturcha mnie, żebym również przyłączyła się do chóru. Hałas, który czynimy, najwyraźniej dodaje naszej starej furgonetce skrzydeł. Pędzimy szosą prowadzącą do Ponticelli, wjeżdżamy na autostradę, a potem na krętą drogę do Todi. Bez względu na to, jaką piosenkę akurat śpiewamy, Barlozzo wciąż piłuje jeden fragment, podkładając pod te same słowa coraz to nową melodię. Ostatnią nutę ciągnie wibrującym głosem tak długo, że nie może potem złapać tchu. Śpiewanie wydaje się ośmielać Księcia i rozpalać jego ciekawość.

— Co masz na sobie? *Mi sembra un avanzo dell'Ottocento.* Wygląda jak strój z dziewiętnastego wieku — mówi, unosząc brwi i spoglądając w moją stronę.

Jestem ubrana w długą, szeroką, suto marszczoną spódnicę z kolekcji Normy Kali, uszytą z czarnej flaneli. Na nogach mam kalosze. To moja jesienna garderoba, którą zaczęłam nosić ostatnio, zamiast letniej sukienki w różowe i pomarańczowe kwiaty. Spódnica z czasem robi się coraz bardziej miękka i wiotka, chodzę w niej już chyba piętnasty sezon.

— No cóż, najwidoczniej ja i moje ubrania pochodzimy z innej epoki.

Barlozzo zwalnia i skręca z drogi na pas rozmiękłej ziemi przy kępie sosen. Wyciągamy z furgonetki narzędzia i taczkę, idziemy w kierunku rzeki. Buty zostawiam na brzegu. Podkasuję spódnicę i wiążę na biodrze wielki supeł. Zanurzam bose stopy w Tybrze. Słońce niemiłosiernie grzeje mnie w plecy, za to woda przyjemnie chłodzi nogi. Rzeka wydaje mi się znajoma, jakbym brodziła po niej całe życie, chlapiąc i rozbryzgując wodę. Wysoko unosząc nogi, pokonuję cały, mniej więcej ośmiometrowy odcinek i przechodzę na drugi brzeg. Po drodze doznaję olśnienia — po raz kolejny uświadamiam sobie, jak bardzo lubię to moje nowe życie. Nie mogę oprzeć się wrażeniu, że je sobie w pewien sposób przywłaszczyłam albo dostałam w prezencie. W nagrodę za to, że zamiast zwlekać, przystąpiłam do działania. Za to, że nie chciałam czekać, aż będę mogła pluskać się w rzece, że nie zwodziłam siebie, mówiąc, iż m o ż e k i e d y ś, lecz postanowiłam zrobić to od razu, zanim przeznaczenie albo jakaś niepowołana osoba staną mi na drodze, oznajmiając zmianę planów.

Mężczyźni podważają łomami kamienie, wyciągają je z płytkiej, spienionej wody i ładują na taczkę. Jeden kurs w stronę furgonetki. Za chwilę następny. Nie pomagam im przy pracy, no, chyba że śpiewem. Wykrzykuję też słowa zachęty i dopinguję do wysiłku, opowiadając o pysznościach, które przyrządzimy na ruszcie, gdy będzie gotowy.

Wyżymam wodę z fałd mojej spódnicy, pozwalam, by krople obmyły mi palce i wychodzę, żeby posiedzieć na brzegu. Przyglądam się pracy Fernanda i Barlozza, a potem idę pospacerować po lesie, gdzie ścinam przystrojone pomarańczowymi owocami gałązki, przypominające dławisz. Jestem słodka jak miód, gdy mnie przywołują, mówiąc, że czas wracać. Jedziemy pod górę do Todi, a po drodze zatrzymujemy się na *un espresso in piedi,* szybkie espresso. Chwilę się przechadzamy, a potem siedzimy, sącząc *prosecco.* Wszyscy zgadzamy się co do tego, że jesteśmy okropnie głodni, ale jest dopiero siódma — nieprzyzwoicie wcześnie jak na kolację i dlatego pokornie wracamy do furgonetki.

— Możemy zrobić postój obok przydrożnej restauracji i popatrzeć na zachód słońca, a potem pójść na rybę — mówi Barlozzo.

Pokonujemy pewien odcinek drogi i znów stajemy nad rzeką. Podajemy sobie kurtki i swetry, bo zrywa się wiatr. Przez chmury przebija złote światło. Odchodzące słońce zabarwia Tyber kolorem krwi. Potykając się, schodzimy nad brzeg. Nagle słyszę swoje własne słowa:

— Myślę, że będziemy chcieli kupić sobie coś na własność.

— Gdzie? — pyta Barlozzo.

— Tak blisko San Casciano, jak się da — odpowiada Fernando.

— Myślałem, że jesteście tu przejazdem. Że to tylko epizod, szukanie przygody i rozrywki. Sądziłem, że po pewnym czasie zechcecie wrócić do Wenecji albo pojechać do Ameryki — mówi, chociaż z pewnością zdążył się już przekonać, że nie przyjechaliśmy tutaj dla zabawy. — Co zamierzacie tu robić? Rozumiem, że szukacie dla siebie miejsca na wakacje, podobnie jak reszta świata. Ale większość osób, które coś tutaj kupują, ma swoje drugie życie, domy i pracę. W rzeczywistości oni przynależą g d z i e  i n d z i e j. Och, to jasne, że uwielbiają tu być, a przynajmniej w tych zakątkach, które pragną poznać. Jednak większość z nich zachowuje się tak, jakby wciąż stała w rozkroku — jedną nogą są tutaj, a drugą zupełnie gdzie indziej.

W rezultacie nigdzie nie zakorzeniają się naprawdę. Zachowują ostrożność, nie chcą podejmować ostatecznych decyzji. Ale wy dwoje najwyraźniej nie boicie się ryzyka. Dlaczego chcecie tutaj żyć?

Nie odpowiadam, ale wskazuję ruchem głowy rzekę i kępę sosen.

— Choćby z tego powodu — mówię — a także dla wielu innych niezapomnianych widoków, które dane jest nam podziwiać każdego dnia w San Casciano. Pragnę mieszkać pośród tych różowych wzgórz z zagrodami dla owiec, patrzeć, jak listki na gałązkach drzew oliwnych drżą na wietrze i słyszeć bicie kościelnych dzwonów przedzierające się przez mgłę. Oto dlaczego chcę tutaj mieszkać.

Obracam się w stronę Księcia i dorzucam jeszcze:

— A także z twojego powodu.

Oczy Barlozza ciemnieją. Jest zmieszany.

— Chcę żyć tutaj również ze względu na ciebie. Chciałabym, żebyś został moim nauczycielem. Cieszę się, że mogę choć w części przejąć to, co nam przekazujesz. Poznać to, co widziałeś, co wiesz, co potrafisz i co czujesz.

Przez dłuższą chwilę słychać tylko płynącą rzekę, gdy nagle od strony pobliskiego wzgórza przeciętego kilkoma rzędami winorośli, dochodzi odgłos człapania. Jest jeszcze na tyle widno, że dostrzegamy postać staruszki. Na głowie ma chustkę, a na plecy narzucony męski kardigan. Najpewniej to *padrona,* która wyszła z gospodarstwa położonego w górze rzeki, żeby sprawdzić, kto wtargnął do jej królestwa. Stoi przy swojej winnicy, mocno wsparta na szeroko rozstawionych nogach. Zrywa tu i ówdzie kiście winogron, które zdołały skryć się przed sekatorem w czasie winobrania. Zjada je łapczywie, zupełnie jakby były kradzione, a ona nie jadła od dłuższego czasu. Z ustami pełnymi słodkich owoców, przeczesuje rękami krzewy w poszukiwaniu następnych, równie szczodrych darów. Trącane jej dłońmi suche liście szeleszczą, jakby szamotał się w nich ranny ptak. Kobieta wygląda jak postarzała, nie upiększona Wenus. Mam wrażenie, że ją podglądam przez dziurkę i widzę siebie, jaką będę kiedyś. Ona jest mną.

Siedzimy oddaleni od staruszki o jakieś kilka metrów, ale kobieta nas nie widzi. A może zwyczajnie ignoruje. Wie, że to wszystko marność — zarówno dni klęski, jak i dni triumfu odejdą w przeszłość, pozbawione większego znaczenia. Rozumie, że ani jedno, ani drugie nie jest takie, jak się wydaje, a jedyna różnica polega na tym, że wielkie czyny popadają w zapomnienie bardzo szybko, natomiast rany goją się wolniej.

— Ma ochotę zakosztować choć trochę słodyczy, zanim zapadnie zmrok. Chyba wszyscy tego pragniemy? Wcześniej jednak marzy mi się wielka góra smażonych ryb o słonawej, chrupiącej skórce — mówi Barlozzo, wstając i otrzepując kurz ze spodni koloru khaki.

Jemy smażone *latterini* w barze, który nazywa się „Luciano". Malutkie ryby łowione w jeziorze są wielkości stynki. Przynoszą nam ich cały półmisek. Wydaje mi się, że nie będziemy w stanie wszystkich zjeść, aż tu nagle, ku mojemu zaskoczeniu, na stole lądują kolejne dwa talerze i dzban zimnego białego wina. Nic więcej.

Obserwuję Księcia. Wkłada *latterini* do ust, delektuje się nimi przez chwilę, przełyka i po rybce nie ma śladu. Robię dokładnie to, co on, i czuję na języku zaledwie przedsmak gorącej, chrupiącej i delikatnej w smaku ryby. Czym prędzej biorę następną i jeszcze następną — dopiero wtedy rozkoszuję się pełnią i bogactwem smaku. Łyk schłodzonego wina i nareszcie odpoczywam.

Kamienna obudowa rusztu jest gotowa w ciągu jednego dnia. Rozpalamy pierwsze ognisko i nad żarem pieczemy sznur tłustych kiełbasek, zrobionych przez owego rzeźnika, który u paska marki Dolce & Gabbana nosi tasak. Obracamy je tak długo, aż skórka zaczyna pękać. Upieczone kiełbaski kładziemy na drewnianej tacy obok pysznego chleba i zjadamy je, popijając obficie winem. Siedzimy sobie na czerwonej sieneńskiej ziemi, dokładamy do ognia i patrzymy, jak płomienie wypalają dziury w otaczających nas ciemnościach. Wokół zapada noc.

— Dlaczego ty zawsze siedzisz przy samym palenisku? Chcesz spłonąć w całopalnej ofierze? — pyta mnie Fernando.

— Szukam dla siebie odpowiedniego miejsca. Lubię być w pobliżu ognia. Nie za blisko, ale też nie za daleko. Chociaż z dwojga złego pewnie wolałabym znaleźć się zbyt blisko niż zbyt daleko.

— Widzę, że nadmierny komfort wydaje ci się podejrzany, tak samo jak mnie, Chou — odzywa się Barlozzo.

— Dlatego że lubię siedzieć blisko ognia?

— Nie. Tu nie chodzi o sam ogień. To tylko symbol, który pokazuje, że nie darzysz komfortowego życia zbytnim zaufaniem. Już mniej obawiasz się ryzyka. Ja też się zawsze bałem wygodnego życia. Ból jest potrzebny. Gdy znika, kiedy jest cicho i spokojnie, wiem, że tak naprawdę on wcale nie minął, lecz rośnie w siłę. Wolę, gdy jest wpisany w nasze życie i mam go pod kontrolą. Komfort pociąga za sobą ryzyko. Ale i ryzyko stwarza pewien komfort. Ryzyko, *risqué*. Każda jego postać dodaje życiu smaku. Ograniczaj apetyt. Folguj mu. Żyj na krawędzi. Odsuń się na bezpieczną odległość.

— Które wybrać?

— Wszystkie. Wszystkie w rozsądnych dawkach i w odpowiedniej chwili. Liczy się finezja. W przeciwnym razie zaczęlibyśmy się rozkładać jeszcze za życia.

Tego wieczoru Książę jest w bardzo ponurym, wręcz makabrycznym nastroju. Fernando przygląda mu się zmieszany. Rzucona mimochodem niewinna uwaga, że nie powinnam siadać zbyt blisko ogniska, sprowokowała poważną dysputę na temat ryzyka, jakie niesie ze sobą komfort, dawkowania doznań i umierania za życia. A ponieważ oboje wiemy, że nie jesteśmy w stanie temu zaradzić, zamieniamy się w słuch.

— *Cominciamo dal fondo*. Wróćmy do początków. Najlepiej wyraził to św. Augustyn: „Wszyscy, jak tu jesteśmy, pomrzemy". Gnicie i rozkład są czymś naturalnym, podlega temu każda rzecz. Ser, drzewo, serce, całe nasze ciało. Gdy to pojmiemy, życie jako takie zaczyna wydawać się mniej ważne niż sposób, w jaki chcielibyśmy przez nie przejść. Zgadzacie się z tym?

Spoglądam na Fernanda. Skinieniem głowy dajemy sobie i Księciu znak, że go rozumiemy.

— Tak więc życie, z samej definicji, jest czymś nietrwałym. Energia, którą poświęcamy na to, by je w jakiś sposób urządzić, zabezpieczyć, ochronić i ocalić, pozostawia nam cholernie mało czasu na to, żeby po prostu żyć. Ból, śmierć albo inne nieszczęścia omijają nas nie dlatego, że jesteśmy ostrożni, ubezpieczeni lub — Boże uchowaj! — dlatego, że m a m y p i e n i ą d z e. No dobrze. Skąd, w takim razie, każdy z nas ma wiedzieć, j a k chce żyć? W j a k i sposób chciałby spożytkować ofiarowany mu czas?

Fernando wydaje się wytrzymywać jakoś ten wygłaszany z dużą dozą irytacji monolog. Ale ja odpadam gdzieś pomiędzy św. Augustynem a psującym się serem. Rozumiem jednak, że dla Barlozza linia łącząca dwa punkty musi być zasupłana, nigdy prosta. Dlatego nie jestem wcale zaskoczona, gdy ni stąd, ni zowąd mówi:

— Jeśli chcecie, pomogę wam poszukać odpowiedniego domu.

Floriana miała rację. Naszą trójkę łączy coś w rodzaju przymierza.

Od czasu naszej pierwszej wizyty w barze „Centrale”, zaraz po przyjeździe do San Casciano, uważamy to miejsce za coś w rodzaju dodatkowego pokoju, a ostatnimi czasy nawet myślimy o nim jak o drugim domu. Rosealba, Paolo, Tonino, Signora Vera, cała rodzina, która prowadzi bar, przyjmuje nas do swego grona i sprawia, że życie staje się lepsze. W rogu na ścianie, tuż przy automatach do gry, wisi telefon. Gdy dzwonimy do Lisy, Ericha, mojego agenta w Nowym Jorku albo do wydawców w Kalifornii, Signora Vera ucisza hałasujące dzieci, mówiąc im, że rozmawiamy właśnie z Billem Clintonem. Stary faks, po latach spędzonych pod maszyną do wyrobu *gelato*, lodów, zostaje wreszcie odkurzony, starannie wytarty bawełnianą ściereczką zwilżoną alkoholem i ustawiony na stoliku. Bar, który ostatnimi czasy przekształcił się w międzynarodowe centrum wymiany informacji, pozostając jednocześnie barem, w pełni zasługującym na swą nazwę: *Centrale.*

Trzy, cztery, czasami więcej razy w ciągu dnia i wieczorami przychodzimy właśnie tutaj i siadamy przy stoliku na małym tarasie. Rano ogrzewamy dłonie, trzymając filiżanki z *cappuccini,* a późnym popołudniem krzyczymy do słuchawki telefonu. Z przysyłanych co dzień faksów ścieramy krople kawy i plamy od wina.

Bar „Centrale" to punkt, w którym przecinają się szlaki — to Hollywood Boulevard i Vine Street, słynne ulice Los Angeles, Wall Street, a także Pola Elizejskie. To baza, do której spływają wszystkie wieści, nawet te prawdziwe. To tutaj rozbijamy bank, oczywiście grając w karty, a po ugaszeniu pragnienia odzyskujemy spokój. To nasze biuro, herbaciarnia, sztab generalny, miejsce odpoczynku, azyl i pied-à-terre*. Czy trzeba czegoś więcej?

Zaczynam rozumieć, dlaczego niektórzy Włosi utrzymują, że dobry bar w sąsiedztwie znaczy więcej niż dzielnica, w której się mieszka. Ich zdaniem, lepiej mieć nawet trochę gorsze mieszkanie pod warunkiem, że tuż obok mieści się świetny bar. Niektórzy posuwają się wręcz do twierdzenia, że bar jest teraz tym, czym kiedyś był kościół parafialny — miejscem, gdzie można odpocząć i znaleźć pocieszenie.

Tak jak trudno kwestionować zalety baru „Centrale", tak samo nie da się zaprzeczyć temu, że Barlozzo lubi uszczęśliwiać ludzi, oczywiście według własnego pomysłu. Obdarowuje innych — robi to najczęściej na odległość i nie wprost. Prezenty zostawia pod drzwiami albo, zachowując jeszcze większą anonimowość, podrzuca je na ścieżce, którą zwykle chodzimy na spacer do lasu. Raz może to być upstrzony fioletowymi plamami worek pełen jeżyn, podparty bukietem białych kwiatów, a kiedy indziej stosik równo przyciętych polan, przewiązanych wiechciem trawy. Gdy próbujemy mu dziękować, mówi, że nie przypomina sobie, żeby zbierał dla nas polne kwiaty albo szykował drewno na rozpałkę. Stercząca w górę racica i szczeciniasta czarna sierść wystająca z plastikowego worka — to kolejny

* pied-à-terre — mieszkanie, które zajmuje się rzadko, przejazdem, urządzone w tym celu, aby zawsze było gdzie zajechać i zatrzymać się.

prezent dostarczony o poranku. Wrzeszczę jak opętana i zatrzaskuję drzwi przed bestią. Hałas sprowadza na dół mojego męża, który zbiega po schodach nagi i na wpół zaspany krzyczy z daleka:

— *Cosa c'è?!* Co się dzieje?!

Przywieram plecami do drzwi, a moje oczy i lekki ruch głowy zdradzają od razu, że tam na zewnątrz czai się coś potwornego.

Fernando przestaje krzyczeć i, dla odmiany, nie wydaje głosu. Czytam pytania z ruchu jego warg:

— *Che cosa è sucesso, chi è?* Co się stało, kto to?

— *Guarda.* Sam popatrz — ośmielam go.

Uchyla leciutko drzwi i przez szparkę wygląda na zewnątrz.

— *Non c'è nessuno*. Nikogo nie ma.

— *Guarda in giù*. Popatrz w dół.

— *Cristo. È solo una coscia di cinghiale.* Chryste. To tylko udziec dzika — mówi, teraz już szerzej otwierając drzwi. Pochyla swoje szczupłe, chłopięce ciało, żeby zabrać „prezent".

Czyżby mój wenecki mąż znał się na dzikach? — zastanawiam się, gdy taszczy pakunek do kuchni, wkłada go do zlewu i wyciąga zawartość. Z jego ust pada kolejne *„Cristo"*, a zaraz potem następuje długi wydech.

— *Caspita che grande.* Ależ ogromny — mówi, podnosząc udziec za kostkę i oglądając go ze wszystkich stron. — Musi ważyć z piętnaście kilo albo i więcej.

Nic mnie nie obchodzi, ile waży to paskudztwo. Nie chcę go w swojej kuchni i już. Czuję nagły przypływ adrenaliny. Mam zamiar nakłonić Fernanda, by czym prędzej wyniósł podarunek gdzieś za dom, byle dalej ode mnie, gdy nagle w drzwiach pokazuje się uśmiechnięte oblicze Księcia.

— *Buongiorno, ragazzi. È una giornata stupenda, no? Ah, bene, avete trovato quel bel giovane mostro.* Dzień dobry, moi drodzy. Ładny mamy dzień, prawda? Dobrze, że znaleźliście to piękne, młode monstrum.

Widzę, że Barlozzo stara się patrzeć nam w oczy i nie zauważać, że Fernando jest niekompletnie ubrany, chociaż na jego twarzy nie dostrzegam oznak zakłopotania.

— *Permesso* — mówi, przekraczając próg. Obraca się do tyłu i starannie zamyka za sobą drzwi, najwyraźniej dając mojemu mężowi czas, by wbiegł na górę i wciągnął spodnie. Ale Fernando, który nie potrafi się skoncentrować na dwóch rzeczach jednocześnie, zapomniał o bożym świecie, skupiając całą uwagę na dziku.

— *Come si pulisce?* Jak się go czyści? — pyta wyraźnie zaciekawiony.

Czym prędzej szczypię go mocno w pośladek.

— *Ah, mi scusi* — mówi, niechętnie przerywając rozmowę.

Za moment jest już z powrotem na dole. Dopina zamek i klamrę przy pasku od spodni. Nie zdążyłam nawet zwymyślać Księcia za to, że napędził mi takiego stracha. Ostatecznie nie mówię nic. Obserwuję tylko, jak rozkładają na tarasie gazety, umieszczają na nich noże, udziec dzika i zabierają się do skrobania.

Barlozzo mówi, że ten dwuletni młody samiec został upolowany i zabrany przez myśliwych do Piazze trzy tygodnie temu, gdzie oczyszczono go i powieszono za nogi w *cantina*, piwnicy miejscowego listonosza. Dopiero dzisiaj mięso poćwiartowano i wystawiono na sprzedaż. Obeznany z lokalnymi zwyczajami Barlozzo wyraził chęć kupna tylnej lewej nogi, jako że ten właśnie kawałek uchodzi za najlepszy.

— *È la parte migliore da stufare in vino rosso.* Ta część świetnie się nadaje do duszenia w czerwonym winie — tłumaczy mojemu mężowi, podczas gdy ja wsypuję mąkę do dzieży.

Jakiś czas później wchodzą do domu po skończonej pracy, niosąc coś, co nareszcie zaczyna przypominać zwyczajne mięso na pieczeń. Barlozzo prosi mnie, żebym wyciągnęła największy garnek, jaki mam w kuchni, jednak mój stary miedziany *sauteuse* nie zadowala go.

— *Torno subito.* Zaraz wrócę — mówi, a kiedy znowu staje w drzwiach, dźwiga kilka butelek wina i ogromny garniec z terakoty, większy niż cały Pittsburgh. Z tylnej kieszeni Barlozza wystaje pęk ziół wyrwanych razem z korzeniami i ubrudzonych ziemią. Książę prosi mnie, żebym podgrzała wino, podczas gdy on układa na dnie gara zioła i porcje mięsa, które soli i posypuje świeżo zmielonym pieprzem. Następnie polewa całość przygrzanym winem, nakrywa garnek i wynosi go na taras. Kładzie na pokrywce trzy cegły i mówi, żeby odstawić mięso na trzy, cztery, może nawet na pięć dni, pamiętając o tym, by raz dziennie je obrócić.

Co rano obserwuję, jak Fernando za pomocą dwóch wielkich widelców odprawia rytuał obracania mięsa. Skrupulatnie podnosi każdy kawałek i zanurza go ponownie w czerwonej winnej marynacie. Nasuwa pokrywkę, kładzie na wierzch cegły, cofa się i patrzy, jakby oczekiwał, że lada chwila garnek zacznie się ruszać albo mówić. Barlozzo, równie oddany sprawie jak Fernando, przychodzi każdego popołudnia, zdejmuje cegły i pokrywkę, nakłuwa mięso, pochyla się nad garnkiem i wącha.

— *Non ancora.* Jeszcze nie — stwierdza przez sześć kolejnych popołudni. Dopiero siódmego dnia oświadcza, że już czas.

Fernando jest tak zdeterminowany, że postanawia nie czekać na to, co powie Barlozzo. Zaraz po lunchu rozpala ogień w palenisku. Po paru godzinach żar przygasa i miesza się na wpół z popiołem, tak więc Książę powinien uznać, że można przystąpić do gotowania. Najpierw jednak prosi mnie, żebym na kuchennym piecu doprowadziła zawartość do lekkiego wrzenia. To wydaje się trwać całe wieki. W końcu pojawiają się pierwsze bąbelki i Barlozzo wynosi garnek na zewnątrz. Rozgarnia popiół na boki i umieszcza w środku naczynie z terakoty. Warstwa popiołu szczelnie okrywa ściany garnka i sięga niemal do samej pokrywki. Barlozzo podnosi ją, kładzie odwrotną stroną i również posypuje popiołem. Na koniec obwieszcza, że mamy niczego nie ruszać aż do następnego ranka.

Taka pasywna rola nie bardzo jednak przypada do gustu mojemu mężowi. Bez przerwy podchodzi do rusztu i sprawdza, czy wszystko jest w porządku. Podgarnia popiół, posypuje nim pokrywkę i wraca do „naszej stajni". Kładzie się na sofie i kilkakrotnie zmienia pozycję, po to by za chwilę znów wyjść na dwór i sprawdzić, czy aby nic się nie zmieniło. Boję się, że ta noc będzie dla niego bardzo długa.

Gdy następnego ranka przychodzi Książę i podnosi wieko, widzimy, że mięso ładnie się przyrumieniło na głęboki mahoniowy brąz, a wywar z wina, ziół i soków, które się wydzieliły w trakcie duszenia — uzyskał gęstą konsystencję. Aromat jest tak wspaniały, że mimo woli zaczynamy przełykać ślinę, wprost nie możemy doczekać się uczty.

— Mięso musi pozostać w garze do jutra — oznajmia Książę.

Trudno nam uwierzyć, że to wciąż nie koniec. Uniżoność ma swoje granice. Gdy tylko Barlozzo nas opuszcza, nakładamy na głębokie talerze porcje dziczyzny, nalewamy wino, kroimy wczorajszy chleb i zasiadamy do trochę innego niż zwykle śniadania. Mięso jest tak delikatne, że można je jeść łyżką. W smaku wydaje się słodsze i ostrzejsze niż wieprzowina, z lekko wyczuwalną nutą orzechów laskowych. Przelewam trochę gęstego, aromatycznego sosu z glinianego naczynia na małą patelnię. Chcąc zaostrzyć nieco jego smak, dodaję pół szklanki wina i łyżeczkę koncentratu pomidorowego. Mieszam sos, przygrzewając go jednocześnie na małym ogniu. Na zakończenie odrobina soli morskiej i efekt jest naprawdę niezły. Wydobywamy z gara kolejne porcje duszonego mięsa i próbujemy, jak smakuje z przygotowanym przeze mnie sosem, uznając, że można je również serwować z makaronem.

Następnego dnia w porze lunchu na pierwsze danie podaję Księciu właśnie makaron z sosem, a dopiero po chwili duszone mięso z dzika. Najadamy się do syta i sięgamy po dokładki, a gdy zaglądam do gara, odnoszę wrażenie, że mięsa w sposób cudowny przybyło. Ta nadzwyczajna obfitość jadła skłania nas do wprowadzenia nowego obyczaju.

W piątkowy wieczór pakujemy do koszyka naszą kolację i udajemy się do baru. Ten sam rytuał powtarza się co tydzień. W taki oto, dość nieformalny, sposób próbujemy kultywować życie towarzyskie. Dzielimy się tym, co mamy, z każdym, kto jest akurat w barze. Po trzech tygodniach częstowania wszystkich duszonym mięsem z dzika, serwowanym na różne sposoby, pakujemy do koszyka tartę z gniecionych ziemniaków posypaną obficie *pecorino*, a do tego dzbanuszek z sosem z zielonych oliwek, zmiażdżonych i wymieszanych ze świeżymi listkami oregano. Innym znowu razem przynosimy danie zrobione z małych czerwonych papryczek zapiekanych w piecu chlebowym, nadziewanych kiełbasą z dodatkiem kopru włoskiego, a na deser talerz chrupiących ciasteczek kukurydzianych posypanych cukrem.

Vera nalewa wino, przynosi chleb i siada z nami przy stoliku. Po niecałych pięciu minutach nabieramy przekonania, że właśnie w ten sposób chcieliśmy spędzać wszystkie nasze piątkowe wieczory. Vera je niewiele i bardzo powoli. Zastanawiam się, czy to z powodu mojego stylu gotowania, czy może jej wielkopańskich manier. Tak czy inaczej miło się z nami żegna, życząc dobrej nocy, i wraca na górę do swojego pokoju oraz telewizji. Na nocnej zmianie zastępuje ją Tonino. W miarę jak klienci zaczynają się schodzić na espresso albo *digestivo*, napój ułatwiający trawienie, Tonino wychodzi zza kontuaru i przyprowadza poszczególnych gości do naszego stolika. Zaprasza ich do degustacji przyniesionych przez nas dań i zachęca, by z nami usiedli.

Po kilku kameralnych kolacjach spędzonych w towarzystwie Very dołączają do nas inni. Stopniowo te nasze piątkowe wieczory zyskują pewną sławę — nie tyle z powodu jedzenia, lecz bardziej dlatego, że wspólne kolacje stają się dla mieszkańców San Casciano okazją do snucia wspomnień. Wkrótce zaczynają przynosić do baru swoje własne potrawy. Owijają garnki i misy białymi ściereczkami, a do środka wkładają rozmaite rodzinne historie. Opowiadają nam, jak musieli dzielić się jedzeniem w czasie wojny, opisują z detalami, jakie pyszne dania i ulubione desery robiły ich babcie i prababki. Barlozzo, nie chcąc nas krępować swoją osobą i utrudniać zawierania nowych znajomości, pojawia się w barze jako jeden z ostatnich i zanim zamówi swoją grappę, rozgląda się zazwyczaj za jakimś deserem. Czasami też nakłada sobie na talerz porcję jedzenia, jeśli mimo późnej pory coś jeszcze pozostało w garnkach.

— *Ma perchè i tuoi piatti sono sempre dolce salati?* A dlaczego twoje dania mają zawsze słodko-słony smak? — pyta któregoś wieczoru, wycierając piętką chleba resztki sosu, który pozostał na patelni po kaczce duszonej z gruszkami w *moscato*, winie muszkatołowym.

— Bo moim zdaniem tak właśnie smakuje życie.

## Duszona wieprzowina o smaku dziczyzny

Porcja dla sześciu osób

*10 jagód jałowca, 10 goździków, 10 ziarenek czarnego pieprzu*
*2 łyżeczki miałkiej soli morskiej*
*1,3 kg wieprzowiny (udziec lub łopatka) okrojonej z tłuszczu i podzielonej na grube plastry*
*2 łyżki stołowe oliwy extra virgin*
*3 średniej wielkości żółte cebule, obrane i posiekane*
*3 duże ząbki czosnku, obrane i zmiażdżone*
*1 mała suszona czerwona papryczka chili, rozdrobniona*
*1½ łyżeczki miałkiej soli morskiej*
*2 butelki mocnego czerwonego wina*
*1 szklanka gęstego przecieru pomidorowego*
*1 szklanka czerwonego wina*
*2 duże ząbki czosnku, obrane i zmiażdżone*
*2 łyżeczki czerwonego octu winnego dobrej jakości*
*1 łyżka stołowa świeżych listków rozmarynu, zmielonych na proszek*

Owoce jałowca, goździki i pieprz należy zetrzeć w moździerzu. Przesypać sproszkowane przyprawy do miseczki, po czym dodać sól morską i dobrze wymieszać. Powstałą mieszanką dokładnie nacieramy kawałki mięsa. Przekładamy przyprawioną wieprzowinę do miski i szczelnie przykrywamy. Następnie przechowujemy ją w lodówce przez trzy dni, pamiętając, aby codziennie obrócić mięso.

W dużym ciężkim garze przygrzewamy na średnim ogniu oliwę. Przyprawioną wieprzowinę starannie osuszamy papierowym ręcznikiem i wkładamy do brytfanny — tak by kawałki mięsa mogły się swobodnie smażyć. Obracamy dopiero wtedy, gdy przypiecze się z wierzchu. Kiedy wieprzowina jest już obsmażona ze wszystkich stron, wyjmujemy ją na talerz, a kolejne porcje mięsa wkładamy do garnka i powtarzamy całą procedurę. W trakcie smażenia dolewamy oliwę.

Dodajemy cebulę, czosnek, papryczkę chili oraz sól i przygrzewamy wszystko na średnim ogniu. Mieszamy tak długo, aż cebula się zeszkli. Nie wolno dopuścić do tego, by cebula i czosnek się zrumieniły. Wlewamy butelkę wina, a gdy się przygrzeje, należy odskrobać od dna to, co do niego przywarło. Dodajemy przecier pomidorowy i doprowadzamy całość do lekkiego wrzenia. Do powstałego sosu wkładamy obsmażone kawałki mięsa i dolewamy wino z drugiej butelki — tyle, by mięso prawie się w nim zanurzyło. Znowu doprowadzamy zawartość do wrzenia, lekko uchylamy pokrywkę i dusimy wieprzowinę przez dwie godziny na bardzo małym ogniu. Od czasu do czasu polewamy sosem, żeby mięso nie obsychało. Po dwóch godzinach sprawdzamy, czy jest wystarczająco miękkie. Po nakłuciu widelcem powinno się rozpadać.

Łyżką cedzakową wyjmujemy uduszone mięso na talerz. Dolewamy ostatnią szklankę wina i znowu doprowadzamy zawartość do wrzenia. Dodajemy czosnek, ocet winny i rozmaryn, by sos miał bardziej zdecydowany, wyrazisty smak. Ponownie wkładamy mięso do brytfanny, mieszamy, przykrywamy i zostawiamy na kilka minut. Część sosu można odlać i podać z makaronem jako pierwsze danie, natomiast mięso serwować w drugiej kolejności, z chlebem i kilkoma listkami sałaty oraz dobrym czerwonym winem, najlepiej takim samym jak to, którego użyliśmy do gotowania.

# ROZDZIAŁ ÓSMY

# *Kasztany jak się patrzy*

*Sono buoni, proprio una delizia quest' anno.* Smaczne, tego roku wręcz pyszne.

Książę mówi do siebie, uderzając laseczką o najniższe gałęzie drzew kasztanowych rosnących przy krętej drodze, która wiedzie z miasteczka. Rozgniata butem kilka kasztanów, wącha miąższ i rozgryza go. W drodze powrotnej z baru, gdzie zjedliśmy śniadanie, postanawiamy go zaskoczyć i porządnie nastraszyć. Na paluszkach zachodzimy od tyłu, starając się, by nie zaszeleścił ani jeden brązowy liść ze sterty, na której Książę właśnie stoi.

— *Domani!* Jutro! — krzyczy, nie odwracając się w naszą stronę, bo od początku nie jest zaskoczony naszą obecnością.

Nie robiąc ani kroku, z psotnym uśmiechem łobuziaka, salutuje dwoma palcami do starego niebieskiego beretu i paradnym krokiem odmaszerowuje w kierunku Piazze. Książę albo mówi tyle, że mamy już serdecznie dość, albo prawie w ogóle się nie odzywa. Mimo wszystko rozumiemy, co w ustach Barlozza znaczy słowo „*domani*". Gałęzie uginają się pod ciężarem kasztanów. Od kilku dni nam powtarzał, że gdy tylko dojrzeją, wybierzemy się do lasu i będziemy je zrywać z najstarszych i najobficiej owocujących drzew.

— Pierwsza zasada wytrawnego zbieracza kasztanów brzmi: odpowiednio przygotować teren wokół pnia — oświadcza na drugi dzień po południu, gdy wyruszamy w drogę.

Idziemy gęsiego, mijając przydrożne drzewa, i wreszcie na zakręcie koło La Crocetty wchodzimy do lasu. Jesteśmy wyposażeni w grabie, szuflę, przyrząd do strząsania kasztanów, który przypomina trzepaczkę do dywanów, duży kosz w kształcie szyszki ze skórzanymi nosidłami oraz trzy pięciokilowe worki jutowe na mąkę, które wyprosiliśmy u piekarza. Zagłębiamy się w las, zostawiając za sobą, zdawać by się mogło, piękne i rozłożyste kasztany. Wreszcie Barlozzo zatrzymuje się przy grupie wspaniałych drzew o potężnych pniach i mówi szeptem cichym jak modlitwa:

— No, to są kasztany jak się patrzy.

Kładziemy narzędzia na ziemi i zaczynamy grabić leżące wokół pni sterty patyków i liści, oczyszczamy i wyrównujemy ziemię. Wszystkie świeżo spadłe kasztany oddzielamy od reszty i wkładamy do jutowych worków. Pracujemy razem, wygrabiając liście spod każdego drzewa, z którego zbieramy owoce. W końcu Barlozzo wręcza mojemu mężowi trzepaczkę i każe walić nią w gałęzie tak wysoko i tak mocno, jak się tylko da.

Fernando podchodzi do drzewa z dosyć kwaśną miną. Łapie trzepaczkę za sam koniec i uderza. Spada deszcz kasztanów. Robi to jeszcze raz, coraz bardziej rozzłoszczony, i krzyczy, byśmy się odsunęli. Książę zabiera mu przyrząd, a mój mąż chętnie mu go oddaje. Przystępujemy do zbioru.

— Bierzcie tylko te błyszczące, najdorodniejsze — mówi. — Mniejsze zostawcie dla zwierząt. Za dużo byłoby z nimi roboty przy obieraniu. I zbierajcie sztuka po sztuce, nie garściami. Oglądajcie każdy owoc, odrzucajcie niedobre i wyglądające nieapetycznie. Zbierajcie, ile chcecie, ale bez przesady.

U boku Księcia wszystko zamienia się w lekcję życia, myślę, siedząc na kamieniu pośród liści i wybierając najokazalsze kasztany. A ja zawsze miałam zapał do nauki — zwłaszcza gdy nauczyciel tłumaczył wszystko prosto i zrozumiale.

— A może by tak rozłożyć pod drzewem jakąś płachtę albo coś w tym rodzaju, potem zwinąć ją i przesypać owoce do worków? Niektórzy tak właśnie zbierają oliwki, prawda?

— Możliwe, ale my tu tak nie robimy, a poza tym, nie zbieramy oliwek, tylko kasztany — odpowiada.

Na ziemi leży ich zatrzęsienie. Brodzę w nich, złorzecząc Księciu po angielsku. Pozbawiony trzepaczki Fernando wdrapuje się na drzewa, zrywa kasztany z najwyższych gałęzi i wypycha sobie nimi kieszenie. Nadmiar zrzuca pod drzewo, w miejsce, które uznał za swoje prywatne terytorium. Lubię, kiedy budzi się w nim dziecko.

Po krótkiej chwili dłonie grabieją mi od październikowego chłodu, mimo moich grubych rękawiczek. Barlozzo staje przede mną w milczeniu, podaje mi swoje dziwaczne rękawice sięgające tylko do połowy palców i wraca do pracy. Rzadko obywa się bez nich, gdy coś robi. W lecie nosił płócienne, a teraz zakłada wełniane.

Wciągam rękawice Księcia, ciągle jeszcze przyjemnie ciepłe. Są na mnie o wiele za duże, ale wygodne. Chociaż mają skrócone palce, to i tak zakrywają mi prawie całe dłonie. Znać na nich ślady błota i kto tam wie, czego jeszcze. Ale i tak mi się podobają. Lubię ich dotyk. Może są zaczarowane i zamienią mnie w księżniczkę? Albo raczej to ja rzucę na nie swój czar i Książę zacznie tańczyć tango.

Gdy worki są już prawie pełne, taszczymy je na drogę, gdzie czeka furgonetka Barlozza, i ruszamy do domu rozładować to, co zebraliśmy. Zaczyna kropić, więc Fernando rozpala ogień w *salotto* zamiast w palenisku na dworze. Barlozzo ostrzy narzędzia za domem, a ja próbuję wyszorować jego patelnię do prażenia kasztanów. To istne cudeńko — wielka, kuta, z metrowym uchwytem z oliwkowego drewna i dziurkowanym dnem. Na wszelki wypadek wzięłam nożyk do kasztanów — krótki i groźnie zakrzywiony. Ale Barlozzo ma swój nóż i pokazuje, jak się kładzie kasztana spłaszczoną stroną do dołu i robi na jego buźce nacięcie w kształcie krzyżyka.

— To nie może być iks — tłumaczy. — Koniecznie krzyżyk. Iks jest jak unieważnienie. Chcesz, to ci pokażę. Unieważniać, wykreślać też trzeba umieć — myśl, osobę albo jej wspomnienie. Ale to już materiał na kolejną lekcję. Bo żeby się nauczyć stawiać porządny iks, trzeba poświęcić dość sporo czasu i przejść kolejny stopień wtajemniczenia.

Kiedy ogień się uspokaja, nie bucha już, ale miarowo buzuje, Barlozzo każe mi rzucić w płomienie trochę rozmarynu:

— Będziesz zadowolona, a kasztanom z pewnością to nie zaszkodzi.

Fernando kładzie na dno pierwszą partię i wsuwa patelnię między rozżarzone węgle.

— Kasztany są świeżutkie, więc wystarczy parę minut, by były gotowe. Ale trzeba poruszać patelnią, podrzucać je — instruuje Barlozzo.

Gestem szefa kuchni przejmuje *sauteuse.* Trzyma naczynie za koniec uchwytu i zręcznie, manipulując nadgarstkiem, podrzuca kasztany — łapie wszystkie, z wyjątkiem jednego. Krzyczy, żeby mu przynieść czerwone wino, więc sięgam po kieliszek, ale on chce całą butelkę. Gdy mu ją podaję, zatyka otwór kciukiem i spryskuje kasztany, by je ochrzcić. W górę wędruje mgiełka winnych oparów.

— Żeby skruszały i miały delikatny smak — wyjaśnia.

Siedzimy przy ogniu, mając przed sobą dwie miski — jedną ze świeżo prażonymi kasztanami, drugą zaś na skorupki i skórki, które zdejmuje się z owoców. Wciąż robimy krzyżyki, prażymy, chrzcimy i obieramy, a potem jemy. Siedzę otulona puchową kołdrą, z głową na poduszce, która przykrywa stopień kominka. Fernando i Barlozzo zajmują przeciwległe krańce stolika. Książę snuje swoją opowieść.

— Podczas wojen ludzie nie mieli czasami nic innego do jedzenia oprócz kasztanów. I nie tylko podczas wojen. W tych okolicach, jeszcze jakieś pięćdziesiąt lat temu, zbieranie kasztanów było równie powszechne, jak uprawianie winogron czy hodowla świń. W średniowieczu, a pewnie w jeszcze bardziej zamierzchłych czasach też, drzewa kasztanowe były tutaj głównym źródłem pożywienia. Liśćmi karmiono trzodę i drób, a łupiny szły na podpałkę — z wyjątkiem momentów najcięższej biedy, kiedy robiono z nich napar do picia. Gdy drzewo dokonało już żywota, stolarze wycinali z twardego, grubego pnia prymitywne meble. A jak myślicie, z czego jest zrobiona wasza *madia*? — pyta, wskazując na szesnastowieczną skrzynię. Na jej otwartym wieku zwykłam stawiać do wyrośnięcia ciasto chlebowe.

— Tu ludzie jeszcze pamiętają, jak musieli niejedną zimę przeżyć o „chlebie z drzew", czyli *pane d'albero*. Piekło się go ze zmielonych kasztanów wymieszanych z wodą i odrobiną drożdży. Był twardy jak kamień i przed ugryzieniem trzeba było go dobrze namoczyć w wodzie. Czasami mówiło się o nim „drewniany chleb" — *pane di legno*. I chyba ta nazwa była lepsza.

Zimą tysiąc dziewięćset czterdziestego trzeciego mój ojciec wrócił piechotą z frontu rosyjskiego. Przez trzy miesiące szedł z Ukrainy do Polski, a potem przez Niemcy i Austrię do Włoch. Wreszcie dotarł do domu, z workiem na kasztany przytroczonym do paska — ale rzadko miał w nim jakieś zapasy. Opowiadał, że w lutym z trudem znajdował kasztany, bo większość wyzbierali wcześniej inni, a to, co zostało, zaczynało już butwieć. Po kilku dniach słonecznej pogody w miejscach, gdzie pokrywa śniegu szybciej topniała, pojawiały się pierwsze odważne źdźbła trawy. Kiedy znalazł taką łączkę, skubał listki, wkładał je do ust i czuł się tak, jakby pochłaniał młode życie.

A najsmutniejsze było to, że gdy tacy na siłę wcieleni do wojska żołnierze jak mój ojciec docierali wreszcie do swoich domostw, nie witał ich wesoło trzaskający ogień, tylko zgromadzeni wokół wygasłego paleniska krewni, tak samo głodni jak przybysze. Na rożnie nie obracało się tłuste jagnię, a w piecu nie znajdowałeś chleba. Nie było grzanego wina w dzbanie. Ani powitalnych wiwatów dla bohaterów. W czasie gdy mój ojciec gdzieś na Ukrainie szukał pod śniegiem resztek kasztanów, moja matka i ja próbowaliśmy odkopać je spod liści, pełzając po lesie na czworakach. Nadludzko się staraliśmy. Dobrze pamiętam, bo tamte czasy zadały mi, jako małemu chłopcu, głębokie rany, które już się nie zagoją. Jak tylko dotknę tych bolących miejsc, okazuje się, że one wciąż się jątrzą.

A potem, gdy już dojrzały świeże kasztany, nie mogliśmy się powstrzymać od coraz to nowych wypraw i wypychaliśmy brązowymi owocami kosze, kieszenie swetrów, berety, nawet fartuszek mamy. W domu, z obawy przed myszami, przechowywaliśmy je w piwnicy, w starej *baule*, skrzyni. W pobliżu siedzib ludzkich żyły w zasadzie tylko myszy, bo wszystkie inne zwierzęta trafiły już wcześniej do garnka. Po krótkim odpoczynku i ogrzaniu rąk w cieple dogasającego ognia ponownie wyruszaliśmy na poszukiwania. I tak w koło przez wiele, wiele dni, a gdy już nie było czego zbierać, wdrapywaliśmy się na drzewa, aby strącać ostatnie owoce, które nie dawały nam spokoju. Nie gardziliśmy też szyszkami pinii, tymi wielkimi — wyglądają jak nabrzmiałe, a skrywają w sobie po kilka białych orzeszków, zwanych *pinoli*. Gdy udało mi się je znaleźć, wracałem do domu, przyciskając zdobycz do piersi, bo były największym skarbem, jaki posiadałem w całym moim życiu. Pamiętam, że moja mama nosiła mnie kiedyś tak, jak ja potem te orzeszki.

A wracając do kasztanów, to część prażyliśmy sobie natychmiast, w ramach nagrody, skrapiając je odrobiną rozcieńczonego wina. Pozostałe gotowaliśmy, a po obraniu ze skorupek i ostudzeniu męliśmy je i robiliśmy napar przypominający kawę. Albo też gotowaliśmy obrane kasztany ponownie, tym razem z dodatkiem dzikiej sałaty, cebuli i ziół, aż powstawała gęsta masa, coś w rodzaju owsianki. Jedliśmy to na gorąco jako kolację, rozprawiając, jak wyśmienicie smakowałaby ta kasztanowa mamałyga z kapką dobrej oliwy czy choćby odrobinką masła, lub kilkoma kryształkami cukru.

A po kolacji wykładaliśmy pozostałą masę na stół kuchenny i, po uformowaniu prostokąta o grubości około pięciu centymetrów, pozwalaliśmy jej stężeć przez noc. Później dwa razy dziennie, aż się nie skończyła, cięliśmy ją sznurkiem na kawałki, które nazywaliśmy „ciastkami", i piekliśmy nad ogniem, niekiedy owiniętą w kasztanowe liście. W czasie pieczenia liście przywierały do „ciastek" szczelnie jak opakowanie. Gdy już były gotowe, chwytaliśmy je palcami i zjadaliśmy na gorąco.

Ale większość kasztanów układaliśmy na drucianej siatce w *essiccatoio*, czyli suszarni. To było genialne urządzenie. W tamtych czasach prawie każdy dom w okolicy miał taką suszarnię: środkowy podest schodów na piętro zrobiony był z surowych desek podłogowych, między którymi rozpinało się siatkę drucianą. Powstawał jakby balkonik, *supalco*, zawieszony dokładnie nad piecem opalanym drewnem. Na tę właśnie siatkę wysypywaliśmy kasztany, by wędziły się w cieple i dymie, który uchodził potem przez małe, ciągle uchylone okienka. Miąższ wolno wysychał. *Essiccatoio* w naszym, czyli obecnie waszym domu, znajdowało się tam, gdzie teraz macie wejście. Podtrzymywaliśmy ogień dniami i nocami, żeby kasztany nigdy nie wystygły i się nie zepsuły.

Wędzenie trwało dobrych sześć tygodni. Doświadczalny sposób na stwierdzenie, czy kasztany są już właściwie ususzone polegał na tym, że brało się dwa i uderzało nimi o siebie. Jeśli wydały odgłos podobny do kołatki, znaczyło, że są gotowe. Ten dźwięk brzmiał trochę jak stukanie palcem w skórkę świeżo upieczonego chleba. Taki głuchy odgłos. Ale po zakończeniu wędzenia właściwa obróbka dopiero się tak naprawdę rozpoczynała. Jeszcze zanim ostygły, wsypywało się kasztany do poszewek na poduszki, a potem tłukło w nie drewnianymi młotkami i kamieniami, by wymłócić je ze skorupek i skórek. Właśnie wtedy nauczyłem się rozkładać rzeczy na części i decydować, które elementy zachować, odłożyć na później — mówi Książę, patrząc mi prosto w oczy. — Oczyszczone kasztany pakowaliśmy z powrotem do poszewek i zanosiłem ten skromny łup do Tamburino, naszego młynarza, który mełł je na gruboziarnistą, brązową mączkę. Podobnie robili wszyscy w okolicy. Pędziłem z tą mączką do domu, po drodze tylko na chwilę się obejrzałem, by pomachać młynarzowi, a przy schodach czekała na mnie matka, z rękami założonymi pod fartuszkiem. Kiedy już pożegnałem się z Tamburinem, miałem za sobą najtrudniejszą część pracy nad kasztanami. Mączka była gotowa, więc zostawało mi to, co najprzyjemniejsze.

Za pomocą metalowego kubka, który wisiał przy zlewie, mama wsypywała dwie, albo trzy miary mączki kasztanowej do miski używanej zwykle do wyrabiania ciasta na makaron. Cieniutką strużką dolewałem do mączki wody, cały czas mieszając. Gdy powstało już jednolite, lejące się ciasto, mama wlewała je do płaskiej brytfanny. Moim zadaniem było dodać jak najwięcej orzeszków piniowych z własnych zapasów. Potem matka stawiała brytfannę nad paleniskiem i nakrywała odwróconą pokrywką, na którą wsypywała rozżarzone węgielki.

Czekaliśmy na to nasze *castagnaccio* niespokojnie, wręcz gorączkowo, jak na wieści z frontu. A gdy było już prawie gotowe, mama zdejmowała pokrywkę i posypywała je odrobiną rozmarynu, który rozcierała między palcami. Zawsze przyprawiała *castagnaccio* rozmarynem. Chyba ci już mówiłem, że pod wieloma względami ją przypominasz i jej kuchnia z pewnością przypadłaby ci do gustu, co?

Mama nakładała później sweter, głowę okrywała chustą, a brytfannę kuchennym ręcznikiem, czyli *straccio*, i wychodziła do baru, a ja zgłodniały dreptałem w ślad za nią. I z wszystkimi, których tam spotkaliśmy, dzieliliśmy się naszym *castagnaccio* — tym niby plackiem, niby puddingiem, którego przesycona dymem woń działała kojąco, bo kasztanowe danie wydawało nam się bardziej sycące niż najwyborniejsze mięsiwo, którym raczyliśmy się później, w lepszych czasach. Na jakiś czas udawało się zażegnać widmo głodu.

Normalną rzeczą było wówczas przynosić swój posiłek do baru. Mieszkańców było przecież tak niewielu. Grupka mężczyzn — zbyt starych, by pójść na wojnę, kobiet i dzieci. Jeśli dobrze pamiętam, to moja mama wprowadziła ten zwyczaj, a inni go podchwycili. Ale po wojnie zaniknął, bo każdy wrócił do swoich pieleszy. Razem jadaliśmy potem tylko podczas uroczystości, a było tak do czasu, gdy ty zaczęłaś częstować swoimi smakołykami. To nas wyrwało z odrętwienia, lenistwa, a może nawet zaślepienia łakomstwem. Przypomniałaś nam, po co mieszkamy razem na tym marnym kawałku kamienistej ziemi. Skąd ci się to bierze? To znaczy, dlaczego zadajesz sobie trud, by przynosić zupę, chleb i dzielić się nimi z grupą obcych ludzi? Czy to z powodu jakichś wspomnień z dzieciństwa?

— Nie — odpowiadam — a przynajmniej nie chodzi tu o żaden świadomy wpływ przeszłości. Chyba po prostu Fernando i ja byliśmy spragnieni towarzystwa. Przypuszczam, że największą przyjemność sprawia mi gotowanie dla licznego grona. A to dlatego, że jak już zasiadamy do jedzenia, to od pierwszego łyku wina i kęsa chleba ważniejsze jest dla mnie, kto siedzi za stołem niż to, co na nim leży. No, a ponieważ tak bardzo polubiliśmy ciebie i Florì, i...

Radosny śmiech Barlozza powstrzymuje mnie od składania dalszych hołdów i dowodów sympatii.

Wieczorem Fernando kładzie się, z rękami pod głową, i spogląda na mnie wzrokiem zwiastującym głębokie zamyślenie.

— Kiedy Barlozzo snuje swą opowieść, to zabiera mnie w przeszłość. Tak mocno ciągnie mnie za sobą, że moje członki przeszywa niemal fizyczny ból. Brakuje mi tchu, zupełnie jakbym się wspinał lub biegł. Rozumiesz, o czym mówię?

— Tak. Myślę, że tak. Jemu nie wystarcza, byśmy poznali, co on odczuwa teraz. Magia i moc jego historii polega na tym, że czujemy to, co on przeżywał wtedy, w tamtych strasznych czasach.

— Mam nadzieję, że w nocy nie przyśnią mi się kasztany — mówi Fernando, obracając się do mnie.

Nazajutrz piorę i suszę przy piecu rękawice Księcia, ale gdy mu je oddaję, stwierdza, że są zupełnie zniszczone. Wiem, że po prostu chce, bym je zatrzymała, więc niech tak będzie. Podaję rękawice mężowi. Zakłada jedną z nich. Kilkakrotnie zgina i rozprostowuje palce, by rękawica dobrze się ułożyła. To samo robi z drugą.

— Rewelacyjne — mówi, odciągając ramiona do tyłu. Wyciąga ręce przed siebie i z upodobaniem ogląda swój nowy nabytek. — Jestem coraz bardziej przekonany, że miałem zostać rolnikiem.

Któregoś piątkowego wieczoru przynosimy na kolację do baru dynię. Wypatrzyłam ten niezwykły okaz na targu w Acquapendente tydzień wcześniej. Leżała na furgonetce, pomiędzy główkami włoskiej kapusty. Dynia nie była przesadnie okazała, za to perfekcyjnie zaokrąglona, a moją uwagę dodatkowo przykuła miedziano-rdzawa skórka w zielone prążki. Pomyślałam wówczas, że to wymarzona jesienna ozdoba do ustawienia przy drzwiach stajni. Ale tamtego ranka, gdy skończyłam piec w ogrodzie chleb, nie miałam pomysłu, jak wykorzystać ciepło stygnącego z wolna paleniska. Mój wzrok padł na dynię i zaczęłam się zastanawiać, czyby jej nie poświęcić dla dobra kolacji.

Już po chwili odcinam górną część, w taki sposób, jakbym przygotowywała latarnię na Halloween, i łyżką wydrążam cały miękki środek, wyrzucając włókna, a nasiona odkładając na bok, żeby je wyprażyć na blasze do pieczenia.

Pobieżny przegląd spiżarni i lodówki wykazuje, że mam do dyspozycji trochę cebuli, parę kawałków rozmaitych serów, kilka jajek, dopiero co przyniesionych z naszego kurnika, i pół butelki białego wina. Przysmażam więc cebulkę na oliwie, rozgniatam gorgonzolę, ścieram na tarce ementaler i kawałek *parmigiano*, następnie wszystkie te składniki mieszam, dodając łyżkę *mascarpone* i jajka. W końcu dorzucam pociętą w dłuższe paski gałkę muszkatołową, szczyptę białego pieprzu oraz soli morskiej i dolewam wino. Wkładam farsz do wydrążonej dyni, nakrywam ją odciętą wcześniej górną częścią, wstawiam dynię do pieca chlebowego i czekam, aż miąższ nabierze delikatnej miękkości, a nadzienie zacznie wydzielać zapach pysznej zupy cebulowej. Prażę lekko osolone nasiona dyni.

Następnie zabieramy naszą wielce urodziwą dynię do baru, umieszczając ją dla wygody w dzieży do ciasta chlebowego. Na miejscu wykładam na talerze farsz z kawałkami delikatnego miąższu i posypuję każdą porcję prażonymi pestkami dyni. Całości dopełniają chleb i wino. No i jeszcze deser. Stawiam na stole posypane brązowym cukrem i skropione koniakiem purée z kasztanów, które za pomocą tuby do kremów wycisnęłam na półmisek w formie długich, jednolitych pasm i udekorowałam kleksami ledwie ubitej śmietany, a całość posypałam gorzkim kakao.

— Jak to się nazywa, Chou? — pyta Barlozzo z taką miną, jakby już dawno się dowiedział, że to nie kakao, tylko trująca cykuta, więc nie ma najmniejszego znaczenia, jak się cała potrawa nazywa albo jaki ma smak.

— *Mont Blanc.* Francuski deser w stylu *haute cuisine* — odpowiadam tonem szefa kuchni.

Próbuje bez słowa, potem jeszcze raz, w końcu zaczyna rytmicznie pracować łyżeczką, ciągle mając urażoną minę, a po skończeniu deseru mówi:

— Bardzo smaczne, ale nie jesteśmy we Francji i robienie takich wymyślnych dań z kasztanów zakrawa tu na kpinę. To tak, jakby wprowadzać kulinarne urozmaicenia przy wypieku opłatków komunijnych. Czy ty o wszystkim zapomniałaś? W następny piątek upiecz *castagnaccio* z orzeszkami piniowymi i rozmarynem, dobrze? — domaga się toskański Książę lekko piejącym głosem, który pasuje do jedenastolatka, jakim był przed laty.

— Wiesz, że to zrobię. Dlaczego jesteś taki arogancki? Siedzisz tu, coraz to inaczej krzyżując nogi, i rzucasz przekleństwami jak Mefisto. Fernando jest miłośnikiem tego deseru, więc myślę, że wyrażając tak zdecydowaną dezaprobatę, zachowałeś się trochę jak władca absolutny.

Fernando kręci głową, zdziwiony moją gwałtowną reakcją. Jego oczy mówią „*stai tranquilla*, zachowaj spokój" — typowe włoskie zaklęcie mające ustrzec przed nieprzyjemnymi sytuacjami i uratować błogosławioną *bella figura*. Ale Barlozzo nie wygląda na urażonego. Jest jak dzika mięta — im bardziej ją potargasz, tym więcej roztoczy słodkich aromatów.

— *Va bene*, w porządku, ale zrobisz mi *castagnaccio*? I podasz je z łyżeczką *ricotty* oraz kieliszkiem *vin santo*? — pyta.

Po chwili łagodnieje i mówi:

— A jak mi zrobisz taką pyszną kolacyjkę, to coś ci ładnego zanucę.

Nasze kasztanowe żniwa trwają kilka tygodni, niekiedy przerywane grzybobraniem, a czasami z nim łączone. Po nocnych deszczach zakładamy kalosze i uzbrojeni w kije do odstraszania żmij zapuszczamy się z Barlozzem w nieprzebyte dębowe knieje, które wręcz usiane są grzybami. Fernando i ja podśpiewujemy.

— Po co wam ten akompaniament, bądźcie cicho — syczy Książę.

Nabieram przekonania, że to on jest jedyną żmiją w całym lesie.

— A dlaczego mielibyśmy milczeć? Zbudzimy kogoś?

— Ostatecznie obudzicie jakieś truchło. No i nie dajecie mi się skupić. Słucham was, zaczynam myśleć o słowach piosenki i potem sam nie wiem, co robię.

Fernando i ja przestajemy śpiewać pełnym głosem, a piosenka *I've Got a Crush on You* przechodzi w szept. Potulnie drepczemy za naszym wodzem w leśną gęstwinę.

W przypadku miejsc, gdzie rosną najlepsze kasztany, Barlozzo tylko niekiedy przejawiał swą zaborczość, ale jeśli idzie o obsypane borowikami wilgotne polanki — bezwzględnie strzeże swoich sekretów. Nie pomija żadnego zakamarka ani zagłębienia terenu, rozgarnia zasłony starych paproci, zagląda między splątane korzenie, milczy jak spiskowiec — słychać tylko jego świszczący oddech, gdy odgrzebuje z mchu dorodne grzyby, których włoska nazwa — *porcini* — nawiązuje do słowa określającego tłuściutkie prosiaczki. A gdy już znajdzie borowiki, nie pogardzi też garścią jagód skrytych wśród gałęzi jałowca, ani nie przepuści pękatej szyszce pinii, z której wydobywa białe orzeszki — klejnoty swojego dzieciństwa.

Obładowani grzybami wracamy do domu. Delikatnie czyścimy borowiki miękkimi ściereczkami, kroimy je na grube, nieregularne plastry i już po chwili nasze zbiory wędrują na patelnię. Odrobina dzikiej mięty, zwanej *mentuccia*; sześć — tylko sześć — rozgniecionych jagód jałowca na kilogram grzybów; czosnek — nie obrany, rozgnieciony uderzeniem ciężkiej, żelaznej patelni; kilka kropel białego wina, które podgrzane uwalnia aromaty gleby i piżma; garść prażonych orzeszków piniowych — i lunch gotowy. Barlozzo nalewa wina, Fernando łamie chleb. *Buon appetito*.

— Jak myślisz, ile kilogramów kasztanów zjedliśmy w ciągu ostatniego miesiąca ty, Barlozzo i ja? — pytam Fernanda, gdy którejś nocy leżymy już w łóżku. Z przerażeniem patrzę na mój wzdęty od kasztanów brzuch, jakiego nie powstydziłby się Budda. — A do tego jeszcze ile kilogramów borowików? — dorzucam, sprawdzając, czy moje ciało nie zaczyna pokrywać się pleśnią.

Czuję się objedzona i zaokrąglona od tej jesiennej kasztanowo-grzybowej diety. Wprawdzie wyprawy po leśne runo i kasztany sprawiły mi mnóstwo przyjemności, podobnie jak prażenie i gotowanie tego, co zebraliśmy, to jednak teraz marzę o tygodniu żywienia się jedynie bulionem wołowym z kawałkami gotowanej wołowiny bez kości. A po nocach śni mi się z utęsknieniem herbata i chleb z masłem.

Fernando stara się zbagatelizować to, co można określić tylko jako „wielkie obżarstwo".

— Nie tak znowu dużo — odpowiada. — Może jakieś pół kilo kasztanów dziennie na osobę i mniej więcej tyle samo borowików.

Obserwuję, jak liczy posiłki na palcach.

— Przy czym, gdyby do prażonych dodać jeszcze kasztany w zupie, polencie i makaronie, to pewnie wyszłoby tego więcej.

Słysząc to, poskramiam swoje łakomstwo. Potrzebny mi tydzień, podczas którego będę raczyć się jedynie bulionem, b e z mięsa, chleba i masła.

Mam już za sobą jeden cały i kawałek drugiego dnia odchudzania, gdy Barlozzo zaprasza nas na wycieczkę.

— Pojedźmy na kasztanowy targ przy drodze na Monte Amiata. Mieszka tam kilku najlepszych toskańskich kucharzy, a poza tym to urocza okolica — kusi nas uwodziciel.

Potrafię zwykle sprostać rozmaitym samoograniczeniom, ale pod wpływem słów Barlozza dotykam talii i sprawdzam, czy spódnica zdoła jeszcze pomieścić efekty kilku dodatkowych dni naznaczonych grzechem nieumiarkowania w jedzeniu.

— To kiedy wyruszamy? — tylko to mnie interesuje.

Mierząca 1738 metrów Monte Amiata to najwyższy szczyt Toskanii, a zarazem od dawna wygasły wulkan, którego zbocza pokrywają żyzne i urodzajne gleby pochodzące jeszcze z dawnych erupcji. Na tych stromych stokach uprawia się dzisiaj ponad dwa tysiące hektarów kasztanów, które rocznie dają podobno łączny plon o wadze trzydziestu tysięcy ton. Tam właśnie jedziemy.

Znowu wsiadamy do furgonetki i ruszamy starożytną Via Cassia, by potem górską drogą dotrzeć pod sam szczyt i zatrzymać się w *rifugio*, schronisku, z którego korzystają przeważnie narciarze. Są tam małe pokoiki wyposażone w jedno lub dwa łóżka turystyczne i piecyk opalany drewnem. Zero gwiazdek. I tak oto na trzy noce i dni zamieniamy się w pątników na szlaku kasztanowo-borowikowej pielgrzymki. Chodzimy od jednej przycupniętej na zboczu Amiaty wioski do drugiej, a kierujemy się przeważnie ręcznie skleconymi drogowskazami, ułatwiającymi dotarcie do poszczególnych części tego raju smakoszy. Abbadia San Salvatore, Vivo d'Orcia, Campiglia d'Orcia, Bagni San Filippo, Bagnolo, Arcidosso, a każda wioska ma jakieś swoje, niepowtarzalne danie: risotto z kasztanami i grzybami, grzyby duszone w kasztanowych liściach, domowy makaron kasztanowy z duszonymi grzybami, gulasz z dziczyzny z kasztanami i suszonymi pomarańczami. Są też oczywiście kasztanowe *gelati*, tarty z dżemem kasztanowym posypane płatkami kukurydzianymi i podawane na gorąco, chrupiące kasztany zapiekane w cieście z dodatkiem... kasztanowego miodu.

Wracając do domu, Barlozzo zwalnia i zbacza na drogę niewiele lepszą od ścieżki dla kóz. Wysiadamy z furgonetki i podążamy za nim na wzgórze, gdzie stoją spalone słońcem, porośnięte zielskiem i rozsypujące się ruiny. Szelest cuchnącego powiewu oraz dobiegające z oddali beczenie owiec przerywają ciszę. W pobliżu kręci się kilku rolników. Budynek zdaje się unosić w chmurach, a to za sprawą kłębów dymu wydobywających się z komina i otulających mury, a także spowijających mężczyzn i kobiety w elizejskie mgły.

Wkraczamy w tę sielską scenerię i spostrzegamy, że jej uczestnicy zajęci są pracą przy wielkiej stercie fig. Przygotowują je do suszenia w *essiccatoio* — suszarni przypominającej taką, jaką opisywał nam kiedyś Barlozzo, mówiąc o kasztanach. Jedni rozcinają owoce i wkładają do środka każdego z nich migdał, kilka ziarenek anyżu i kopru włoskiego, a potem układają figi na tacach. Ktoś inny odbiera wyładowane po brzegi tace i zanosi je na piętro budynku, gdzie przekłada owoce na druciane siatki rozpostarte wśród kłębów dymu unoszącego się z opalanych drewnem pieców.

Po nafaszerowaniu, wysuszeniu i ostudzeniu figi stają się gładkie jak jaspis. Czyjeś ręce delikatnie muskają je i za pomocą drewnianej igły nawlekają na szpagat, oddzielając poszczególne owoce świeżymi listkami laurowymi. Gotowe naszyjniki trafiają potem do płaskich koszyków.

Barlozzo, Fernando i ja przyglądamy się temu wszystkiemu z uwagą. Gawędzimy z gospodarzami i zostajemy poczęstowani winem oraz chlebem — jedzeniem, którym się posilali w czasie przerwy. Nasz rozmówca nie jest zbyt chętny, żeby sprzedać nam parę sznurków fig. Tłumaczy, że to ostatni zbiór tego roku, więc owoce nie są wysokiej jakości. Odpowiadamy, że wyglądają znakomicie, więc proponuje, byśmy sobie coś wybrali ze sterty fig przeznaczonych do nanizania na szpagat. Biorę owoce z jego spracowanej dłoni, dużej i silnej. Kosztujemy figi i, przymykając oczy, mówimy:

— *Quanto buono*, jakie to dobre.

Na ich twarzach, zupełnie jak na komendę, pojawia się uśmiech. „Jubilerka" wytwarzająca figowe naszyjniki wstaje z ławki i, całując każdego z nas trzy razy w policzki, zakłada nam na szyję wianki z fig, mówiąc:

— *Dio vi benedica*, niech wam Bóg błogosławi.

Fernando sięga do kieszeni po liry, ale natychmiast słyszy:

— *Un regalo*, to prezent.

Biegnę do furgonetki i przynoszę woreczek suszonych borowików, torebkę mączki kasztanowej i gałąź z jagodami, którą Fernando uciął dla mnie z przydrożnego krzaka.

— To prezent — zwracam się do kobiety.

Wszyscy wybuchamy śmiechem, bo każde na swój sposób rozumie, że pewnie tak właśnie powinno się układać życie między ludźmi.

# ROZDZIAŁ DZIEWIĄTY

# *Czy Toskańczycy piją wino do każdego posiłku?*

Gwałtowny listopadowy deszcz zaciemnia poranne niebo. Wychylam się zza żółtych brokatowych zasłon, przesłaniających wejście do naszej „stajni", i patrzę, jak mój mąż wspina się na wzgórze. Mija kurnik, zagrody dla owiec i wchodzi do ogrodu. Na drodze z pewnością jest bardziej sucho, ale on wybiera ładniejszą trasę. Rozgląda się dokoła, stąpając po rozmiękłych polach, i nie zwraca uwagi na to, że z włosów skapuje mu woda. Są teraz ciemne, lśniące i gładkie jak bobrowe futro. Poszedł do miasteczka zrobić zakupy, gdy ja byłam zajęta pisaniem. Czapkę musi mieć w kieszeni, a parasol zostawił pewnie rozłożony pod ścianą w barze. Uwielbiam patrzeć na niego, gdy czuje się swobodnie i nikogo nie udaje. Teraz mam częściej taką okazję, bo w towarzystwie Fernando zachowuje się równie naturalnie. Nowe życie na stałym lądzie sprawiło, że zdołał się wreszcie uwolnić od despotycznych rządów swojej *bella figura*. Fernando wyraźnie rozkwita, przeżywa ciche *risorgimento*, odrodzenie. Myślę nawet, że powoli zaczyna być świadomy własnego piękna — tego, które w nim jest, a nie tego, w które chciałby się przystroić.

— *Ciao, bambina* — mówi, przytulając mnie. Woda z jego bluzy wsiąka w moje ubranie.

Fernando przynosi z miasteczka mnóstwo porannych nowinek, którymi dzieli się ze mną, gdy ściąga buty, rozpala ogień i ogrzewa zziębnięte dłonie. Krąży niespokojnie po pokoju, na moment przysiada na sofie, biegnie do paleniska. Ilekroć przechodzi obok komputera, przy którym siedzę, całuje moje włosy albo ramię. Wyraźnie ma ochotę porozmawiać.

— Już prawie kończę to poranne pisanie. Zaparzyć ci herbatę? — pytam.

— Nie, dziękuję. Za chwilę zjemy lunch. Poza tym niedawno wypiłem dwie filiżanki *cappuccino,* a przed wyjściem jeszcze *espresso.* Chciałbym ci coś pokazać — mówi, otwierając z impetem szafę. Wyciąga papiery, które studiował przez kilka ostatnich wieczorów.

Chodzi o realizację naszego planu, na który wpadliśmy jakiś czas temu i nad którym wytrwale pracujemy od kilku miesięcy. Doszliśmy do wniosku, że moglibyśmy oprowadzać po okolicznych atrakcjach niewielkie grupy turystów. Dyskusje na ten temat prowadziliśmy do późna, a potem wznawialiśmy je rano — tam, gdzie przerwaliśmy rozmowę przed snem.

Gdy już przejrzeliśmy wszystkie przewodniki w błyszczących lakierowanych okładkach, jakie udało nam się nabyć w księgarniach Florencji i Rzymu, Barlozzo zabrał nas do pewnego profesora ze Sieny. Książę pracował u niego wiele lat wcześniej, gdy człowiek ten miał jeszcze w okolicach San Casciano wiejski dom, który potrzebował nadzoru. Sieneńczyk udostępnił nam swoje wspaniałe zbiory historycznych tekstów, poświęconych zarówno kulinariom, jak i dziełom sztuki. Od tego czasu Barlozzo, Fernando i ja, a niekiedy także Florì, głośno czytaliśmy je sobie wieczorami.

Książę był w stosunku do mnie bardziej wyrozumiały niż pozostali. Wytrwale i cierpliwie słuchał, gdy jąkając się i zacinając, brnęłam przez włoski tekst albo przerywałam czytanie, prosząc o wyjaśnienie niezrozumiałych partii. Powoli i z namysłem zgłębiamy wszystkie te dzieła. A co najważniejsze, to, o czym czytamy, znajduje się w zasięgu ręki. Nie podróżujemy, siedząc w fotelu przed telewizorem, nie jeździmy po szerokim świecie — my tu po prostu ż y j e m y.

Wytyczamy trasy, z winiarzami, kucharzami i wytwórcami lokalnej żywności rozmawiamy o możliwości współpracy. Przeszukując każde, najmniejsze nawet *borgo,* trafiamy na prawdziwe perły. Spotykamy piekarza, który do pieczenia wykorzystuje pszenicę mieloną w starym młynie wodnym; niezależną producentkę serów, której syn jest pasterzem. Jej wyroby sprzedawane są bez atestu Ministerstwa Zdrowia, bezpośrednio z ciężarówki zaparkowanej na tyłach kościoła parafialnego. Czasami też, za cichym przyzwoleniem księży, kilogramowe gomółki miękkiego sera, zawinięte w lniane ręczniki, wędrują między ławkami w czasie mszy, odprawianej o godzinie jedenastej, mijając się po drodze z małymi kopertami zmierzającymi w przeciwnym kierunku. Księża patrzą na ten proceder przez palce, bo cieszą się, że w zamian dostają gratis *marzolino* — świeży owczy ser.

Odwiedzamy muzea poświęcone Etruskom — jedno w Chiusi, drugie w Tarkwinii, położonej w Lacjum, a więc poza granicami Toskanii, i trzecie w Orvieto, na terenie Umbrii. Oglądamy dzieła sztuki rozsiane po kościołach, różnych zaułkach, właściwie wszędzie — zarówno te uznane i podziwiane, jak i uważane za oczywistość, element zastanego świata — na przykład pozostałości fresków z dziesiątego wieku na murze przylegającym do gabinetu dentysty. Sprawdzamy oferty biur podróży, odwiedzamy punkty gastronomiczne na terenie Chianti, robimy ranking małych pensjonatów, hoteli i wiejskich posiadłości. Naszym celem jest opracowanie szlaku turystycznego, który uwzględniałby atrakcje kulturalne oraz kulinarne i prowadziłby przez wiejskie okolice Umbrii i Toskanii. Ma to być trasa dla *appassionati*, gotowych pobrudzić sobie buty i z determinacją zamknąć oczy, gdy mijają salon Gucciego.

Ustalamy, że grupy wyjeżdżające z nami w trasę nie mogą liczyć więcej niż sześć osób, a program wycieczek będzie współgrał z porami roku. Na wrzesień zaplanowaliśmy winobranie i kolację u Federico, przy biało nakrytych stołach, wśród winorośli oświetlonych pochodniami. W październiku pojedziemy drogą prowadzącą do podnóża Amiaty, by skosztować kasztanów i *porcini*, zasiąść do obiadu wspólnie z Adelą i Isoliną — dwoma starymi przyjaciółkami Barlozza, które poznaliśmy podczas wyprawy na kasztany. Może nawet poprosimy naszych gości, by wspólnie z nami coś ugotowali w kuchni Adeli. W grudniu będziemy się wspinać na sękate konary drzew oliwnych albo skoro świt, uzbrojeni w butelkę grappy i wspomagani przez specjalnie szkolone do wyszukiwania trufli psy, ruszymy, by przeczesywać lasy ciągnące się powyżej Nursji w poszukiwaniu tych czarnych diamentów.

Zdajemy sobie sprawę, że wciąż wiemy zbyt mało. Tę przykrą świadomość łagodzi nieco widok stosu książek, które czekają na przeczytanie, rosnący głód wiedzy i ciekawość świata, a także coraz dłuższa lista rozmaitych specjalistów, których możemy teraz zaliczać do grona naszych znajomych. Są wśród nich profesorowie historii sztuki z Perugii, Florencji i Sieny, a nawet z Urbino usytuowanego na wzgórzach Marche. Znamy kustoszy muzeów, rozmaitych wiejskich kronikarzy i zakrystianów. Kucharzy, piekarzy i winiarzy. Gromadzimy wokół siebie tych, którzy są *simpatici*, potrafią być świetnymi kompanami, a na dodatek cenią lokalną tradycję i obyczaje.

Zdajemy sobie sprawę, że nie starczyłoby życia, aby dokładnie poznać każdy skrawek tej ziemi i wszystkie związane z nim historie. Ale przynajmniej podjęliśmy taką próbę. I to się liczy.

Z natury jestem optymistką i nie muszę wypływać na głęboką wodę, żeby poczuć, że żyję. Gdybym była sama, pewnie spróbowałabym utrzymywać się z pisania. Albo założyłabym jakąś małą wiejską *osterię*, w której codziennie gotowałabym i piekła dla garstki miejscowych oraz nielicznych podróżnych. Ale jest nas dwoje, a Fernando jakoś nie potrafi nasycić się widokiem tęczy, potrzebuje do życia czegoś więcej. Dlatego nasz plan i wszystkie związane z nim przygotowania mają swoje głębokie uzasadnienie i dobrze, że je podjęliśmy. Mimo to czasami miewam wątpliwości. Boję się, że nasz projekt to tylko mrzonka. Przed oczami stają mi wtedy różne postaci, które przewinęły się przez moje życie — niektóre przeszły łagodnie, a inne w sposób gwałtowny, depcząc wszystko, co napotkały na swej drodze. Dla części osób z tej drugiej grupy, odzianych w eleganckie garnitury od Zegna, nasze plany byłyby tyle warte, co pyłek strzepnięty z rękawa albo piłka kopnięta od niechcenia czubkiem ręcznie szytego mokasyna marki Hogan. Z pewnością oświadczyliby, że fundujemy sobie bilety do teatru absurdu, w którym nieuchronnie spędzimy resztę życia.

Mniejsza z tym. Zaprząta nas tyle spraw, że nie mamy czasu na dywagacje. Trzeba wiele rzeczy skonsultować, zredagować pierwszą książkę kucharską i napisać następną. Fernando wciąż ma duszę bankiera, co przejawia się w tym, że skrupulatnie odnotowuje każdego wydanego lira i co chwilę oświadcza, że życie tutaj kosztuje nas jedną piątą tego, co w Wenecji. Wprawdzie nie opływamy w dostatki, ale mamy wystarczająco dużo, żeby móc wygospodarować dla siebie trochę wolnego czasu.

— No to pokaż mi, co tam masz — zwracam się do niego, przyjmując może zanadto pobłażliwy ton.

— Usiądź i spróbuj się skupić — napomina mnie Fernando, rozkładając przede mną papiery.

Przesuwa palec wzdłuż trzech różnych, opracowanych przez siebie tras tygodniowych wycieczek. Na mapie zaznaczył wszystkie interesujące nas miasta, które planujemy zwiedzać, *trattorie, enoteche i osterie,* gdzie zamierzamy się stołować, oraz wille i posiadłości wiejskie, w których chcielibyśmy zanocować. Dokładnie wymierzył odległości, jakie musielibyśmy pokonywać każdego dnia, zaplanował atrakcje kulinarne i kulturalne, wyprawy na wieś połączył ze zwiedzaniem zabytkowych miasteczek, tak by wszystko harmonijnie się uzupełniało. Ustalił, gdzie i kiedy będziemy się odwoływać do wiedzy i pomocy naszych ekspertów. Fernando sam zadecydował o własnym losie, zamiast czekać, aż wszystko zrobi za niego jakaś dobra wróżka.

Kiedy spoglądam na przygotowany przez niego program i widzę precyzyjne wyliczenia, starannie przemyślane trasy i pieczołowicie dopracowane szczegóły, a wszystko podane jak na talerzu — pozostaje mi tylko powiedzieć: „Bravo Fernando!". Nic więcej.

Siedzimy przy nie nakrytym stole aż do popołudnia i wciąż nie mamy czasu zająć się lunchem. Rozmawiamy o tym, w jaki sposób moglibyśmy wprowadzić nasz plan w życie. Ponieważ dla każdej grupy chcemy opracować oddzielny program, liczba wycieczek musi być z konieczności bardzo ograniczona. Zaczniemy od oferty obejmującej dziesięć tygodni w roku. Tylko do kogo właściwie powinniśmy ją adresować? Kto mógłby czerpać inspirację i zadowolenie z przygody, jaką chcemy zaproponować? Bo to, co oferujemy, jest bardziej przygodą niż konwencjonalną podróżą. Może zechcą przyjść do nas ci, którzy zaliczyli już wszystkie standardowe wycieczki, a teraz chcieliby z a n u r z y ć się w Italii, a nie po raz kolejny przemknąć przez nią. Jak będzie — zobaczymy.

Nieco później jedziemy przez góry do Sarteano. Chcemy popatrzeć na niebo, które zmienia się przed zachodem słońca. Tuż za wzniesieniem zauważam przy drodze, w blasku odchodzącego dnia, ciernistе krzaki jeżyn i zroszone deszczem owoce.

— Czy możemy się zatrzymać i trochę ich nazrywać? — pytam.

Schodzimy w dół, do błotnistego rowu. Jeżyn jest mnóstwo. Kolczaste pędy i czepne wąsy tworzą kłujący gąszcz. Owoce są bardzo dojrzałe i przy najlżejszym dotknięciu ociekają sokiem niczym miodem. Zrywamy je, zrazu nieśmiało, delikatnie umieszczając każdą jagodę na dnie wiaderka, które na wszelki wypadek wozimy ze sobą w bagażniku. Jednak już po chwili, gdy pierwsza soczysta jeżyna niepostrzeżenie trafia do naszych ust, zmieniamy taktykę. Odrzucamy wiadro i rwiemy owoce garściami, coraz szybciej i bardziej zachłannie. Są czarne, aromatyczne i mają niebiański smak, odurzają słodyczą, jak żadne inne, które wcześniej kosztowaliśmy. Kłujące pędy ranią nam dłonie. Narzekamy na kolce i zaśmiewamy się ze szczęścia. Sok tryska z owoców i cieknie nam po brodach.

Słychać grzmot. Ciężki, rozdzierający niebo huk. Po chwili spadają z pluskiem krople deszczu. Wielkie, a zarazem delikatne — mają uzdrawiającą moc. Wdrapujemy się pod górę i wychodzimy z rowu. Kierujemy się w stronę auta, by uciec przed burzą. Powinniśmy zdążyć, ale ja nie mam jakoś ochoty chronić się w samochodzie. Wolę zostać na deszczu. Chcę, aby obmyła mnie woda pachnąca trawą, ziemią i nadzieją. Chcę, by ta woda mnie zalała, pragnę wchłonąć ją w siebie i odzyskać jędrność, jak wysuszony owoc, który zanurza się w ciepłym winie. Zostanę na deszczu tak długo, aż będę pewna, że moje ciało i dusza w pełni nauczyły się cenić przywilej życia tutaj.

Nie zwracając uwagi na to, że jesteśmy zmarznięci i mokrzy, brniemy w błocie pośród szalejącej burzy, a ja po raz kolejny uświadamiam sobie, jak bardzo pragnę tego, co już mam.

Krzyczę w stronę Fernanda, który zrywa jeszcze jeżyny w sąsiednim parowie:

— Kocham cię! — ale mój głos nie może się przebić przez śpiewane falsetem słowa piosenki: — *Tea for three and three for tea.*

W rzeczywistości powinno być *for two*, ale Fernando woli śpiewać *three*, bo się lepiej rymuje.

„*Oggi sono belligerante. Lasciatemi in pace.* Dzisiaj jestem w złym nastroju. Dajcie mi spokój". Pochyłe pismo na białym kartoniku. Z taką właśnie informacją, przypiętą do koszuli, Barlozzo przychodzi któregoś dnia rano do baru. Signora Vera kręci głową.

— *Preciso come un orologio svizzero, lui ha una crisi due volte all'anno.* Z dokładnością szwajcarskiego zegarka, dwa razy w roku przechodzi kryzys — oznajmia Vera przepraszającym tonem, w którym można się również dopatrzyć pewnej dozy podziwu.

Ale ponieważ takiego Księcia jeszcze nie znamy, stoimy w milczeniu, popijamy kawę i posyłamy w jego stronę nieśmiałe uśmiechy, licząc, że chociaż jeden zdoła się przedrzeć do pilnie strzeżonej twierdzy. Bez skutku. Ukradkiem spoglądam na Barlozza, a potem wpatruję się intensywnie w mojego męża, myśląc, że obaj zachowują się podobnie, z tą tylko różnicą, że Fernando nigdy nie wywiesza karteczki z ostrzeżeniem.

Ociągamy się trochę, zamawiamy kolejne *cappuccino*, czekamy aż *momentaccio,* zła chwila, minie. Przychodzi nam na myśl, że to tylko jakaś głupia poza, ale *momentaccio* nie przechodzi. Gdy nieco później mijamy Barlozza na drodze, przystaje zaledwie na chwilę i nadal nie rozstaje się z kartką. Następnego dnia w ogóle go nie widzimy i kolejnego też nie. Upływa prawie tydzień, zanim o godzinie czwartej znowu słyszymy znajome pukanie do drzwi „stajni". Książę wchodzi do środka. Wydaje się nieszczęśliwy i stłamszony. Mam ochotę go przytulić, nakarmić i wykąpać. Siada przy stole, a ja nalewam mu mały kieliszek brandy. Sama staję obok. Nikomu z nas nie wyrywa się nawet westchnienie.

— Ludzie, szczególnie w małych społecznościach, takich jak nasza, zachowują się jak chórzyści — każdy śpiewa tę samą melodię, tyle że w innej tonacji. Każdy powiela i aprobuje to, co myślą inni. Głównie dlatego nie próbujemy nawet poznać siebie i dzięki temu odnaleźć spokój, i wyrazić swoje indywidualne pragnienia. Cierpienie, które nas nęka, możemy zwalczyć, obcując z nim w samotności. To najtrudniejsze zadanie ze wszystkich. I każdy musi wykonać je sam. W życiu często towarzyszy nam ból, którego istnienia próbujemy za wszelką cenę nie dostrzegać, a on właśnie dlatego uparcie trwa. Przychodzi taki czas, kiedy po prostu muszę być sam i nie potrafię już znieść czyjegoś trajkotania ani tym bardziej napuszonych tyrad — peroruje w najlepsze Barlozzo, nieświadomy, że zachowuje się jak kaznodzieja. Jego twarz, pokryta tygodniowym zarostem, jest smutna.

Gdy Książę o czymś rozprawia, to tak, jakby malował obrazy. Przygotowuje płótno, pokrywa je kolorami, a kiedy odrzuca czasem pędzel, to tylko po to, by sięgnąć po szpatułkę i nałożyć grubszą niż zwykle warstwę farby, a tym samym uzyskać gęstszą strukturę. Teraz właśnie nastąpił taki moment.

— Przez kilka ostatnich dni rozmyślałem nad swoim życiem, zupełnie jakbym szedł wiejską drogą i patrzył przymrużonymi oczami na wszystko, co mnie spotkało.

— I co?

— No i w końcu dotarłem tutaj, nagi i bezbronny, jakbym nagle obudził się z długiego snu i zagubił gdzieś worek z fortelami. Jakbym zasnął w pociągu i dotarł do końcowej stacji, nie zobaczywszy niczego po drodze. Mam ochotę wyć, ale z drugiej strony, nie jestem pewien, czy w ogóle jeszcze coś czuję. Myślisz, że oszalałem?

— Jasne, że tak. Stary wariat, który — jak powiedziała nam Vera — na jesieni przechodzi kryzys. Masz wiele wcieleń, bywasz szalony, ale jest w tobie również coś z księcia, nauczyciela, dziecka i fauna. Dlaczego chciałbyś być uboższy o któreś z twoich oblicz?

Barlozzo milczy. Nie odpowiada, chyba że pytanie przypadnie mu do gustu. Zmienia pozycję, jakby chciał zrobić się mniejszy i zniknąć mi z oczu. Rozumie, że wyczuwam, a nawet wiem, że chciałby powiedzieć coś więcej. Sączy brandy.

Wyglądam na zewnątrz i patrzę, jak dzień przeradza się w noc, pośród strzelających w górę ostatnich płomieni. Ten widok napełnia mnie odwagą. Podejmuję ryzyko.

— Co jeszcze cię trapi?

— Nie co, tylko kto. Czas. To prawdziwy hultaj i szubrawiec, Chou. Nawet nie zauważyłem, jak bardzo się zestarzałem, dopóki nie zacząłem wspólnie z wami wskrzeszać przeszłości. Kiedy się spakujecie i wyjedziecie stąd — co na pewno nastąpi — to czy powrócę wtedy do starych zwyczajów i będę z brazylijskim pasterzem grał w karty na masce jego saaba? Od lat nie kosztowałem pysznego *castagnaccio* i jeszcze dłużej nie siedziałem wśród pól zapatrzony w niebo. Nie wiedziałem, że wyzbyłem się całej swej tajemniczości i wygasł we mnie, prawie zupełnie, buntowniczy duch. Czy wiedziałaś, że właśnie natura buntownika pozwala mężczyźnie zachować optymizm? Bez swoich sekretów, rebelii i wendet kierowanych przeciwko innemu mężczyźnie albo dzikiemu zającowi, który wymyka się trzeci raz z rzędu, bez poczucia niezaspokojenia i upływu czasu — traci tożsamość i przestaje mówić własnym głosem. Ja zdążyłem się wypalić i przygasłem, a mimo to czuję się młody i pełen werwy. A jeśli to tylko wspomnienie przeszłości? Urodziłem się i zostałem ukształtowany do pewnego stylu życia, który już nie istnieje. No, może pozostała jeszcze jakaś jego namiastka, na którą wciąż mam apetyt, ale to nie to, co kiedyś. To byłoby po prostu niemożliwe. Obfitość rodzi niekiedy pustkę. To ta sama *sprezzatura,* nonszalancja, o której już kiedyś rozmawialiśmy. Przez większość czasu czuję się pusty, wydrążony i śmiertelnie znudzony, tak jakbym umiał odnaleźć się już tylko w przeszłości. Jestem swoim własnym przodkiem. Mam w sobie historię, ale nie mam teraźniejszości. Tak jakbym istniał za długo, podczas gdy inni musieli odejść przedwcześnie.

Nie mam pojęcia, kim są ci, którzy odeszli przedwcześnie. Wiem jednak, że Książę musiał z siebie to wszystko wyrzucić na światło dzienne, chociaż na jedną, krótką chwilę. Ale sam problem nadal pozostaje głęboko ukryty — Barlozzo trzyma się go kurczowo i nie chce puścić. Siedzi jak Sardyńczyk na kamieniu przesłaniającym palenisko, na którym gotuje się jego kolacja. Rozumiem, że nasza rozmowa dobiegła końca.

— Co się wydarzyło od czasu naszego ostatniego spotkania? Nakreśliliście na nowo granice Toskanii? — pyta, na siłę rozciągając usta w szerokim uśmiechu.

Fernando przynosi teczkę z planami wycieczek i podaje ją Księciu. Barlozzo uważnie przegląda papiery bez jednego słowa komentarza, po czym starannie pakuje wszystko z powrotem do torby. Patrzy na Fernanda, a potem na mnie i znowu na Fernanda. W jego oczach pobłyskuje radość. Kręci głową, ale wciąż nie mówi ani słowa.

— *Allora,* więc? — pyta Fernando.

To pytanie też nie przypada Księciu do gustu. Próbuję po raz kolejny.

— Posłuchaj, miałbyś ochotę pojechać z nami w następnym tygodniu do Val d'Orcia? Chcemy sprawdzić jedną z tras, przejechać ją w takim samym tempie jak z grupą, dzień po dniu, i wszystko przetestować.

— Nie, jeśli będę musiał paradować w takich samych białych trampkach, jakie uwielbiają nosić Amerykanie. Dzwoniłem do Pupy — właśnie piecze bażanty. Tak się składa, że jestem strasznie głodny. A wy, moi drodzy? — pyta, jak gdyby chleb, wino i pieczone ptactwo mogły wypełnić pustkę.

— *Aperitivi* w barze? Siódma trzydzieści?

Kiedy wieczorem zakładam nową spódnicę, czuję się trochę tak, jakbym miała na sobie świeżą tapicerkę, bo skroiłam ją z resztek tkaniny, która pozostała mi po uszyciu zasłon do mojego kalifornijskiego domu. Spódnica jest czerwona, właściwie amarantowa, aksamitna i ciemna jak burgund, który jeszcze trochę, a przeszedłby w brąz. Miałam do dyspozycji wyłącznie czterdziestopięciocentymetrowe pasy materiału, które obcięłam ze zbyt długich zasłon w mojej sypialni. Spódnica ma podszewkę z tafty, jest szeroka, suto marszczona, zrobiona z nachodzących na siebie kawałków aksamitu — dosyć ciężka, ale ciepła i miła. Zakładam do niej cienki, rudoczerwony sweterek. Jeszcze tylko kozaki, szal, odrobina „Opium" — i mój zimowy strój jest gotowy.

Siedzimy sobie przy jednym z długich stołów u Pupy, ramię w ramię z grupą Holendrów. Informują nas, że od dwudziestu lat w listopadzie wynajmują w pobliskim Palazzone dom podobny do naszego, ale nawet bez tego wstępu wiem od razu, że miło spędzimy razem czas. Udaje nam się dopchać do talerza z *bruschette,* a potem do wazy z *acquacotta,* gotowaną wodą. Tak naprawdę jest to wspaniała pyszna zupa, którą przygotowuje się z *porcini,* pomidorów i dzikich ziół. Na dnie naszych miseczek leży krojony podsmażany chleb oraz ugotowane jajko w koszulce. Giangiacomo zalewa to wszystko chochlą zupy. W powietrzu unosi się wspaniały aromat borowików i dobrego czerwonego wina. Przez gwar przebija się głos jednego z Holendrów, mówiącego z ciężkim „barbarzyńskim" akcentem:

— Czy Toskańczycy piją wino do każdego posiłku?

Właśnie wtedy na salę wkracza Giangiacomo z dwoma ogromnymi półmiskami, które trzyma wysoko w górze, a tuż za nim drepce Pupa. Ma zaróżowione z podekscytowania policzki i co rusz ostrzega groźnie wnuka, że mu porachuje kości, jeśli z talerzy skapnie choćby kropla sosu. Goście witają ich oboje entuzjastycznymi okrzykami. My także przyłączamy się do tego wybuchu radości. Podrywamy się z miejsc i klaszczemy wspólnie z innymi. Książę nie wstaje, również się śmieje, ale tylko przez chwilę. Holendrzy z niekłamanym zainteresowaniem wypytują Pupę, w jaki sposób przyrządziła bażanty. Szefowa kuchni wyjaśnia, że owinęła je w liście kapusty, obłożyła grubymi plastrami *pancetty,* wędzonego boczku i cały czas podlewała aromatycznym sosem. Jednak na spodzie, pod mięsem, znajdujemy pieczone w całości jabłka. Owoce nie rozpadły się, ale ich skórka popękała. Uwolniony z ich miąższu czarowny aromat wypełnia całe pomieszczenie.

— Jabłka i liście kapusty — tłumaczy Pupa — sprawiają, że mięso nie obsycha i zachowuje odpowiednią wilgotność. *È un vecchio trucco,* to stara sztuczka, którą wykorzystuje się przy pieczeniu królików oraz przepiórek i innego ptactwa. Smak dziczyzny zostaje wzbogacony przez słodki sok z ułożonych na spodzie jabłek i tłuszcz skapujący z wędzonego boczku. *Buono, no*? Prawda, że dobre?

— *Buono, si* — odpowiadają Holendrzy jednogłośnie.

A gdy wszyscy pochłonięci są jedzeniem, Barlozzo, któremu bardziej zależy na jakiejś rozrywce niż na pieczonych bażantach, powtarza pytanie, które padło wcześniej:

— A więc chcielibyście wiedzieć, czy Toskańczycy piją wino do każdego posiłku? Zapytajmy o to Chou — mówi, wskazując na mnie. — Ona też jest *straniera,* jest cudzoziemką.

Ponieważ wokół mamy wspaniałą publiczność, dziwię się trochę Księciu, że tak uprzejmie ustąpił mi pola. Z przyjemnością przejmuję od niego pałeczkę.

— Zacznę może od tego, że trudno jest dyskutować, co i kiedy piją Toskańczycy w oderwaniu od ich upodobań kulinarnych.

Moje zagajenie najwyraźniej przypadło Holendrom do gustu. Zyskali kolejny pretekst do tego, żeby wiwatować i dzwonić kieliszkami. Rozwijam więc temat.

— Jeśli chodzi o jedzenie i picie, w ciągu dnia i wieczorem, wygląda to mniej więcej tak: zaraz po wstaniu z łóżka Toskańczyk szykuje sobie *caffè ristretto corretto con grappa.* Butelkę z alkoholem trzyma w lewej ręce nad malutką filiżanką, w której są co najwyżej dwie łyżeczki gęstego jak syrop *espresso*. Jednocześnie prawą ręką kreśli znak krzyża. W tym czasie do filiżanki z kawą spływa idealnie odmierzona ilość grappy. Pragmatyzm połączony z poranną modlitwą. Gorące mleko, chleb albo rogaliki z marmoladą przerywają nocny post.

Następnie, około dziewiątej, po trzech godzinach pracy w polu, przychodzi pora na kieliszek czerwonego wina dla poprawienia nastroju. Do tego okrągła, chrupiąca bułeczka przełożona mortadelą. Potem, kolejne *espresso*.

Do południa nic więcej, aż w końcu przychodzi pora na *aperitivo* — campari z wodą sodową, aperol połączony z białym winem albo nawet mały kieliszek *prosecco*.

Z wybiciem pierwszej siada się do stołu. W zasięgu ręki stoi butelka czerwonego wina. Główny posiłek dnia trwa długo, jest bardzo urozmaicony, ale niezbyt obfity. Zwykle składa się nań talerz *crostini*, grzanek z *salame* lub kawałek orzeźwiającego melona, albo też koszyczek fig, a do tego duszony koper włoski, cebula lub bakłażan. Potem miseczka gęstej zupy albo talerz pachnącej szałwią fasoli, a czasami i jedno, i drugie. Następnie gulasz z królika z dodatkiem oliwek albo cielęcina z karczochami, a niekiedy także *porchetta*, pieczone prosię, jeśli jest akurat czwartek. Pieczone ziemniaki, szpinak lub botwina zasmażane z czosnkiem i papryczką chili są zawsze na stole. Dalej *una grappina,* czyli dosłownie kieliszeczek grappy, ale ponieważ Toskańczycy nie są drobiazgowi, również w sensie dosłownym, wlewają ów kieliszeczek do szklanki, napełniając ją aż po brzegi. Wszystko to ma, rzecz jasna, dopomóc w trawieniu, by można w spokoju uciąć sobie *il sacro pisolino,* czyli świętą drzemkę.

O trzeciej trzydzieści albo o czwartej znowu *espresso* i powrót do pracy w polu, w stodole, rozmaitych czynności budowlanych i remontowych, co trwa aż do siódmej. Potem wystarczy przemyć wodą twarz, *un colpo di pettine,* przeczesać włosy grzebieniem, wskoczyć do furgonetki i podjechać do baru na parę kieliszków białego wina i talerzyk dorodnych soczystych oliwek. Następnie *focaccia*, chrupiący podpłomyk posypany kryształkami soli morskiej, a do tego dzbanek oliwy, którą można lekko skropić ciasto. Całkiem niezłe preludium do kolacji. Gdy jednak zasiądzie się do stołu, znowu pojawi się na nim czerwone wino, aczkolwiek będzie go mniej niż poprzednio, bo kolacja jest nieco skromniejsza od obiadu. Kilka ręcznie krojonych plasterków *prosciutto* z combra przypominającego kształtem mandolinę, który zwisa swobodnie u sufitu spiżarni. Nie za duży, może dziesięciocentymetrowy kawałek suszonej kiełbasy. Pod ręką jest też chleb. Potem zupa z *farro* lub soczewicy albo *ceci* z tłuszczem oraz grubo krojone tasiemki makaronu zwanego *maltagliati. Leggera* — lekka zupa, a po niej jeszcze *una bistecca,* befsztyk pieczony na ruszcie nad paleniskiem albo pierś z kurczaka duszona na kuchennym piecu z dodatkiem czerwonej i żółtej papryki oraz liści szałwii. Do tego kilka listków dzikiej sałaty. Maluteńki kawałek *pecorino*. Obrana ze skórki gruszka, pokrojona na soczyste białe cząstki, które przenosi się do ust na czubku noża. Twarde, słodkie ciasteczko z odrobiną *vin santo.* Kropelka grappy dolana dla kurażu do ostatniego tego dnia *espresso*. Koniec końców, całkiem niezła uczta.

Nie musiałam zbytnio ubarwiać swojej opowieści — no, może odrobinę. Holendrzy uprzejmie mnie wysłuchali i nagrodzili brawami, a tu i ówdzie słychać było wypowiadane po holendersku okrzyki szczerego zdumienia: „Niesamowite!".

Myślę, że Księciu podobało się, że opowiadałam swoje wrażenia po włosku. Holendrzy opanowali ten język w stopniu podstawowym, który Książę określa mianem *sopravvivenza,* język przetrwania. Znacznie łatwiej byłoby mi mówić po angielsku, którym Holendrzy również posługują się całkiem swobodnie. Książę oczywiście uznał, że był to gest uprzejmości skierowany w jego stronę, bo naturalnie nie przyszłoby mu do głowy, że ja po prostu wolę mówić po włosku.

Goście są już trochę zmęczeni. Pochyleni nad szklankami prowadzą między sobą ciche rozmowy, porównując własne obyczaje kulinarne z toskańskimi. Z kuchni wyłania się Pupa. Wyciera ręce fartuchem i wciska się pomiędzy dwóch Holendrów. Prosi, aby Giangiacomo nalał więcej wina. Udając zgorszenie, pokazuje, że na końcu stołu stoi mnóstwo nietkniętych butelek i wybucha śmiechem. Mówi, że bardzo lubi odgłos wystrzelającego korka, bo kojarzy się z wolnością. Od matki usłyszała kiedyś, że otwieranie butelki wina przypomina trochę rodzenie dzieci. Ta metafora podoba się wszystkim, z wyjątkiem jednej kobiety w zaawansowanej ciąży, której głowę oplatają grube blond warkocze. Pod uprzejmym uśmiechem skrywa grymas niezadowolenia.

Ruchem głowy Fernando pokazuje mnie i Księciu, że pora się zbierać. Mówimy dobranoc i kierujemy się w stronę furgonetki. Grafitowa mgła spowija księżyc. Psy szczekają, a suche liście szeleszczą listopadowo.

— Powinniście zająć się tym, co już właściwie robicie: gotowaniem dla ludzi — Książę wypowiada zdanie, które brzmi jak dalszy ciąg niedokończonej wcześniej myśli. — Tak jak Pupa. To dużo lepszy pomysł niż obwożenie turystów po okolicy, pakowanie im do głowy rzeczy, których i tak nie są w stanie zapamiętać, i zabieranie do miejsc będących tylko przystankiem na trasie do Cozumel albo Disneylandu. Każdy, kto ma choć trochę charakteru, lubi przygodę i podróże, sam sobie wytyczy drogi, którymi chce przemierzać Toskanię. Pisanie i gotowanie — to jest coś dla was. Przecież tym właśnie lubicie się zajmować najbardziej.

— Chcielibyśmy kupić na własność dom. W kółko o tym rozmawiamy — przypomina Fernando.

— Mogę pójść do Luccich i pogadać z nimi o możliwości przebudowy jednego z pomieszczeń gospodarczych, zrobieniu kuchni i wydzieleniu miejsca na kilka stołów. Z uzyskaniem zezwolenia nie powinno być kłopotu, bo wasz dom już jest zarejestrowany jako placówka agroturystyczna, *agriturismo*. Zorganizowanie tego wszystkiego nie wymagałoby wielkich nakładów.

— Jak to możliwe, że nasz dom został zaliczony w poczet gospodarstw agroturystycznych?

— Ach, to tylko kolejna uprzejmość wyświadczona miejscowej arystokracji przez lokalne władze. Signora Lucci ubiegała się o fundusze umożliwiające przebudowę i adaptację waszego domu. W tym celu podpisała dokumenty stwierdzające, że powstanie tu placówka turystyczno-kulturalna działająca na rzecz rozwoju regionu. Dzięki temu otrzymała bardzo korzystnie oprocentowaną pożyczkę państwową. Cała ta akcja prowadzona jest pod nazwą: *I patti territoriali a fondo per duto*, częściowo umorzona pożyczka na działalność promującą region. Nie dziwiło was, dlaczego za każdym razem, gdy płaciliście miesięczny czynsz, kazała wam podpisywać się innym nazwiskiem? To na wypadek kontroli, gdyby ktoś zechciał przejrzeć papiery. Z prawnego punktu widzenia mieszkacie teraz w wiejskim hoteliku. Ale prowadzenie hotelu albo organizowanie koncertów w ogrodzie wymaga wielkiego zachodu, o wiele łatwiej jest dom wynająć i pod stołem pobierać czynsz. A przecież rząd pokrył znaczną część kosztów związanych z odremontowaniem zniszczonych i opuszczonych budynków i doprowadzeniem ich do zadowalającego stanu. No, powiedzmy mniej więcej zadowalającego. Tego rodzaju praktyki nie są tu czymś niezwykłym, stosuje je wiele osób.

Przypominam sobie, jak pierwszego dnia po naszym przyjeździe do Toskanii Barlozzo odwiedził nas i oświadczył, że Signora Lucci wyremontowała wszystko jak najmniejszym kosztem, a na dodatek za państwowe pieniądze.

— A ty byś chciał, żebyśmy z taką osobą wchodzili teraz w interesy i jeszcze płacili czynsz? — pyta Fernando.

— Myślę, że jej arystokratyczna moralność nie będzie stała w konflikcie z waszą, być może trochę mniej opartą na chciwości. Będziecie mogli prowadzić swój biznes całkiem niezależnie, pod warunkiem, że co miesiąc zapłacicie czynsz. Wystarczy dawać odpowiednio grubą, zaklejoną kopertę bez podpisu. Ja tylko chcę, żebyście spożytkowali waszą energię na sensowne działanie, które przyniesie wam satysfakcję. Zacznijcie od czegoś małego, co da się łatwo ogarnąć i nie jest obciążone dużym ryzykiem. Chciałbym, abyście tu zostali i żeby się wam wiodło. A wy tego nie pragniecie? Chyba nie mielibyście sumienia oddelegować mnie z powrotem do tego Brazylijczyka, z którym grywałem w karty? Proszę, żebyście się przynajmniej zastanowili nad moją propozycją.

Zastanowili się? Ja to wszystko już dawno przemyślałam, i wiem, czego bym chciała. Z pewnością byłaby to *taverna,* jadłodajnia w jakimś niewielkim miasteczku. Ściany pozostałyby szorstkie, nie wygładzone, w kolorze dojrzałych owoców persymony. Całe pomieszczenie oświetlałby ogień płonący na kominku i wielki kuty czarny żyrandol na czterdzieści świec. Przed paleniskiem stałby długi stół, a przy nim dwanaście, może piętnaście krzeseł. I to wszystko. Co wieczór przygotowywałabym kolację z wysokiej jakości produktów, świeżych warzyw i owoców. Podałabym zupę, chleb, pikantny gulasz z dziczyzny lub jagnięciny duszonej w winie, przyprawiony dzikimi ziołami wedle mojej fantazji i uznania. Do tego jeszcze owczy ser, a na deser kawałek ciasta — najpewniej z jagodami albo dorodnymi, złotobrązowymi gruszkami. Wciąż jeszcze ciepły sok owocowy ściekałby po żółtej kukurydzianej skórce i nasączał ciasto, łącząc się z bitą śmietaną. Zastanowić się? Dobrze, obiecuję to zrobić. Tylko że teraz przyszła pora, abyśmy ja i Fernando dokonali czegoś razem. *Taverna* to wyłącznie mój pomysł. Za to plan organizowania wycieczek jest naszym wspólnym przedsięwzięciem.

Prosimy Barlozza, żeby wysadził nas przed barem „Centrale". Planujemy przejść się pod górę. Całujemy Księcia na do widzenia, prosimy, żeby przestał się zamartwiać naszymi problemami — o wszystkim zdecydujemy sami, gdy przyjdzie na to czas. W jego oczach pojawia się głęboki smutek. Macha nam na pożegnanie i odjeżdża. Fernando i ja wyczuwamy, że ogarnia go przygnębienie. Zdajemy sobie sprawę, że cała ta przemowa dotycząca naszej przyszłości, chociaż z pewnością szczera, była jak dym. Ból zaś pozostaje niczym chwast wrośnięty w mur.

Ponieważ Barlozzo nie chciał nam towarzyszyć w próbnym objeździe, zdecydowaliśmy się nie czekać do końca tygodnia. Już nazajutrz zrywamy się o świcie, pakujemy swetry, książki i podręczne rzeczy. Oboje jesteśmy bardzo podekscytowani tą wyprawą. Zamykamy dom i wyruszamy w trasę najpiękniejszymi drogami Toskanii. Najpierw planujemy zatrzymać się w Bagno Vignoni, gdzie znajdują się termy. Potem udamy się do Pienzy, Montichiello, San Quirico d'Orcia, Montalcino i Montepulciano. Tuż za Pienzą jedziemy pełną zakrętów szosą. Po obu jej stronach prężą się w szeregu cyprysy kolumnowe, czarne i nieustępliwe. Z czasem cyprysy żeńskie stają się bardziej bujne i gęste. Męskie pozostają cienkie i wysuszone. Dzika toskańska ziemia została w końcu ujarzmiona, milionem rąk przymuszona do posłuszeństwa. Kraina jedwabiu i aksamitu, odziana w róż, złoto i zieleń. Wysoko nad urwiskiem pasą się owce. Kredowobiałe granie rozcinają wzgórza, przełamując zieleń, która trwa tu niezłomnie, nawet zimą. Toskańskie światło rzuca refleksy na oliwne listki, podrywając je do tańca. W lecie maki i łany dojrzałej pszenicy kołyszą się w rytm wiatru i trzepotu ptasich skrzydeł. Dzisiaj jednak drzewa są ciężkie od owoców i dlatego liście oliwek poruszają się wolniej.

Wędrując po okolicznych miasteczkach, czujemy się jak wojownicy. Jemy kolację i pijemy wino, które ma niezwykły smak. Zapadamy w sen.

Każdego wieczoru około siódmej telefonujemy do baru, licząc, że wszyscy zdążyli już przyjść na *aperitivi*. Zupełnie jakbyśmy dzwonili z Patagonii, a nie z odległości 50 km — przekrzykują się i ustawiają w kolejce, żeby z nami porozmawiać i przekazać najświeższe wiadomości, które koncentrują się głównie wokół tego, co kto ugotował, kto zapadł na grypę i jak strasznie zimno było z samego rana. Nieodmiennie też pytają nas, czy aby na pewno mamy co jeść. Proszą nas, abyśmy na siebie uważali. A Vera zawsze odczytuje przez telefon przychodzące do nas faksy. Dobitnym, oficjalnym tonem sylabizuje angielskie słowa, wymawiając je tak, jak jej zdaniem powinny brzmieć. Robi pauzy zgodnie z tym, co nakazuje interpunkcja, a niekiedy po prostu dla lepszego efektu. Prawdopodobnie stoi sztywno wyprostowana z wysoko uniesioną brodą. Nic nie możemy zrozumieć z tego, co czyta, ale w pełni doceniamy jej poświęcenie i słuchamy z uwagą. Zawsze jest chętna służyć pomocą dwóm zabłąkanym w głuszy owieczkom, a głusza — nie ma co do tego wątpliwości — zaczyna się tuż za progiem jej domu.

Któregoś wieczoru nieoczekiwanie telefon odbiera Książę. Nawet nie próbuje się z nami przywitać, a w tle panuje dziwna cisza.

— *Torna subito. La raccolta è cominciata.* Wracaj prędko. Zaczął się zbiór oliwek.

## *Castagnaccio*

*450 g (4 szklanki) mąki z kasztanów (dostępnej w sklepach ze zdrową żywnością i we wszystkich sklepach spożywczych na terenie Włoch)*
*1 łyżeczka miałkiej soli morskiej*
*zimna woda*
*1 łyżka stołowa oliwy extra virgin*
*½ szklanki orzeszków piniowych (lub innych)*
*2 łyżeczki zmielonych listków rozmarynu*

Nagrzewamy piekarnik do 200°C. Delikatnie smarujemy oliwą okrągłą formę do ciasta o średnicy około 25 centymetrów. Do dużej miski wsypujemy mąkę i sól morską, a potem dolewamy powolutku zimną wodę. Widelcem albo drewnianą łyżką ubijamy ciasto, aż uzyska konsystencję gęstego kremu. Dodajemy oliwę i ubijamy przez kolejne pół minuty. Jeśli zdecydujemy się na orzeszki i rozmaryn, powinniśmy je dodać razem z oliwą. Wlewamy ciasto do przygotowanej formy i pieczemy przez około 30 minut lub tak długo, aż uzyska brązowy kolor i zacznie wyglądać jak lekko spękany tort czekoladowy. Kroimy ciasto na porcje i podajemy jeszcze ciepłe — samo lub z dodatkiem lekko posłodzonej *ricotty* i kilkoma prażonymi orzechami włoskimi. Mały kieliszek schłodzonego *vin santo* świetnie się komponuje z każdą wersją tego dania.

# Zima

# ROZDZIAŁ DZIESIĄTY

# *Może z samej swej natury drzewa oliwne wiedzą nazbyt wiele*

Naprawdę chcecie w taki cholernie zimny dzień wspinać się na drzewa z koszykiem u pasa i zbierać oliwkę za oliwką? Jesteście pewni?

Takie pytanie padało z ust Barlozza, ilekroć mu przypominałam, że miał nas zabrać na *raccoltę.*

I proszę — moje życzenie się spełniło. Siedzę jakieś trzy metry nad ziemią, w koronie stuletniego drzewa, ciepło ubrana i wystawiona na pastwę wczesnogrudniowego chłodu. Zbieram oliwki.

Uszy marzną mi niesamowicie pod starym filcowym kapeluszem w stylu lat dwudziestych. Sinieją koniuszki palców wystające z rękawic Barlozza pożyczonych na powrót od męża. Kapie mi z nosa. Bez przerwy ślę przekleństwa pod adresem Ateny. Bo to ona sprawiła, współzawodnicząc z Posejdonem o pierwszeństwo, że ze skały Akropolu wyrosło drzewko oliwne, które stało się symbolem cywilizacji i kultury. Jego owoc jest niepodobny do innych. Miąższ oliwki, jak mówiła bogini, ma smak gorzki niczym nienawiść i jest go tak niewiele jak prawdziwej miłości. Trzeba wielkiego wysiłku, by można było z niego utoczyć zaledwie kilka kropel złocistozielonkawej krwi.

Oliwka stała się symbolem życia, a związany z jej uprawą trud uczynił oliwę świętością. To ona żywi i niesie ukojenie — towarzyszy człowiekowi na wszystkich ścieżkach życia, od początku do końca. Ofiarowana przez boginię stała się eliksirem. Dodawała mocy owczemu serowi i wydobywała smak z dzikiej cebuli duszonej nad ogniskiem. Płonęła w glinianych lampkach, rozświetlając mroki nocy, i rozgrzewała się w dłoniach uzdrowicieli; pieściła skórę utrudzonych pracą mężczyzn i rodzących kobiet. Do dzisiaj, gdy wśród toskańskich wzgórz rodzi się dziecko, kąpie się je w oliwie, nacierając nią starannie całe ciałko maleństwa. Namaszczenie oliwą przynosi też ulgę umierającym i jest znakiem oczyszczenia. Gdy odchodzą, zapala się świece, rozgrzewa oliwę i naciera nią ciało zmarłego.

Barlozzo pojechał z Florianą do lekarza do Perugii, a Fernando grzeje się przy kominku rzekomo złożony grypą, więc tylko ja mogę dalej prowadzić zbiór. Patrzę na ludzi pracujących obok mnie. Kobiety — opatulone chustami i szalami, odziane w wełniane spódnice, fartuchy i podwójne swetry — przypominają sylfidy, tyle że rosłe i krzepkie. Mężczyźni w zielonkawobeżowych myśliwskich strojach są mniej malowniczy. Wszyscy przemarzli do szpiku kości, a mimo to potrafią żartować i przekomarzać się wśród świstu wiatru. Odprawiają prastary wiejski rytuał, kto wie, czy nie najstarszy. A potem będą tłoczyć życiodajny, złocistozielonkawy sok, tak jak to robili ich przodkowie na przestrzeni ośmiu tysięcy lat. I tylko nie mogę oprzeć się myśli, że podczas zbioru oliwek na zboczach Akropolu musiało być cieplej.

Powietrze przesycone jest zapachem śniegu. Pracujemy w niewielkim, liczącym może dwieście drzewek, gaju oliwnym młodszych kuzynów Barlozza. Pomimo przejmującego chłodu podoba mi się moje połyskujące srebrem drzewo i widok, jaki rozciąga się z niego na okolicę. Oliwki cieszą się na tych ziemiach jeszcze większą estymą niż winorośl i pszenica. Ze swojego wysokiego stanowiska sięgam wzrokiem daleko poza gaj, gdzie prowadzimy zbiór. Widzę, jak rzędy drzew porastają czerwone ziemie Toskanii, pną się po kredowych zboczach albo niczym stada owiec obejmują w posiadanie łąki, pola i wzgórza. Ale nawet gdy rosną blisko siebie, wydają się opuszczone i samotne. Starsze, wykręcone cierpieniem, wyglądają ociężale i nieporadnie. A i te młode, gibkie i nie poranione, od samego zarania kryją w sobie tęskną żałość. Może z samej swej natury drzewa oliwne wiedzą nazbyt wiele.

Efekt całodziennej pracy — parę kilogramów drobnych owoców — zanoszę do kamiennej szopy, gdzie zaprzężona do siedemnastowiecznej, kamiennej prasy czarna oślica chodzi w kółko, odbywając swój doroczny flirt z show-biznesem. Jęczy, ryczy i kokietuje spojrzeniem swych aksamitnych ciemnych oczu zapatrzoną w nią publiczność, złożoną głównie z dzieci i sędziwych osób. Drepce tak przez całe popołudnie, podczas gdy kamienna prasa miażdży oliwki. Powstałą gęstą masę wykłada się potem na konopną matę, nakrywa drugą warstwą takiej samej tkaniny i dalej ugniata, aż nieśmiało zaczynają się sączyć pierwsze krople oliwy, które ściekają do ustawionej poniżej kadzi. Tę archaiczną metodę tłoczenia oliwy praktykuje się tu jedynie z szacunku dla przeszłości. Większość oliwek trafia bowiem do *frantoio comunale* w Piazze.

Tamtejsza przetwórnia jest niewielka, bo pracuje jedynie na potrzeby okolicznych rolników, *padroni*. Każdy z nich jest właścicielem trzystu, czterystu, a niekiedy — tak jak rodzina Barlozza — zaledwie dwustu drzewek. Miejscowi często pomagają sobie przy zbiorze oliwek, ale na tym koniec. Chcą mieć bowiem pewność, że ich owoce — o które, rzecz jasna, dbali lepiej niż ktokolwiek inny w okolicy — zebrane w odpowiednim czasie, będą tłoczone we właściwych warunkach i wrócą do nich jako nefrytowy skarb, na który zasłużyli sobie znacznie bardziej niż sąsiedzi. Dlatego każdy z nich osobiście zawozi oliwki do przetwórni. Składa je w *un posto tranquillo*, jakimś spokojnym miejscu, gdzie w oczekiwaniu na swoją kolejkę pilnuje, by nie dostały się w niepowołane ręce. Bacznie obserwuje też pracę maszyny — jakby był w stanie śledzić każdy owoc — dopóki cała partia drogocennego surowca nie zostanie zmiażdżona granitowymi blokami. Potem nie spuszcza z oka oliwkowej pulpy, która zostaje przełożona do wielkiego kotła. Tam stalowe mieszadło energicznie wprawia ją w ruch, by się rozgrzała i łatwiej oddała oliwę. Dzieje się to w fazie wytłaczania, zwanej *spremitura*. Następnie masa jest przepuszczana przez maty, by oliwa mogła być oddzielona od wytłoków. Właściciel oliwek dalej pilnie się przygląda, jak błogosławiony płyn zostaje rozlany do butelek. Zazwyczaj te same ręce, które przygotowały korki, zerwały oliwki i przycięły drzewka, zamykają też butelki.

Cały ładunek trafia następnie na *ape*, trójkołową motorynkę, jedną z tych, które niepodzielnie królują na lokalnych drogach — albo na przyczepę traktora. Dumny rolnik zawozi oliwę do domu z miną rycerza, *cavaliere,* powracającego z krucjaty z cennym łupem w blasku czerwieniejącego słońca. Wystarczy lekko przymknąć oczy, żeby zniknęły traktory, a zamiast nich pojawiły się konne zaprzęgi. I tak oto możemy cofnąć się w czasie o jakieś pięćset lat.

Zanim nadejdzie jego kolejka, rolnik musi czekać nieraz długie godziny, dlatego właściciel zakładu, *il frantolano*, dokłada starań, by klienci nie czuli się osamotnieni. Przetwórnia to przedsiębiorstwo produkcyjne, takie jak każde inne. Budynek osadzony jest na betonowej podmurówce, nakryty dachem z blachy falistej, wyposażony w posadzkę przemysłową, a także, w bezpośrednim otoczeniu samej prasy, w lśniące białe kafelki. Ale na drugim jego końcu, z dala od miejsca, gdzie wre praca, znajduje się otwarte palenisko. Płomienie huczą wesoło, trawiąc drwa ułożone na specjalnej kratownicy, służącej do przechwytywania rozgrzanego do białości popiołu opalającego stary ruszt. Obok, na nakrytym ceratą stole, leży parę okrągłych, kilogramowych bochenków wiejskiego chleba, nóż o wielkim ostrzu, naczynie z gruboziarnistą solą morską, a na gałązkach rozmarynu całe, obrane ząbki czosnku. W pobliżu kamiennego zlewu z ociekaczem, na którym czeka ze trzydzieści ustawionych do góry dnem szklaneczek, na bieżąco mytych po użyciu, można zobaczyć gąsiorek z czerwonym winem. Rolnik pilnujący kolejki w przetwórni umila sobie czas małą przekąską. W każdej chwili może ukroić kawał chleba, przypiec go z obu stron na ruszcie, natrzeć czosnkiem i rozmarynem, a następnie podstawić pod kranik, z którego ścieka masa z rozmiażdżonych, a jeszcze nie odciśniętych oliwek. Z takim apetycznym kąskiem w ręku klient sięga po szklaneczkę i napełnia ją zawiesistym, ciężkim winem domowej roboty. Z nieskrywaną przyjemnością bierze potężny łyk, a potem z wilczym apetytem pochłania pajdę chleba, by, pokrzepiwszy się, wrócić do pilnowania oliwek. Z reguły wytrzymuje tak mniej więcej kwadrans, a potem znów idzie się wzmocnić.

Tak oto siedzimy sobie razem, okoliczni hodowcy oliwek, ich krewni i ja, niczym w kolejce do szamana. Wszystkie nasze dyskusje dotyczą oliwy. W pewnym momencie, próbując przerzucić most między starym i nowym światem, kieruję rozmowę na amerykańskie tory. Nadmieniam, że lekarze w moim kraju zalecają spożywanie oliwy extra virgin, bo uważają ją za najlepsze remedium na złowrogi cholesterol.

Ponieważ obecni patrzą na mnie z politowaniem, próbuję się ratować, podnosząc temat popularnej w Ameryce „diety śródziemnomorskiej".

— Składają się na nią świeże owoce i warzywa, węglowodany złożone, ryby słodkowodne i morskie oraz niewiele mięsa — a wszystko to szczodrze skrapiane dopiero co wyciśniętą oliwą i popijane dobrym czerwonym winem. Wielu amerykańskich specjalistów twierdzi, że to najzdrowsza dieta świata.

Mimo wyraźnego zniecierpliwienia malującego się na twarzach moich rozmówców i coraz bardziej nerwowych gestów niezrażona kontynuuję przemowę:

— Jak powszechnie wiadomo, taki sposób odżywiania zapobiega chorobom serca i otyłości, chroni przed wolnymi rodnikami i zapewnia długowieczność — mówię i mówię, ale nikt już nawet nie udaje, że mnie słucha. Mój wykład został wygłoszony przed nieodpowiednim audytorium, bo to zupełnie tak, jakby jakiś Toskańczyk tłumaczył zdeklarowanym bywalcom amerykańskich siłowni, że systematyczne ćwiczenia rozwijają muskulaturę.

Właściciel przetwórni podszedł akurat do grilla i usłyszał końcówkę mojego wykładu.

— *Ah, signora. Magari se tutto il mondo era d'accordo con noi*. Jakże byłbym szczęśliwy, gdyby cały świat zechciał się pod tym podpisać. Bo u nas ludzie, owszem, umierają na zawał, ale dopiero po dziewięćdziesiątce i najczęściej we własnym łóżku.

Słyszę chichot moich towarzyszy.

— Ale pani z pewnością miała już do czynienia z oliwą, to widać — dodaje.

Łapię się na tym, że dotykam dłonią twarzy, by sprawdzić, czy nie zostały na niej jakieś ślady po kolacji.

— *No, no signora* — odzywa się jeden z mężczyzn, chyba najstarszy w całym towarzystwie. — Nie jest pani umorusana oliwą, jemu chodzi o cerę. Ma pani, jak to się u nas mówi, *pelle di luna*, czyli cerę księżycową. Taką świetlistą. *È abbastanza comune qui*, tu na wsi wiele kobiet tak wygląda. A ten blask pochodzi od oliwy, którą jedzą od urodzenia. Ale czy wy tam, w tej Ameryce, też macie oliwę?

— Oczywiście, że tak, przeważnie importowaną z krajów śródziemnomorskich. Ale, prawdę mówiąc, wcale nie jadłam oliwy od urodzenia — wyjaśniam. — Tyle że jako nastolatka zaczęłam przemywać nią skórę.

To niewinne wyznanie, zdradzające szczegóły stosowanych przeze mnie zabiegów kosmetycznych, wyraźnie ożywia zebranych. W atmosferze przesyconej winem, dymem i ciepłem paleniska sześć czy może siedem osób zaczyna snuć wspomnienia. Najpierw ktoś opowiada o babci, która, schodząc z tego świata, miała cerę zdrowszą niż pupcia niemowlęcia. Potem ktoś inny wspomina prababcię, która chroniła się przed słońcem, zakładając kapelusze, przemywała twarz oliwą i wodą różaną, a zmarła dzień po swoich sto dziesiątych urodzinach, podczas których jeden z gości wziął ją za jej rodzoną wnuczkę.

Czuję, że temat chwycił, nie waham się więc ciągnąć go dalej.

— I jeszcze robię sobie maseczkę z płatków kukurydzianych i oliwy, nakładam taką papkę na twarz oraz dekolt, a po jakimś czasie zmywam.

To wyznanie budzi jeszcze większe emocje i staje się pretekstem do kolejnych opowieści. *Gesti di bellezza*, zabiegi upiększające, jak mówi o nich jedna z pań, interesują w równym stopniu wszystkich, także mężczyzn. Nagle każdy ma ochotę zdradzić innym pilnie strzeżony, przechowywany od pokoleń i niezwykle skuteczny sposób pielęgnacji skóry, któremu zawdzięczają swą urodę miejscowe elegantki.

Według jednego z zaleceń przez dwanaście dni z rzędu należy nakładać na twarz maseczkę ze świeżo wyciśniętych winogron. Porada wydaje się sensowna, bo zewsząd słyszę o zbawiennym działaniu kwasów alfa-hydroksylowych, a mówiąc potocznie — kwasów owocowych, które odmładzają skórę. Napinają ją i rozświetlają, usuwając martwe komórki naskórka. Ale moi rozmówcy uzupełniają tę receptę o jeszcze jeden element. Otóż podczas tychże dwunastu dni należy jeść wyłącznie winogrona, pić wodę mineralną i bardzo dużo wypoczywać. Kuracja winogronowa odtruwa oraz oczyszcza. I to nie tylko skórę — twierdzą moi rozmówcy. Podekscytowani krzyczą jeden przez drugiego, że w modnych klinikach na terenie Górnej Adygi, przy granicy z Austrią, ordynują taką właśnie kurację w połączeniu z godzinną sesją u masażysty, żądając za tę przyjemność dziesięciu tysięcy dolarów za tydzień. Mówiąc to, siedzący obok mnie Włosi kręcą zdegustowani głowami.

Z uwagą słucham wszystkich tych porad, które mają pomóc zachować wieczną młodość. Każda jest na swój sposób pouczająca, a zarazem zabawna. Szczególnie jedna z nich natychmiast zapada mi w pamięć. Pewien osiemdziesięcioośmioletni pan, który przedstawia mi się jako „wdowiec do wzięcia", opowiada historię swojej matki:

— Przykładała do piersi dwukilowy bochen chleba i zapamiętale piłowała grubaśne kromki, ryzykując, że mój braciszek nie będzie miał z czego ssać. Skórki chleba moczyła potem w świeżym oślim mleku, a gdy już dobrze nasiąkły, wyciągała się wygodnie na łóżku i kładła sobie warstwę tej kapiącej papki na twarz i oczy. Na koniec przykrywała wszystko lnianym ręczniczkiem. Przez całe popołudnie leżała zamknięta w pokoju, całkiem jak nieżywa, i podnosiła się dopiero wtedy, gdy trzeba było przygotować kolację. Ten sam rytuał powtarzał się regularnie, przy każdej miesiączce, ale ja oczywiście niewiele z tego wówczas rozumiałem. Szczegóły poznałem dopiero po latach, gdy matka przekazała sekret mojej żonie. Wkrótce potem okłady z oślego mleka zaczęły mi się kojarzyć z trwającymi tydzień okresami wstrzemięźliwości mojej ślubnej.

— Ale czy dzięki temu obie mogły pochwalić się piękną skórą?

— Nadzwyczaj piękną. Powiedziałbym nawet, że dzięki tym zabiegom miały nie tylko anielskie twarze, ale również dusze.

Jego słowom towarzyszy akceptujący pomruk całego towarzystwa.

Po mniej więcej godzinie spędzonej w przetwórni przy palenisku zabieram się okazją w kierunku miasteczka i około piątej jestem już w domu. Fernando nadal tkwi przy kominku, tam gdzie go zostawiłam, i aż kipi ze złości. Po grypie ani śladu, kaszel ustąpił miejsca zwykłemu pokasływaniu palacza, które on jednak z całych sił próbuje udramatyzować, bo znów ogarnia go melancholia. Istny wenecki książę, który nie znosi zimy. Siedzi skulony na sofie, nakryty kołdrą obleczoną w czerwony jedwab, z szyją owiniętą miękkim wełnianym szalem z frędzelkami. Ależ on nienawidzi tego zimna. A przecież to dopiero początek czterech miesięcy ciemności i ponurej pogody. Ja jednak wiem, że wszystko dobrze się ułoży. Przecież zapewniała mnie o tym Florì.

— *Tutto andrà bene, Chou Chou, tutto andrà molto bene. Vedrai.* Wszystko będzie dobrze, wszystko ułoży się doskonale. Zobaczysz.

Florì nie odwiedzała nas od dobrych sześciu czy siedmiu tygodni, to jest od chwili, gdy pojawiły się jakieś problemy w rodzinie, u której pracuje. Większość czasu spędza teraz w Città della Pieve, a do domu wpada tylko raz w tygodniu na parę godzin, by z grubsza wszystko ogarnąć. Przez cały ten okres nie widziałam się z nią jednak ani razu. Barlozzo mówi, że przychodzi i wychodzi chyłkiem, tak bardzo zdenerwowały ją te kłopoty u pracodawców. Zostawiam jej w skrzynce krótkie liściki, które wprawdzie na drugi dzień znikają, ale pozostają bez odpowiedzi. Tęsknię za Florì.

W trzy dni udało nam się zebrać wszystkie oliwki. Większość z nas nie musiała pracować więcej niż godzinę lub dwie dziennie, bo wokół wiecznie kręciły się zastępy chętnych do pomocy. Wdrapywali się na drzewa, by odbierać od innych zbierających pełne kosze, przesypywali oliwki do plastikowych pojemników transportowych i usuwali zbyteczne gałązki oraz liście.

Choć właściwy zbiór już się zakończył, nadal pozostaję na miejscu, ciągle coś noszę lub podaję, a gdy dzień pracy dobiega końca, około trzeciej wsiadam na traktor i jadę wraz z innymi do *frantoio*. Barlozzo wpada od czasu do czasu, ale nie po to, by zrywać oliwki czy choćby pomagać. Wita się z ludźmi, obejmuje ich, podaje rękę, pyta o rodzinę, bierze w palce oliwki, kosztuje je, a po chwili aprobująco kiwa głową, układając usta w odwróconą literę „u". Jest to bodaj najpowszechniejszy we Włoszech sposób wyrażania podziwu i uznania. Obserwuję, jak obecność Księcia wpływa ożywczo na ludzi, pobudza ich do działania. Ale w jego zachowaniu wyczuwa się również niepokój. Ktoś pyta go o Florì.

— Jest już lepiej? — indaguje go jakaś kobieta.

Z pewnością chodzi o inną Florianę, bo Barlozzo ignoruje pytanie. Przecież gdyby chodziło o n a s z ą Florì, po prostu powiedziałby prawdę — że jest bardzo zajęta, bo próbuje pomóc rodzinie pracodawców, którą dotknęły kłopoty. Jednak Książę milczy. Widzę, jak przeciągle spogląda na tę kobietę, a potem bez słowa odchodzi. Na jego twarzy widać ból i cierpienie — czyżby kryła się za tym ta druga Floriana? Tak, z całą pewnością chodzi o kogoś innego, powtarzam sobie w kółko, chcąc się uspokoić.

Kiedy Barlozzo podchodzi do mnie, nachylam się, niby to całując go na powitanie, a przy okazji syczę mu prosto do ucha:

— Natychmiast powiedz mi, co z się dzieje z Florianą. *Ti prego*. Błagam cię.

— *Ne parliamo più tardi*. Porozmawiamy o tym później — tyle się dowiedziałam. Niewinne słowa, które napełniają mnie strachem. Nie mogę się od nich uwolnić. Przyjmuję do wiadomości, że niczego więcej nie usłyszę, przynajmniej na razie. Odchodzę.

Podobnie jak wczoraj i jeszcze poprzedniego dnia, zabieram się okazją do domu, by pielęgnować mojego własnego, pogrążonego w melancholii księcia. Wchodzę na górę, żeby przygotować sobie kąpiel. Ciepło rozgrzewa mnie. Sprawia, że robię się czerwona, rozklejam się i zaczynam płakać. I jak to zwykle u mnie bywa, mój smutek nie jest spowodowany jakimś konkretnym zdarzeniem, ale wynika z całej serii przykrych doświadczeń. Tęsknię za dziećmi. Martwi mnie moja przyjaciółka o topazowych oczach, coś z nią musi być nie tak. Pewnie ten sam niepokój dręczy Barlozza. To dlatego był taki przygnębiony i nie chciał nic powiedzieć. Fernando też jest ciągle nieswój. Czarę goryczy dopełnił list od Miszy, naszego przyjaciela z Los Angeles, którego rosyjska dusza do cna przesiąknięta jest smutkiem. Napisał, że chciałby nas odwiedzić w lutym. Tylko on mógł coś takiego wymyślić — wybrać się do Toskanii o tej porze roku. I chociaż bardzo go lubię, to akurat teraz nie mam zupełnie ochoty być pod obstrzałem jego badawczych spojrzeń i dociekliwych pytań, na które sam udziela sobie odpowiedzi. Już go słyszę, jak mówi: „Ach, Polyanno o słodkich czarnych oczach, coś ty zrobiła ze swoim życiem?".

Pytanie to powtarza mi ciągle, już od wielu wielu lat, ponieważ prawie nigdy nie pochwalał mych wyborów. Kocha mnie, jest moim wiernym przyjacielem, a mimo to wciąż drażni go pewna cecha mojego charakteru, którą określa z dezaprobatą jako „przesadną ekscytację". Ileż to naszych rozmów zaczął od: „A nie mówiłem, gdybyś mnie posłuchała...". Nie mogę się wprost doczekać spotkania Miszy z Barlozzem. To dopiero będzie para — dwóch choleryków w roli kaznodziejów. Przyszło mi do głowy, że jak jeszcze do nich dołączy mój książę melancholii, to będę miała do obsłużenia i wykarmienia kongres weltschmerzologów. Na dodatek tym razem mnie również nękają harpie. Moja pycha została ukarana. Ja, która kiedyś niezachwianie wierzyłam, że wystarczy mieć apetyt na życie i wszystko samo się ułoży, nagle czuję się słaba i niepewna.

Zawsze, gdy biorę kąpiel w samotności, Fernando wie, że po prostu szukam dla siebie azylu. Odczekuje wtedy dłuższą chwilę i w końcu pojawia się z tacką, na której niesie dwa kieliszki *prosecco*. Tymczasem ja dalej moczę się w wodzie i łkam. Pijemy chłodne wino, a potem on wyciera moje pachnące wanilią ciało lnianym ręcznikiem w kolorze pszenicy. Wszystko, co chcę z siebie wyrzucić, przekazuję mu bez słów. A on domyśla się, że moje milczenie nie jest spowodowane zmęczeniem po trudach całego dnia, lecz czymś innym, więc też się nie odzywa. Bardzo mu jestem wdzięczna za to, że nie dopytuje się, co mnie gryzie i uznaje, że najlepiej będzie, gdy uporam się z tym sama.

Zakładając jego szlafrok, pytam:

— Jesteś głodny?

— Ani trochę, a ty?

— Odrobinkę.

— Ale o co chodzi? Powiesz mi, co się stało?

— Sama nie wiem. Właściwie nic. Albo raczej — wszystko. Jest ósma, więc coś bym zjadła.

— Jaki jest związek między godziną ósmą a twoim stanem?

— Mniej więcej o tej porze mój organizm domaga się posiłku. Po co tyle pytań? Po prostu czuję głód. Naturalna reakcja.

— Ale złość już chyba nie jest takim *uno stimolo naturale*. Złość wynika z emocji. To emocjonalna reakcja na coś lub na kogoś. Powiesz mi, co wyprowadziło cię z równowagi?

— Po prostu czuję głód. Przynajmniej czułam go jeszcze przed chwilą. Dlaczego poddajesz analizie takie proste stwierdzenie faktu i doszukujesz się głębszych przyczyn?

— Wcale nie szukam głębszych przyczyn, tylko nie rozumiem twojej złości. Nic z tego nie pojmuję. Ale powiedz, czy ty naprawdę jesteś zła, czy tylko głodna?

Gdy schodzę na dół, okazuje się, że podsycony dodatkowymi polanami ogień aż huczy w kominku, a tuż obok stoi stolik nakryty do kolacji. Wszystkie świece płoną, a Fernando pracuje w kuchni i coś tam zapamiętale pitrasi. Słyszę skwierczenie cebulki na maśle.

— Co smażysz, Fernando? Pachnie wspaniale.

— Podsmażam cebulę.

— Cebulę?

— Ale to tylko tak, dla aromatu. Wiem, jak bardzo go lubisz. „Cebulka podsmażana na maśle to zapach domu". Dobrze cię zacytowałem? Ale nie mam pojęcia, co do niej dodać, więc zjemy samą cebulkę, dobrze?

— Świetny pomysł. Już się nie mogę doczekać.

Fernando pokroił podsuszaną kiełbasę z dzika i ułożył na talerzu razem z kawałeczkiem sera *taleggio* i paroma kęsami *parmigiano*. Wyjął chleb i miseczkę z marmoladą gruszkową, którą sami zrobiliśmy w październiku, a do tego podał jeszcze imbir w cukrze. Po chwili uroczyście wnosi cebulkę. W kubełku z lodem chłodzi się *prosecco*, a my, w dobrych humorach, zaczynamy naszą ucztę. Śmiejemy się cicho z tego, że ciągle nie potrafimy siebie nawzajem zrozumieć.

— Znasz drugą parę, która by się kochała tak jak my?

Fernando wlewa do kieliszków resztkę wina.

— Żałuję, że nie dorastałem wśród kochających się ludzi. Nawet gdyby nie kochali mnie, to już sama świadomość, że wokół panuje miłość, byłaby taka kojąca.

— Prawdę mówiąc, to znałam kiedyś taką podobną do nas parę. Dawno ich nie wspominałam, ale gdy byłam bardzo młoda, to wydawało mi się, że są żywcem wyjęci z jakiejś książki. Chciałam przeżyć coś takiego jak oni.

— Kto to był?

— Służący — ona była kimś w rodzaju gosposi, a on zarządcą majątku. Poznałam ich na południu Francji, gdzieś w Langwedocji, niedaleko Montpellier. Miałam dwanaście lat, gdy moja przyjaciółka, Izolda, zaprosiła mnie, żebym spędziła cały sierpień z nią i jej rodzicami „na farmie", jak to ujęła. Było to w okolicy miasteczka Roquefort-sur-Soulzon. W rzeczywistości farma okazała się dość eleganckim domem, powiedziałabym pałacykiem, z wieżyczkami i wielohektarowym ogrodem. Wyglądało to zupełnie inaczej, niż się spodziewałam. Mieli tam też kilka owiec i małą winnicę.

I właśnie w tej posiadłości poznałam Matyldę i Gerarda. Zajmowali się nami, gdy rodzice Izoldy wyjeżdżali na kilkudniowe wycieczki albo w interesach. O ile pamiętam, Izolda i ja miałyśmy wtedy po dwanaście lat i byłyśmy znacznie mniej dorosłe niż współczesne dwunastoletnie dziewczęta. Przebierałyśmy się w długie, staromodne suknie jej matki i bawiłyśmy się w teatr albo leżałyśmy na plecach w jakimś słonecznym miejscu i czytałyśmy na głos książkę *Fanny i Cezar.* Na dziecinnych piersiach kładłyśmy gałązki bzu, wdychałyśmy jego odurzający zapach, wymachiwałyśmy dla zabawy nogami i raz po raz omdlewałyśmy nadmiernie podekscytowane lekturą, która budziła w nas wielkie emocje.

Pamiętam, że Izolda zapytała kiedyś, czy całowanie chłopca jest tak samo przyjemne jak wąchanie bzów, a ja bez namysłu odparłam, że według mnie — ani trochę. Bo Tommy Schmidt pocałował mnie kiedyś, i to nie jeden raz, ale to, co czułam, nie było nawet w połowie tak przyjemne jak wąchanie bzów. Z Matyldą piekłyśmy całe stosy tart brzoskwiniowych, a potem łamałyśmy je na kawałki i wrzucałyśmy do wysokich kubków na *café au lait*. Następnie dolewałyśmy do pełna gęstej śmietany z półlitrowych butelek i za pomocą łyżek rozdrabniałyśmy tartę, by powstała słodka, tłusta masa. Objadałyśmy się tym przysmakiem do utraty tchu, aż poczułyśmy się senne i ociężałe. Prawie codziennie chodziłyśmy też razem z Gerardem na drugi kraniec posiadłości, do wapiennych skał, które kryły mnóstwo mrocznych i wilgotnych pieczar. Gerard przechowywał w nich wielkie kręgi dojrzewającego sera owczego, a my pomagałyśmy mu je obracać. Bywało, że zapuszczałyśmy się do pieczar bez opieki, by nie podsłuchiwane przez nikogo, porozmawiać o menstruacji i siostrze Małgorzacie Marii, której szczerze nie znosiłyśmy. Nie dość, że miała czarny wąsik, to jeszcze wyglądała całkiem jak ropucha. W żaden sposób nie mogłyśmy uwierzyć, że Jezus mógł wybrać sobie kogoś takiego na oblubienicę.

Ale najpiękniejsze wspomnienie z tamtego sierpnia wiąże się z wieczorem, który spędziłam jedynie w towarzystwie Matyldy i Gerarda. Izolda musiała chyba pojechać z rodzicami do Montpellier, a ja poprosiłam, by pozwolono mi zostać na farmie.

Matylda i Gerard zajmowali trzecie piętro pałacyku. Odwiedziłam ich kiedyś razem z Izoldą, bo zostałyśmy zaproszone na podwieczorek. Nawet mi się u nich podobało. Ściany miały barwę delikatnej, chłodnej zieleni i było tam mnóstwo roślin. Oprócz tego Matylda i Gerard urządzili sobie inne gniazdko, w dość niezwykłym miejscu. Chronili się w nim przed letnim skwarem. To właśnie tam, pewnego wieczoru, zjedliśmy razem kolację. Zaadaptowali jedną z jaskiń i przesłonili wejście ciężkimi kotarami, więc czułam się trochę jak w domku dla lalek. Jasne ściany wyglądały tak, jakby zostały pomalowane na różany kolor. Wnętrze także pachniało różami i panował w nim chłód. Właściwie było wręcz przenikliwie zimno. W pieczarze znajdował się stół, dwa krzesła i kamienny zlew, a także sofa przykryta purpurową bawełnianą narzutą w brązowe kwiaty. Na kamieniach stały kosze melonów, ziemniaków, cebuli oraz doniczki z miętą. Ledwo można było się przecisnąć. Jedynym źródłem światła były nadtopione świece migocące w srebrnych kandelabrach — zbyt masywnych jak na rozmiary skromnego stołu, ale w moim ówczesnym odczuciu absolutnie pięknych. U wejścia do pieczary stał piec kuchenny, wyglądający trochę dziwnie, ale Gerard był z niego niezwykle dumny, bo sam go zbudował. Na rożnie obracał się kurczak. Soki wydzielające się w trakcie pieczenia skapywały do rondelka ustawionego poniżej. Na pojedynczym palniku perkotał ryż.

Bacznie obserwowałam, jak Matylda przygotowuje się do kolacji. Zdjęła sweter i powiesiła go na kołku, a potem, korzystając z lustra opartego o kamienny zlew, przystąpiła do toalety. Najpierw umyła twarz, szyję i dekolt, używając spienionej wody z mydłem, którego kawałek odkroiła jak kromkę chleba z dużej kostki leżącej na półce. Zwilżyła dłoń kilkoma kroplami płynów z rozmaitych flakoników i roztarła je, a następnie wklepała w świeżo umytą skórę. Wyjaśniła mi, że to olejki z róż, fiołków i kwiatów pomarańczy. Wyjęła z uszu złote kółka i założyła inne kolczyki, zrobione ze szklanych paciorków. Wyglądały jak małe, niebieskie żyrandole, kiwające się wdzięcznie przy każdym jej ruchu. Rozpuściła i rozczesała włosy, po czym od nowa zaplotła w długie i cienkie warkocze, które następnie zwinęła, podpinając szylkretowymi szpilkami. Na koniec wtarła w skronie resztki olejków pozostałe na dłoniach. Mogła teraz zatańczyć walca choćby z samym królem. Albo zasiąść do kolacji — i pewnie obie te okazje ceniłaby sobie na równi.

Gerard oddawał się ablucjom przed jaskinią. Korzystał z naczynia, które wyglądało trochę jak chrzcielnica albo jak wielkie poidło dla ptaków. Było w każdym razie stare, popękane i piękne. Kiedy wrócił do pieczary, oboje przywitali się tak, jakby to było ich pierwsze spotkanie po wielu tygodniach. Jestem pewna, że nie robili tego na pokaz, tylko dla siebie nawzajem. Najwidoczniej zawsze w taki sposób się witali. Niezwykłe było dla mnie to, że okazywali sobie tyle czułości, nie bacząc na moją obecność, i pozwalali mi być świadkiem tych niezapomnianych chwil.

Nie przypominam sobie, co dokładnie wówczas jedliśmy poza mięsem z rożna, ryżem, twardymi pomarszczonymi oliwkami i bodajże sardynkami, które były dla mnie zupełną nowością. W pamięci utkwiła mi natomiast sama ceremonia — wzajemne częstowanie się, brzęk talerzy i kieliszków, ciągłe podsuwanie sobie najsmakowitszych kąsków. Po jakimś czasie Matylda podała niewielkie kiście winogron i miskę z wodą, w której zanurzała grona, zanim je nam wręczyła. Potem przyszła pora na solone orzeszki prosto z patelni, ciasteczka posypane cukrem, suszone figi wiszące przy wejściu obok kotary. Odcinało się je ze sznurka, na który były nawleczone. Nie brakowało też śmiechu i wesołych rozmów. Matylda i Gerard dzielili się ze mną różnymi ciekawymi historiami. Ja także próbowałam, z tym że albo niewiele pamiętałam, albo wstydziłam się opowiadać. Ale podobało mi się też, gdy zapadała cisza. W ich obecności brzmiała ona radośnie. Powiedziałabym nawet, że te chwile były najpiękniejsze. W blasku świec, otoczona atmosferą ciepłego gniazdka, chyba po raz drugi w moim młodym życiu zastanawiałam się, jaka chciałabym być, gdy dorosnę. Tamtego wieczoru zapragnęłam być podobna do nich. A dzisiaj wiem, że wolę, by nasze życie pozostało takie, jakie jest. Znaczy to, że spełniłam swoje ówczesne marzenie, bo oni i my jesteśmy z tego samego kruszcu. I nieważne, że zajęło mi to pół życia.

— I tak mnie wyprzedziłaś — stwierdza Fernando. — Bo ja, zanim cię poznałem, nie spotkałem nikogo, kto byłby inspiracją dla naszego związku. Zgadzam się jednak, że tak to właśnie działa. Nie można zamienić się w kogoś, kogo się podziwia. Ale jeśli coś, co podziwiasz, jest już głęboko w tobie, druga osoba może to obudzić, wydobyć, podpowiedzieć jak słowa piosenki. My chyba tak właśnie na siebie działamy.

— Tak. Jestem tego pewna.

— Ale czy jako mała dziewczynka nie chciałaś zostać gwiazdą rocka, primabaleriną albo przynajmniej świętą Katarzyną ze Sieny? Nie chciałaś być bogata?

— Zawsze myślałam, że jestem bogata. A kiedy dorosłam, uświadomiłam sobie, że to prawda. Ale przede wszystkim marzyłam o tym, by być tą j e d y n ą. No, wiesz, najważniejszą osobą dla kogoś. Chociaż raz. Jeden, jedyny raz. I robi mi się smutno, jak sobie pomyślę, że większość ludzi nie przeżyje nigdy takich kolacji, jak te, które Matylda i Gerard ofiarowywali sobie nawzajem — jedzenie, wino, a przede wszystkim miłość.

— Wiesz, dlaczego większość osób nigdy tego nie doświadczy?

— Prawdopodobnie dlatego, że w pogoni za szczęściem nie dostrzegamy, że najkrótszą drogą wiodącą ku niemu jest zwyczajne życie. Matylda i Gerard otrzymali tak dużo, bo posiadali tak niewiele.

Jest po jedenastej i mam już pewność, że to nie ten wieczór Barlozzo miał na myśli, gdy mówił, że porozmawiamy później. Idziemy na górę, taszcząc ze sobą „księżula" — to takie proste urządzenie wykonane przez wiejskiego majstra, coś w rodzaju metalowej latarenki wypełnionej rozżarzonymi węglami. Latarenkę zawiesza się na metalowym kabłąku przymocowanym do drewnianej podstawy i całość wsuwa pod kołdrę. Na łóżku powstaje wybrzuszenie, ale po mniej więcej dwudziestu minutach posłanie robi się przyjemnie ciepłe i gotowe na przyjęcie weneckiego księcia wraz z małżonką.

Odstawiam „księżula" na podłogę i wślizguję się pod kołdrę, zajmując miejsce obok Fernanda, który ze śmiechem przyciąga mnie do siebie. Jest mu ciepło i wygodnie, czuje się zrelaksowany.

— Ale ostrzegam — dzisiejszej nocy nie wolno ci mnie odpakowywać. Nie lubię, kiedy mnie odpakowujesz i zabierasz kołdrę.

W narzeczu fernandiańskim „odpakowywać" znaczy tyle, co „odkrywać". Ta jego wersja nawet bardziej mi się podoba, bo pozwala zajrzeć w głąb. A czymże innym jest wzajemne poznawanie się odmiennych kultur, jak nie ciągłym zaglądaniem w głąb?

Zastanawiam się, ileż to bitew stoczyliśmy, ile snów śniliśmy w miękkich fałdach naszego posłania. Ileż to okruszków się posypało podczas spożywanych w łóżku uczt! W powietrzu unosi się woń rozlanych kropel wybornego czerwonego wina i nasz własny zapach. Słyszę wyznania, które dopiero w łóżku mogły zostać wypowiedziane. Obejmuję weneckiego księcia, a książę obejmuje mnie. Fernando rozwiązuje sznurek spinający zasłony baldachimu i po chwili otacza nas szczelnie czerwona tkanina, tworząc kopułę oświetloną jedynie blaskiem świec. Mąż rozplątuje tasiemki mojej koszuli, opiera się na łokciach i patrzy na mnie, wodząc palcami po moim ciele.

Później, gdy świeca powoli dogasa, w ciemnościach słychać mój szept:

— Przypomnij mi, żebym dowiedziała się, gdzie w okolicy można kupować raz w miesiącu świeże mleko oślicy, dobrze?

— *Gesù*.

ROZDZIAŁ JEDENASTY

# *Przyszedł grudzień, by zamieszkać z nami w „stajni"*

Operacja odbyła się prawie dwa tygodnie temu. Wkrótce Floriana zostanie poddana terapii uzupełniającej, zarówno w szpitalu w Perugii, jak i we florenckiej klinice. Lekarze twierdzą, że przeprowadzony zabieg powinien powstrzymać rozwój choroby i umożliwić całkowite wyleczenie. Tymczasem przyjaciele Florì z Città della Pieve nalegają, żeby pozostała z nimi, bo chcieliby się nią zaopiekować, wozić na leczenie i razem z lekarzami czuwać nad rekonwalescencją. Ci ludzie są dla niej jak rodzina. I rozumieją jej potrzebę odosobnienia. Ona jest przecież Toskanką. A jak się już ktoś rodzi Toskańczykiem, to woli rozmyślać o swoim życiu i śmierci w samotności.

Twarz Barlozza przypomina potrzaskany granit, jak gdyby ktoś posklejał nie pasujące do siebie kawałki. Książę siedzi przy stole i rozmawia o Florianie. Przytacza fakty, omawia wszystkie szczegóły, tak że nie za bardzo już mam o co pytać, a zresztą na te pytania, które naprawdę chciałabym mu zadać, i tak nie udzieliłby mi odpowiedzi. Dlatego milczę i pozwalam, żeby sam się domyślił, co mnie boli.

— Ona nie chciała was martwić. Ani was, ani pozostałych mieszkańców miasteczka. Tak zdecydowała. Ale oczywiście nie dało się tego ukryć. Jakiś pracownik szpitala coś komuś powiedział i tak poszło. W krótkim czasie wiadomość się rozniosła i dotarła również tutaj. Poza tym nie znacie się przecież z Florianą zbyt długo. Siedem, może osiem miesięcy?

Spogląda pytająco na Fernanda, jakby prosił o potwierdzenie.

— Nie chciała robić wam kłopotu, obciążać własnymi problemami.

Wzrok Barlozza skupia się teraz na mnie.

— Wiesz, nie tobie jednej z trudem przychodzi uwierzyć, że ktoś cię naprawdę kocha. Gdy Florì będzie gotowa, bez wątpienia da wam znać, co u niej słychać. A teraz kochajcie ją tak, jak o n a tego pragnie, co niekoniecznie musi się pokrywać z w a s z y m i wyobrażeniami o tym, jak należałoby jej okazywać troskę i miłość.

Książę zakończył wywód i uciął wszelką dalszą dyskusję. Fernando rzuca jeszcze jakieś standardowe pytania, na które Barlozzo odpowiada monosylabami, jakby chciał nam dać do zrozumienia, że nasz limit czasu się wyczerpał. To oczywiste, że powiedział już wszystko, co miał do powiedzenia, i nie należy pytać go więcej.

„Wiesz, nie tobie jednej z trudem przychodzi uwierzyć, że ktoś cię naprawdę kocha" — powtarzam w myślach jego słowa. Przypominają inne, wypowiedziane wcześniej: „Ja mogę sprawić, że poczujesz się kochana, ale ty nie możesz sprawić, żebym ja poczuł to samo. Nikomu się to nie uda. A jeśli będziesz próbować za bardzo, rzucę się do ucieczki. Przecież jestem uciekinierem".

Zanim poznałam Fernanda, to była moja sutra, refleksja na temat własnej kondycji, którą przechowywałam na dnie serca wśród innych, równie bolesnych spostrzeżeń. Możliwe, że ja także mam toskańską duszę. Widocznie Toskańczyka potrafi zrozumieć tylko drugi Toskańczyk i to dlatego Barlozzo zna mnie równie dobrze, jak ja zaczynam poznawać jego.

— A ty, jak to robisz? — pytam Księcia. — Kochasz ją tak, jak ona tego chce, czy raczej zgodnie z własnymi wyobrażeniami? — W jego oczach dostrzegam srebrne błyski. Wie, że to jeszcze nie koniec przesłuchania. — Dlaczego nigdy się z nią nie ożeniłeś?

Barlozzo spogląda na Fernanda jak na wybawcę.

— Może pogadamy o tym innym razem? — proponuje mój mąż.

— Bardzo chętnie o tym porozmawiam. I to tak szybko, jak tylko się da — z wymuszonym uśmiechem odpowiada Książę, kierując się w stronę wyjścia.

Fernando marszczy czoło i dokłada do paleniska. Najwyraźniej nie jest zadowolony z tego, że indagowałam Barlozza. Ja jednak nie mam teraz ani ochoty, ani siły, żeby się tłumaczyć.

Przychodzi mi na myśl, że skoro nie mogę Florì zobaczyć i z nią porozmawiać, to spróbuję do niej napisać.

Wyrywam kilka początkowych kartek z małego notesu, w którym zaczęłam robić zapiski do mojej następnej książki. Kupiłam go w Arezzo. Ujął mnie szorstki, ręcznie czerpany florencki papier, z którego zrobiono okładkę. Widnieje na niej podobizna Madonny Piera della Francesca, malowana subtelną czerwienią, zielenią i złotem. Teraz to będzie notes Florì. W nim mogę opowiedzieć o uczuciach, jakie do niej żywię, myślach, które jej poświęcam i w ogóle o wszystkim, co, jak sądzę, mogłoby ją zainteresować. Może nawet wcale go jej nie dam. Szczerze mówiąc, wątpię, żebym kiedykolwiek odważyła się to zrobić. To jednak, czy Floriana go przeczyta, nie jest takie istotne.

Do naszej „stajni" zawitał grudzień. Wszędzie czuje się wilgoć i ziąb, które wnikają głęboko w stare kamienie. W domu temperatura jest o ponad dziesięć stopni niższa niż na zewnątrz i wszelkie starania, które podejmujemy, żeby się rozgrzać, na przykład palenie w kominku, zakładanie ciepłych skarpet i picie grzanego wina, nie zawsze są skuteczne, a jeśli już, to na krótko. Każdego ranka budzimy się, gdy wszystko wokół tonie w ciemnościach. Jest tak zimno, że podobnie jak alpiniści możemy zrobić tylko dwie rzeczy — ruszać się albo zginąć. Gdy wstajemy z naszego legowiska, czujemy lodowaty chłód, posadzki pokrywa bowiem najprawdziwszy szron. Nawet dźwięk kościelnych dzwonów jest zimny, a ich posępne bicie kojarzy się z pogrzebem, jak gdyby w wieży zamieszkała śmierć.

Zaczynamy nasz dzień opatuleni na wszelkie sposoby. Fernando rozpala ogień, a ja przygotowuję ciasto na chleb i pędzę z nim prędko z powrotem na górę. Wsuwam misę pod kołdrę i obkładam poduszkami, by ciasto miało szansę wyrosnąć. Jestem pewna, że opuszczone przed chwilą przez nas łóżko jest najcieplejszym miejscem w całym domu. Piec kaprysi i potrzeba godziny, żeby zechciał się rozgrzać, a i tak nie trzyma temperatury dłużej niż kilka minut, chyba że w środku coś się piecze. W przeciwnym razie nadyma się, krztusi i gaśnie. Tymczasem w pomieszczeniach na dole zaczyna się lekka odwilż, możemy więc przynieść ledwo co wyrośnięte w łóżku ciasto i zacząć formować z niego okrągłe bochenki. Umieszczamy je w pobliżu paleniska, by jeszcze trochę urosły.

Jeśli idzie o poranną toaletę, to przechodzimy na system zimowy, a mianowicie myjemy szybko zęby, oblewamy twarz wodą i dyskretnie, po angielsku, czym prędzej opuszczamy łazienkę. Obliczamy, że mamy trzydzieści minut dla siebie. Akurat tyle, żeby zdążyć pobiec do baru na śniadanie, zanim ogień zgaśnie, chleb zdąży wyrosnąć, a piec zrobi się gorący. Muszę przyznać, że nasze zimowe życie tutaj graniczy z dziwactwem. Mimo to, niczym strażacy, migiem wkładamy kurtki, kozaki i pędzimy wypić poranne *cappuccini.*

W „Centrale" wszystko bez zmian. Dobre duchy wciąż sprawują nad nim pieczę, bez względu na pogodę, kalendarz i porę dnia. Odbieramy należną nam dawkę duchowego wsparcia, którą sączymy lub wypijamy duszkiem, zależnie od potrzeb.

Potem znowu do domu, by podtrzymać ogień, upiec chleb i włączyć komputer. Co tam chłód, pewne rzeczy trzeba wykonać i już — nie ma odwołania. Nieuchronnie zbliża się moment oddania książki wydawcy; wciąż napływają niecierpliwe e-maile z prośbą o konsultacje; poza tym czeka mnie redakcja tekstów i napisanie zamówionych artykułów o tematyce podróżniczej.

Noszę rękawiczki Barlozza, ciepłe getry i szal z frędzelkami. Usadowiłam się wygodnie przed kominkiem, wciągam w nozdrza zapach chleba, a w żołądku czuję przyjemne ciepło porannej kawy z mlekiem. Książę udostępnił nam swój piec, wielki, klocowaty i żarłoczny, który przez kilka minut nas ogrzewa, wyrzucając z siebie gorące i suche powietrze, dopóki jego nadmierny apetyt nie wysadza wszystkich bezpieczników — gaśnie światło, pada komputer, piekarnik, a w końcu — sam piecyk. Ponieważ stos drewna zmniejsza się w zastraszającym tempie — a z wyliczeń Fernanda wynika niezbicie, że drewno jest droższe niż prąd — opowiadamy się za piecykiem. Muszę znaleźć jakiś sposób, żeby z niego korzystać. Metodą prób i błędów ustalam, że gdy piekarnik jest wyłączony, komputer i piecyk pracują bez zastrzeżeń. Ponieważ jednak instalacja elektryczna jest w podłym stanie, nie mogę włączać wtedy światła. Ale, właściwie, po co komu światło? Tak czy owak, to tylko zwykła niedogodność i nie pozwalam, by wpędziła mnie w przygnębienie. Oczywiście momentami najchętniej odziałabym się w wilczą skórę, ale biorę rzeczy takimi, jakie są, i jest dobrze.

Przypominam sobie samą siebie z dawnych czasów, kiedy pracowałam w Nowym Jorku w ciasnej, dusznej klitce, przykuta do biurka z szarego plastiku i wytężałam umysł, próbując napisać coś błyskotliwego na temat tłuczka do mięsa marki Adolf albo soku winogronowego firmy Welch. Mimo wszystko zdecydowanie wolę swoje obecne miejsce pracy.

Przez chwilę zastanawiamy się, czy nie byłoby dobrze wynająć na pewien czas jakieś biuro, ale o wszystkim jak zwykle przesądzają kwestie finansowe. Tygodniowo nie możemy wydać więcej niż sto pięćdziesiąt tysięcy lirów — czyli siedemdziesiąt pięć dolarów — na jedzenie, benzynę i opał. Nie ma pieniędzy na żadne dodatkowe zakupy czy prace remontowe, chyba że chcielibyśmy naruszyć nasze i tak skromne oszczędności. Ewentualnie mogłabym się rozlokować u Barlozza albo nawet w barze. Wprawdzie miałabym cieplej, ale za to prysnąłby spokój i prywatność. A poza tym już za trzy miesiące nadejdzie przecież wiosna. Tak więc, niczym oddana swemu posłannictwu pustelnica osiadła na lodowatym toskańskim wzgórzu, wsuwam dłonie między uda, żeby rozgrzać palce.

Piszę o architekturze wczesnorenesansowej, pogańskich świętach, polowaniu na dzika, zamieszczam całkowicie oryginalny przepis na toskański chleb bez soli, opisuję panów Ferrary, wina Werony i kopalnie alabastru Volterry. Uspokaja mnie szum naszego prymitywnego piecyka, Paganini i Astor Piazzolla, ogień płonący na kominku, ciepłe światło świec i nieśmiałe zimowe słońce, które przebija się przez żółte kotary.

Ponieważ o tej porze roku w San Casciano nie działa targowisko, w piątkowe ranki wyruszamy do Acquapendente na granicy z Lacjum, gdzie jest gwarnie, tłoczno i wesoło, a w soboty na malowniczy targ do Spoleto. Oba małomiasteczkowe targowiska pyszną się rzędami stołów i straganów, nad którymi pieczę sprawują rolnicze rodziny, układając na nich stosy dorodnych, świeżo zebranych z pól i ogrodów plonów, których dostarczyła tutejsza żyzna ziemia. Naturalnie jeździmy na rynek po to, by zakupić jedzenie, ale czasami myślę, że po prostu chcemy odetchnąć jego atmosferą, zbratać się z rolnikami i choć na moment przypomnieć sobie, jak wyglądało nasze weneckie życie, które wciąż stoi mi żywo przed oczami:

*Ściga mnie wspomnienie „weneckiej Kasby", czuję jej dziki, niepokojący zew. Idę coraz szybciej i szybciej, po lewej stronie mijam sklep z serami i kobietę sprzedającą makaron, w końcu staję przed stołem tak wystawnie nakrytym, jakby czekał na przybycie Caravaggia. Rolnicy są świetnymi handlarzami, odrobinę grubiańscy, uprzejmi, ironiczni. Potrafią uwodzić, stanowią zgrany zespół teatralny. Jeden z nich daje do spróbowania aksamitny strączek groszku albo soczystą fioletową figę, ociekającą miodnym sokiem wypływającym przez popękaną na upale skórkę. Inny rozkrawa małego, soczystego arbuza, który po włosku nazywa się anguria, i na czubku noża podaje kawałek, żebym spróbowała, jak smakuje zimny miąższ. W głębi sceny, za mężczyzną sprzedającym arbuzy, inny przekupień rozcina bladozieloną skórkę kantalupy, wykrawa apetyczny łososiowo-różowy kawałek i kładzie go na brązowej papierowej torebce. Jeszcze inny krzyczy w moją stronę:*

*— Miąższ tej brzoskwini jest tak cudownie biały jak pani skóra!*

Kiedy mieszkałam w Wenecji, z moimi przyjaciółmi z rynku i okolicznych *bacari*, winiarni, rozmawiałam zarówno o zwykłych, codziennych sprawach, jak i o języku, miejscowej kulturze i historii. Ale w Toskanii mówi się tylko o jedzeniu. Dokładnie tak, jak poinformował nas Barlozzo zaraz pierwszego dnia po naszym przyjeździe do San Casciano. Dla mieszkańców wsi nie ma ważniejszego tematu niż jedzenie — wszystko kręci się wokół niego.

Ale dyskusje Toskańczyków ani trochę nie przypominają rozmów Amerykanów, którzy ekscytują się tym, że idą do restauracji, uczestniczą w świątecznym obiedzie albo biorą udział w przyjęciu, na którym ktoś testuje nowy przepis z dopiero co zakupionej książki kucharskiej. Tutaj obiad i kolacja stanowią coś w rodzaju mszy odprawianej dwa razy dziennie. Czemu jakby trudno się dziwić, bo przecież niektórzy Toskańczycy nadal zajmują się rolnictwem, zbieractwem i myślistwem. Często osiągali w swojej dziedzinie prawdziwe mistrzostwo, a przykładem może tu być produkcja *prosciutto.* Prosiaczka trzeba było wykarmić, aby wyrósł na dorodną sztukę, następnie zaszlachtować, udźce posolić i namoczyć w winie, a w końcu zawiesić w stodole wysoko u powały, żeby owiewał je toskański wiatr. Nawet teraz, gdy wiele osób nie ma już ani ochoty, ani potrzeby robić sobie tyle kłopotu, żeby postawić na swoim stole szynkę, mimo wszystko czyni się zadość tradycji, tyle że w inny sposób, a mianowicie przemieniając kupowanie *etto di prosciutto*, dziesięciu deko szynki, w prawdziwy rytuał.

— Z której części udźca będzie pani wykrawać? Pokroi pani na plasterki nożem czy maszyną? Jaki ta szynka ma smak — słodki czy słonawy? Gdzie była robiona? W okolicy? A gdzie dokładnie? Jeśli znowu macie to słodkie byle co z Friuli, wolę wziąć *nostrano,* naszą, swojską. Jak długo dojrzewała? Czy jest odpowiednio wilgotna? Nie za sucha? A nie jest poprzerastana? Proszę dać mi plasterek do spróbowania. I jeszcze z tamtej.

Klient przeżuwa szynkę i widać, że jest w głębokiej rozterce. Kręci z niezadowoleniem głową i mówi w końcu:

— *Che ne so, io? Dammi un etto abbondante di quello lì.* No i co począć? Bądź tu człowieku mądry. Proszę mi nałożyć z dziesięć deko tamtej.

Należy pamiętać, że cała ta wymiana zdań dotyczy zaledwie jednego *antipasto*, przystawki, a przecież jest ich znacznie więcej. Głębokiego namysłu wymaga zakup serów, trzeba schodzić rynek w poszukiwaniu odpowiednich ziół i warzyw, powąchać i pomacać owoce, a do tego jeszcze znaleźć dobry chleb.

— *Mi serve una pagnotta carina, non troppo cotta.* Poproszę ładny bochenek. Niezbyt wypieczony. Nie, ten jest jakiś nieforemny. A ten jeszcze gorszy. Proszę nacisnąć skórkę. *Eh, lo sapevo io, troppo croccante.* No cóż, tak jak myślałem, za bardzo chrupiąca. Trudno, to już wolę tamten.

— Który?

— Ten, który leży na dnie kosza, skoro nie ma nic lepszego.

I pomyśleć, że w tym wszystkim chodzi o tylko jeden posiłek. A przecież dialog, który prowadzą ze sobą sprzedawca i klient, ten swoisty taniec, powtórzy się już następnego ranka, a może nawet jeszcze tego samego dnia po południu, tyle że w nieco okrojonej formie. Często handlarz i kupujący nie szczędzą sobie nawzajem umiejętnie zagranej wyniosłości: krążą wokół siebie, wyprężając przy tym pierś, mówią podniesionymi głosami i przerzucają się ripostami. Istna burleska. Kiedyś widziałam, jak rzeźnik podniósł wysoko w górę *pagliata,* garść splątanych flaków jagnięcych, ciągle jeszcze ociekających mlekiem oraz krwią, i oznajmił z dumą:

— *Guarda, che bello.* Proszę spojrzeć, jakie piękne, cymesik.

Potencjalna klientka natychmiast odbiła piłeczkę:

— Uważa pan, że są takie wspaniałe?! Wyglądają nieświeżo, jeśli mam być szczera, ale i tak muszę je wziąć, skoro nie masz pan nic lepszego.

Rzeźnik ruszył do kontrataku:

— Wyglądają nieświeżo?! Sama pani wygląda nieświeżo — odpowiedział, wrzucając flaki z powrotem do ceramicznej misy. — Jak ktoś ma na karku już tyle lat, to powinien przynajmniej znać się na rzeczy, a nie mówić głupstwa.

— Ach, tak! Zaraz się przekonamy, kto tu się zna na rzeczy. Pański towar jest całkiem do niczego, ale ja zrobię z niego dzieło sztuki — palce lizać. Sam się pan przekona. Uduszę te flaki z czosnkiem i pietruszką, dodam pół litra białego wina swojej roboty i łyżkę gęstego przecieru pomidorowego. Postawię na małym ogniu i tak, *pian piano* będzie się pichciło przez jakieś trzy godziny, aż wszyscy sąsiedzi z *palazzo* zbiegną się pod moje drzwi, przywabieni wspaniałym aromatem. *Sarebbe splendido.* Będzie naprawdę pyszne, zobaczy pan. Przyniosę miseczkę na spróbowanie o siódmej trzydzieści. Niech pan na mnie czeka.

Rzeźnik stara się ukryć uśmiech, który pojawia się na jego twarzy, bo nie chce, aby klientka spostrzegła, jak bardzo jest zadowolony, że mimo wszystko zdołał nakłonić ją do kupna.

Któregoś dnia na rynek przyszła starsza pani z czteroletnim brzdącem, który siedział w spacerówce i marudził. Wiedział, że w papierowej paczuszce pod wózkiem jest jeszcze *focaccia* i domagał się, by babcia podała mu następny kawałek.

— *Ma hai giá finito quello con il gorgonzola?* A skończyłeś już ten z gorgonzolą?

— *Si, ma era troppo piccolo. Adesso ne voglio uno con le cipolle. Dai, nonna.* Tak, ale był za mały. Teraz chciałbym dostać kawałek z cebulą. No, daj mi, babciu.

Kobieta sięga do paczuszki, wyciąga wielki, dwudziestopięciocentymetrowy kawał cienkiego chrupiącego pieczywa i mówi:

— *Mangia, amore mio.* Jedz, kochanie.

Śmiać mi się chce na samą myśl, jaka byłaby reakcja chłopca, gdyby *la nonna* próbowała zaspokoić jego latyński nieposkromiony apetyt krakersem z razowej mąki albo paczuszką Cheerios.

Wózek zatrzymuje się przed piramidą ułożoną z małych fioletowych karczochów. Mają mniej więcej po piętnaście centymetrów i długą, cienką łodygę. Babcia wybiera dla siebie najładniejsze.

Chłopiec w jednej rączce trzyma *focaccię*, drugą zaś wymachuje w stronę babci i mówi:

— *Ma ti dico subito, sono stufo di quei carciofi fatti in padella. Ogni giorno, carciofi in padella. Per carita, nonna, facciamoli fritti oggi.* Lepiej ci zaraz powiem, że mam już zupełnie dosyć tych duszonych karczochów. Codziennie jemy duszone karczochy. Na miłość boską, babciu, chociaż raz zróbmy smażone.

Z całą pewnością istnieje coś takiego jak potrzeba zmiany. Ale jeśli idzie o kuchnię, to rytuały związane z gotowaniem opornie ulegają modyfikacjom, nie dają się łatwo wykorzenić, a najlepiej byłoby, gdyby trwały w niezmienionej postaci. Kiedy przyglądam się im, albo w nich uczestniczę, czasami przypomina mi się Kalifornia. Począwszy od połowy lat osiemdziesiątych, spędziłam tam prawie osiem lat, pracując jako dziennikarka pisząca o gotowaniu i winach. Były to lata chwały, kiedy tworzyła się „nowa" kuchnia kalifornijska. Tak naprawdę wcale nie była nowa. Po prostu stary towar umiejętnie przepakowano i sprzedano jako nowy. Wszak gotowanie dostosowane do pór roku nie było amerykańskim wynalazkiem i nie narodziło się na Zachodnim Wybrzeżu. W tym okresie dużo czasu spędzałam w otoczeniu młodych, świeżo upieczonych absolwentów wyższych szkół gastronomicznych albo kucharzy odbywających praktyki w najlepszych, pięciogwiazdkowych restauracjach. Wśród nich było wiele zdolnych osób, szalenie zaangażowanych w swoją pracę.

Oczywiście znaleźli się i tacy, którym zależało głównie na wypromowaniu własnej osoby, a nie na podtrzymywaniu szlachetnej tradycji. Swój gwiazdorski status woleli podkreślać jeżdżeniem na harleyach, noszeniem butów ze skóry aligatora i obnoszeniem się z aktówką sygnowaną nazwiskiem Louisa Vuittona. To właśnie oni fabrykowali oświadczenia prasowe, z których wynikało, że „świeża kuchnia sezonowa" jest całkiem nową ideą i to właśnie oni są jej twórcami. Na szczęście nie było ich znowu tak wielu, a znakomita większość tych młodych ludzi gotowała z pasją, ekscytowała się przyprawami i próbowała komponować nowe, ciekawe smaki.

Ale w tamtym okresie, podobnie jak dziś, konkurencja była ogromna i twarde prawa rynku decydowały, nie zawsze słusznie, o przegranej lub zwycięstwie. Dochodziło do tego, że aby się wyróżnić na tle innych, kucharze próbowali tworzyć coraz bardziej udziwnione, egzotyczne, wręcz szokujące dania, które mogłyby zaintrygować znudzonych klientów i odciągnąć od stolika w konkurencyjnej restauracji. Oznaką prestiżu przestało być podawanie potraw przyrządzonych w tradycyjny sposób — zamiast doskonałej młodziutkiej fasolki szparagowej, gotowanej, jędrnej i chrupiącej, polanej odrobiną masełka i posypanej kryształkami soli morskiej, zaczęto fasolę miksować z jabłkami, łączyć z mielonymi ostrygami, zapiekać w karczochu, dekorować bazylią i sosem *coulis* sporządzonym z kukurydzy.

Niejeden raz zdarzyło mi się siedzieć przed talerzem, który wyglądał jak namalowany. Użyte składniki były na tyle przetworzone, że nie potrafiłam rozpoznać żadnego z nich, chociaż bardzo się starałam. Gdyby nie zapach, można by pomyśleć, że wszystko jest sztuczne. Jakoś nie bardzo mnie pociągały esy-floresy zrobione z tartych owoców kiwi, które wyciskano z plastikowej butelki i rozmazywano na talerzu, ani konstrukcja z ciasta francuskiego, na której szczycie spoczywał grillowany kotlet jagnięcy, na nim pieczona gruszka, a wszystko otoczone palisadą ze szparagów. Całości tej uroczej kompozycji dopełniała gotowana soczewica rzucona tu i ówdzie na talerz, na przemian z płatkami cynii. Zawsze lubiłam takie jedzenie, które natychmiast pobudzało mój apetyt. Cóż to za przyjemność dostać na kolację martwą naturę, do której nie wiadomo nawet, jak się zabrać. Rodzi się nieufność, człowiek trzyma w ręku nóż i widelec, ale targają nim wątpliwości, a do głowy cisną się różne pytania. Czy kałuża „czegoś czerwonego" to starte buraczki czy zmiksowane wiśnie? A może jedno i drugie wymieszane? Któregoś razu do podobnego duetu dodano jeszcze wywar z ryby. Im bardziej kucharze mnożyli eksperymenty, zmieniając strukturę wszystkiego, co gotowali, i nadając jedzeniu udziwnione formy, tym trudniej przychodziło mi czerpać z mojej pracy jakąkolwiek satysfakcję.

Dlaczego kuchmistrze i piekarze nie mogą iść śladem wytyczonym przez Alice Water albo, patrząc bardziej na północ, Larry'ego Forgione? Najchętniej pozbierałabym tych wszystkich kulinarnych purystów i przywiozła ich tutaj, gdzie mogliby stanąć przy kuchennym piecu obok miejscowych kucharzy, którzy potrafią przygotowywać inne menu na każdy wieczór, a ich potrawy skomponowane są z tego, co rankiem kupili na rynku. W dodatku wcale nie uważają się z tego powodu za geniuszy. Już bardziej za tych, którzy idą na czele, wytyczając innym drogę i przekazując im swoje cenne dziedzictwo. Ustawiają na stołach wspaniałe potrawy, które wyglądają i smakują doskonale, bez udziwnień. Tak jak nakazuje tradycja i stare, dobre, sprawdzone zasady gotowania, które przetrwały i mają się świetnie, co można łatwo sprawdzić, zaglądając do dowolnej, choćby najskromniejszej wiejskiej *osterii* lub *trattorii* na terenie Włoch. Żaden z tych doskonałych kucharzy nigdy nie wpadłby na pomysł, żeby mieszać buraczki z wiśniami i łączyć to jeszcze z rybnym wywarem. Może z wyjątkiem tych, którzy wyrzekli się swego dziedzictwa i zaczęli naśladować Kalifornijczyków.

Ale przez wszystkie lata moich kulinarnych podróży niemal w każdym miejscu, gdzie się znalazłam, pobierałam tę samą lekcję. Kuchnie całego świata mają wiele wspólnego, podobnie jak ludzie, którzy je tworzą. Ze zboża wszędzie powstaje chleb, tyle że jego forma może być różna — są chleby płaskie, których zrobienie nie zabiera wiele czasu, dla głodnych i zagonionych — wystarczy palenisko opalane drewnem, węglem lub torfem; są też i takie, które gotuje się na parze, smaży albo wypieka. Są trawy i zioła, które wysiewają się same, nawet tam, gdzie panuje susza, a rozwijają się tak bujnie, jakby rosły na polach strefy umiarkowanej. To co uprawia się w danej kulturze, zależy od lokalnych warunków — rodzaju gleby, skał, zasobów wody, ale także od pracy ludzkich rąk i dziedzictwa przeszłości. W każdej kulturze poddaje się fermentacji jakieś owoce, warzywa lub zioła i destyluje alkohol. Wszędzie tam, gdzie hoduje się świnie i krowy, powstają lokalne przysmaki zrobione z wieprzowiny lub krowiego mleka. W Alzacji będzie to *flammkuche,* w Umbrii tradycyjny chleb z dodatkiem tychże dwóch składników, który kształtem przypomina ślimaka i dlatego nazywa się *lumachelle.* No i jak Ameryka mogłaby się obyć bez szynki i sera? *Ravioli* też mają swoje odpowiedniki, takie jak kreplach albo sajgonki, które z kolei podobne są do *canederli,* knedli z Górnej Adygi, regionu Włoch graniczącego z Austrią. A ci, co nie jedli mięsa, żywili się zbożem. Ziarno, różne jego gatunki, zalewali wodą, by otrzymać kleik. Rzymianie mówili na tę mamałygę *puls,* co w różnych językach zostało przyswojone jako *polenta* albo *pulses, pablum* lub *pap* — wciąż jednak była to ta sama pożywna zbożowa papka.

Tego rodzaju paralele najłatwiej jest zauważyć, czytając menu, gdzie w zestawie dań pojawia się „pieczona polenta i pesto z rukoli", czyli po prostu inna wersja „mamałygi z zieleniną". Potrawy całego świata to historia powtórzeń, tak jak muzyka fortepianowa jest historią tego, co talent — wielki lub nieco skromniejszy — może wyczarować i wydobyć z tych samych osiemdziesięciu ośmiu klawiszy.

To samo zdrowe, naturalne podejście do kuchni i gotowania, które możemy zaobserwować we włoskich restauracjach, praktykowane jest również w tutejszych domach. Nikt nie musi się zbytnio zastanawiać, co przygotować na kolację. Każdy dzień dyktuje coś innego. Przy czym najistotniejszym czynnikiem kształtującym menu jest nie tyle sezonowość, co raczej pogoda. Liczy się to, czy dłuższy czas padało, czy było wystarczająco gorąco, by zdążyła dojrzeć czerwona papryka, i czy nie należałoby jeszcze poczekać ze zbiorem żółtej fasolki szparagowej i młodych drobnych kartofelków.

Tutaj ubodzy ludzie jadają znacznie wspanialsze dania niż bogacze w Ameryce. Dlatego często stawiam sobie pytanie — gdy wodę, w której gotowałam ziemniaki, dodaję do ciasta, by chleb był bardziej sycący, gdy ziemniaki polewam sosem kapiącym z pieczeni lub kiedy duszę czerstwy chleb z oliwą i dzikimi ziołami, by zrobić aromatyczną zupę — co to właściwie znaczy być ubogim? Myślę, że powoli zaczynam się uczyć, jak żyć przyjemnie, niezależnie od tego, czy czasy są ciężkie, czy też opływam w dostatki. Zasadniczo podejście do życia jest w obu wypadkach takie samo. Cała sztuka polega na tym, by słowo *abbondanza,* dostatek, umieć odpowiednio zdefiniować. Dla nas dostatek to, na przykład, pełna świeżo wytłoczonej oliwy *giara*, mniej rzeczy, ale za to nieco więcej czasu dla siebie. Pamiętam, jak Barlozzo mówił nam o dawnych czasach, gdy bogactwem było mieć trzy worki kasztanów zamiast dwóch. To trochę inny rodzaj bogactwa niż ten, któremu hołdują moi kalifornijscy znajomi, którzy mają kuchnie o powierzchni blisko stu metrów kwadratowych wyłożone trawertynem, trzy piekarniki, dwie zmywarki, dwie lodówki, kominek, bar, łazienkę i przebieralnię dla kucharza. Życie w Toskanii cechuje prostota i przejrzystość.

A poza tym nie można czuć się ubogim, gdy w ogrodzie stoi piec opalany drewnem. Nawet w czasie chłodów nie zrezygnowaliśmy z gotowania na dworze, mimo że w tym okresie trzeba włożyć znacznie więcej wysiłku w zabezpieczenie sągu drewna. Rozpalamy piec raz w tygodniu i gotujemy ile się da — chleby, *focaccie,* dusimy albo pieczemy, robimy gulasz z jarzynami. A na koniec wsuwamy do ciepłego jeszcze pieca gruszki i jabłka przechowywane w stodole albo mięsiste suszone figi i śliwki, do których dodajemy garść pokruszonej kory cynamonowej i odrobinę *vin santo.* Potem, przez cały tydzień, korzystamy z zapasów, bierzemy trochę takiej czy innej potrawy i odgrzewamy w piekarniku. To naprawdę doskonały plan, pod warunkiem że ma się gdzie składować tę pachnącą ogniskiem obfitość jedzenia. Nasza lodówka jest tylko trochę większa od barku w pokoju hotelowym. Na szczęście przerabiałam taką sytuację już wcześniej i udało mi się znaleźć stosowne rozwiązanie.

Kiedy mieszkałam z dziećmi w Cold Spring nad rzeką Hudson, zajmowaliśmy kamienny wiejski dom, który dawniej należał do ogrodnika, i był usytuowany na skraju parku otaczającego posiadłość. Dom był naprawdę wspaniały, ale niezbyt wielki i dlatego wszystko w nim było odpowiednio pomniejszone, nawet lodówka. Zimą, przez całe niedziele tylko gotowaliśmy i piekliśmy, a wszystkie zapasy trafiały potem do bagażnika starego forda pinto. Brytfanny z duszoną wołowiną i kurczakiem, kluski, czerwona papryka nadziewana kiełbasą i chlebem, pieczeń rzymska obłożona bekonem, kukurydziany pudding, ziemniaki zapiekane z ementalerem albo garnek duszonego w śmietanie szpinaku — wszystko to poutykane ściśle obok siebie, jak w układance, świetnie się przechowywało w mojej lodówce na kółkach, którą codziennie jeździłam do pracy, modląc się tylko, żeby nie przyszła odwilż.

Opowiadam o swoich doświadczeniach mężowi.

— A może byśmy tak przechowywali nasze zapasy po prostu w stodole? — pytam.

— Coś ty, zaraz by się do jedzenia dobrały jakieś zwierzaki, które żerują nocą.

— Jeśli odpowiednio wszystko zabezpieczymy, na pewno się nie dostaną. Wystarczy zbudować porządną skrytkę. Możemy ją zrobić z cegieł, drewna albo kamieni. Wszystkiego mamy pod dostatkiem.

Jestem przygotowana na słowną utarczkę, ale nic takiego nie następuje.

— *Va bene,* OK — mówi Fernando. — Wspólnie z Barlozzem spróbujemy dziś po południu coś wymyślić. Ten pomysł na pewno mu się spodoba. Wczoraj wieczorem wspominał też, że chciałby porozmawiać z nami o Bożym Narodzeniu.

Nie bardzo chce mi się rozmawiać o Bożym Narodzeniu. Nie przepadam za narzuconymi odgórnie świętami, które wydają mi się trochę sztuczne. Wolę świętować po trochu każdego dnia, czerpać radość z różnych małych przyjemności, które niesie chwila. Nie lubię wielkich widowisk pewnie dlatego, że nieuchronnie się kończą. A wtedy wcale nie czujemy się wypoczęci i zrelaksowani, tylko raczej przytłoczeni nadmiarem wrażeń.

Zwyczajne życie podoba mi się na tyle, że nawet w okresie świąt wolałabym, żeby wszystko szło zwykłym trybem. Chciałabym rozpalić ogień, upiec chleb, pobiec do „Centrale" na śniadanie, przygotować wspaniały lunch, by zjeść go w towarzystwie Fernanda i Barlozza, czytać i robić zapiski przy ognisku, włóczyć się po lesie i po ściętych mrozem łąkach wśród plątaniny traw, a wreszcie, na wskroś przemarznięta, wpatrywać się w czarne, gwieździste niebo. Potem najchętniej wzięłabym gorący kubek pachnącego goździkami grzanego wina, by się nim rozkoszować w towarzystwie przyjaciół i sąsiadów, którzy pod wieczór z pewnością również zawitaliby do baru.

Ponieważ zarówno moja córka, jak i syn postanowili spędzić Boże Narodzenie z rodzinami swoich partnerów, to chociaż nie jest mi łatwo się z tym pogodzić, rozumiem ich decyzję, bo przecież gdy ma się dorosłe dzieci, których życie wcale nie jest takie proste, trzeba umieć się nimi dzielić. Wiem, że spędzą z nami dwa letnie miesiące i ta świadomość trochę mi pomaga, chociaż pewien niedosyt pozostaje. Chciałabym też zobaczyć się z Florianą. Wysłałam do niej krótką wiadomość przez Barlozza, pytając, czy nie moglibyśmy do niej wpaść po drodze. Nie dostałam odpowiedzi.

W drugim tygodniu grudnia tłoczenie świeżej oliwy staje się pretekstem do hucznego świętowania w każdym miasteczku i *borgo*. Na placach płoną ogniska; stoją wielkie, opalane drewnem ruszty, na których piecze się chleb i kiełbaski; na rożnach rumienią się prosięta. Są też prowizoryczne kuchenki gazowe, służące do przygrzewania czerwonego wina; grają akordeoniści i duety mandolinowe; popisują się swoimi umiejętnościami *mangiafuochi,* połykacze ognia i *giocolieri,* sztukmistrze w średniowiecznych strojach; wróżki w satynowych spódnicach przepowiadają przyszłość z kart tarota, a biskupi w jedwabnych szatach przychodzą święcić oliwę i ludzi, którzy będą ją spożywać. Wysokie języki ognia ogrzewają zgromadzonych i spajają w jedno rytuały pogańskie ze świętymi rytami. Wiejskie festyny mają uzdrawiającą moc. Wesołe hulanki i zabawy są pożądanym przerywnikiem, urozmaicającym monotonię życia rolnika.

Podobnie jak większość mieszkańców San Casciano wybieramy się do Piazze na *sagra dell'olio nuovo.* Założę bryczesy z diagonalu, buty do konnej jazdy, białą koronkową koszulę z ciasno przylegającym kołnierzykiem, sięgającym pod brodę, a na wierzch kurtkę z miękkiej skóry w kolorze słodkiego wina. Włosy spróbuję upiąć wysoko i schować pod brązowym beretem.

Gdy wyskakujemy z furgonetki Księcia w tę toskańską noc, niebo jest bezgwiezdne, wokół pachnie palonym drewnem i świeżym śniegiem. Miasteczko ma może siedemdziesięciu pięciu mieszkańców, a my idziemy w tłumie, który liczy z pięćset osób. W ciemnościach kierujemy się w stronę miejskiego parkingu, gdzie odbywa się *sagra.* Tam jest już widniej. Pierwsza rzecz, którą zauważam, to *paiuolo,* kocioł umieszczony nad ogniem, który trawi ogromny stos drewna, jakby w oczekiwaniu na czarownicę. W wielkim garncu dusi się czerwona fasola *borlotti,* ponacinane połcie słoniny, liście szałwii i pędy rozmarynu, całe główki zmiażdżonego czosnku — wszystko to bulgoce w wywarze z pomidorów i czerwonego wina. W pobliżu stoją dwa wąskie ruszty, każdy o długości około trzech i pół metra. Czerwony żar przyprószony jest białym popiołem z drewna oliwnego i pędów winorośli. Najgęstszy tłum gromadzi się właśnie wokół tych rusztów. Wszyscy czekają, aż upiecze się chleb, z którego powstaną *bruschette.*

Do jednego z rusztów podchodzi mężczyzna z dużym koszem wypełnionym pieczywem pokrojonym na dwucentymetrowe kromki. Błyskawicznie i nadzwyczaj zręcznie rozkłada kawałki chleba najpierw na pierwszym, a potem na drugim ruszcie. Następnie nachyla się, żeby położyć najdalej wysunięty rządek. Gorący popiół sprawia, że nie upływa nawet minuta i chleb zaczyna się przypiekać. Mężczyzna pędzi do pierwszego rusztu, by jak najszybciej obrócić chleb na drugą stronę. W pośpiechu chwyta szczypce, które przypominają chirurgiczny instrument. Ma ich dwie pary i posługuje się nimi na zmianę, pracując w ustalonym rytmie. Nigdy się przy tym nie myli. Wygląda jak muzyk grający na marimbie, przesuwa się lekkim, tanecznym krokiem wzdłuż rusztu, jakby wykonywał glisadę przed przystąpieniem do piruetu. Gdy obie strony chleba są delikatnie przypieczone, przekłada wszystkie kawałki na sporych rozmiarów patelnie. Wtedy na scenę wkracza drugi tancerz, z dwulitrową butlą gęstej zielonej oliwy zaopatrzoną w specjalny kranik. Delikatnie skrapia nią gorący chleb z wysokości około metra. Zza jego pleców wyłania się trzeci tancerz, który polane oliwą kromki posypuje solą morską. W zetknięciu z gorącym chlebem perłowe drobinki topią się jak lód na rozgrzanej blasze. Gdy tylko pierwsza taca jest pełna, ktoś przekazuje ją oczekującym, a potem następną, aż cały chleb zostaje rozdany i wirtuoz marimby znów może rozpocząć swój ekscytujący taniec.

Na bloczkach z żużlobetonu ustawiono coś w rodzaju proscenium. Za biało nakrytym stołem siedzi szacowna komisja złożona z kiperów, którymi są czterej starsi mężczyźni. Przed nimi stoi sześć przezroczystych butelek z oliwą, przy czym każda pochodzi z innego konsorcjum i jest oznaczona numerem, oraz rząd szklaneczek do kosztowania oliwy.

Zaczyna się testowanie, niemal tak uroczyste jak licytacja burgundzkiego wina. Sędziami są emerytowani rolnicy, a ponieważ w tych stronach prawie nigdy nie przechodzą oni na emeryturę, ci tutaj muszą mieć chyba blisko dziewięćdziesiąt lat. Niemal wszyscy noszą ocieplane nakrycia głowy, głównie typowe *colbacco* — wełniane czapki z nausznikami, wyścielone króliczym futerkiem. Tylko jeden z sędziów jest na tyle odważny, by pomimo zimowej aury siedzieć w filcowym kapeluszu z wywiniętym rondem. Pierwsza oliwa zostaje rozlana do szklaneczek. Czterech kiperów pochyla się nad nią, wciągając w nozdrza aromatyczną woń. Następnie sędziowie oglądają oliwę w przyćmionym świetle latarni parkingowych i zapisują swoje wrażenia w żółtych notesikach. Po chwili przystępują do degustacji. Oceniają smak oliwy, a niekiedy biorą nawet kilka łyków. Znów pilnie piszą. Skrapiają nią grillowany chleb i notują kolejne uwagi. Przy stoliku sędziowskim zakazane jest picie wina i stąd wiem, że cała impreza szybko się zakończy.

Tak jak się można było tego spodziewać, każdy rodzaj oliwy został oceniony w zaledwie parę minut — sędziowie powąchali, spróbowali, wypili i wydali werdykt. Gdy ogłoszono zwycięzcę, zgromadzony tłum zgotował gorącą owację. Jednogłośnie za najlepszą uznano oliwę z konsorcjum w Piazze. Barlozzo twierdzi, że nie mogło być inaczej, skoro do oceny przedstawiono tak naprawdę jeden gatunek oliwy. Jego zdaniem wszystkie butelki zawierały to samo, a staruszkowie nie odróżniliby jednej oliwy od drugiej, nawet gdyby któraś z nich pochodziła z Apulii albo i z Grecji. Mimo to wchodzi na podest, żeby pogratulować sędziom i właścicielowi przetwórni. Widać, że bardzo lubi swoich sąsiadów, chociaż próbuje to ukryć, wygłaszając sarkastyczne komentarze.

Uwaga publiczności znowu skupia się na podium, jako że burmistrz ogłasza zwycięzców wieczornej loterii fantowej, z której dochód przeznaczony jest na pobielenie wnętrza kaplicy świętej Agaty. Ośmiu rosłych i barczystych mężczyzn wnosi na podest nagrody. Są to cztery ogromne *mortadelle,* z których każda waży jakieś dwadzieścia kilo. Ten widok doprowadza rozgorączkowany tłum do szaleństwa. Pierwsza nagroda to dwie całe *mortadelle,* druga to jedna mortadela, trzecia pół, a czwarta — druga połowa trzeciej nagrody.

Akompaniując sobie na mandolinie, ktoś śpiewa wesołym głosem o niebezpieczeństwach fałszywej miłości, a my kierujemy się tam, gdzie z ceramicznych dzbanów nalewają do styropianowych kubków niemal wrzące jeszcze wino. Popijamy ostrożnie gorący trunek. Czujemy, jak przenika nas przyjemne ciepło. Usadawiamy się przy wspólnych biesiadnych stołach, każde z nas w innym miejscu. Mnie trafia się krzesło obok znajomego rzeźnika, który tego wieczoru wyjątkowo nie ma ani swojego nieodłącznego tasaka, ani modnego paska. Po mojej drugiej stronie siedzi gość z Rzymu. Opowiada, że przyjeżdża na *sagrę* co roku autobusem, razem z trzydziestoma pięcioma innymi rzymianami. Ludzie siedzący obok niego przy stole dziwią się, że woli pozostać mieszczuchem, zamiast przeprowadzić się do pięknego Piazze, gdzie jest przecież o wiele przyjemniej. Nie ma w tych uwagach ani krzty złośliwości czy ironii, jedynie szczera chęć namówienia mieszkańca Rzymu do zmiany stylu życia.

Na stołach pojawiają się coraz to nowe *bruschette,* a z beczek wciąż płynie do dzbanów strumień wina. Do białych plastikowych miseczek nakładana jest teraz fasola, której intensywny zapach drażni nasze nozdrza, pobudzając apetyt.

— *Evviva, i fagioli*! — krzyczą mężczyźni, jakby odkryli żyłę złota. „Wiwat fasola!".

Duszona w starym kotle, napęczniała i jędrna, smakuje po prostu nieziemsko i pozostawia z uczuciem rozkoszy podobnej do tej, jaką sprawia nieoczekiwany namiętny pocałunek złożony na karku. Kawałeczek chleba, kolejna łyżka fasoli, trochę wina — wszystko to idealnie ze sobą współgra i wzajemnie wzbogaca swój smak. Fasola, chleb, oliwa i wino. Znowu przychodzi mi na myśl pytanie. Co to właściwie znaczy być ubogim?

O trzeciej nad ranem w wigilię Bożego Narodzenia słyszymy klakson furgonetki Barlozza. Przyjechał, żeby zabrać nas na wyprawę do Nursji po czarne diamenty, czyli trufle. W południowo-wschodniej części Umbrii, w pobliżu Abruzji, płytko pod powierzchnią ziemi, wśród korzeni dębów, brzóz i leszczyny rosną tajemnicze bulwy. Miejscowy zapaleniec o imieniu Virgilio, stary znajomy Księcia, poprowadzi nas na wzgórza.

Spotkamy się z nim w wyznaczonym miejscu, o umówionej porze. Owinięty jest tradycyjną czarną, wełnianą peleryną, jaką noszą *trifolau,* poszukiwacze trufli, ma skórzany kapelusz z małym rondem, fikuśnie przekrzywiony na bok głowy; on i Książę, ubrani w maskujące kurtki, wyglądają doprawdy niesamowicie. Zostawiamy w polu furgonetkę Barlozza i wspinamy się na pakę starego pick-upa należącego do Virgilia. Gnieździmy się pośród zwojów lin i pustych gąsiorów po winie, natomiast Książę i jego znajomy zajmują miejsca w kabinie i przekazują sobie z rąk do rąk butelkę grappy. Gdy zaczynamy pieszą wędrówkę, Virgilio opowiada nam, że kopie trufle już od sześćdziesięciu lat i teraz potrafi je w y c z u ć nawet wtedy, gdy jest bardzo zimno, pod warunkiem że ziemia nie jest zamarznięta. Twierdzi, iż dałby sobie radę nawet bez swojej suki, która wabi się Mariarosa.

— Miałem mnóstwo doskonałych psów przyuczonych do zbierania trufli. Wszystkie przeżyłem i od każdego z nich starałem się czegoś nauczyć. Ostatni z nich, zanim nastała Mariarosa, towarzyszył mi przez osiemnaście lat. Gdy tamta suka z dnia na dzień traciła węch, mój własny zdawał się coraz bardziej wyostrzać. Jak gdyby chciała przekazać mi w darze wszystkie swoje uzdolnienia i umiejętności. Kiedy odeszła, myślałem, że obejdę się bez psa. Ale pewnego dnia przypętała się Mariarosa. Małe, mądre psisko, takie właśnie, jaki powinien być każdy pies przyuczony do wyszukiwania trufli. Ona jest wierniejsza od żony — oznajmia Virgilio, wyraźnie już zmęczony swoją długą opowieścią.

Barlozzo nieświadomie przejmuje styl bycia Virgilia. Gdy zadajemy mu pytania, mruczy coś pod nosem, a czasami w ogóle nas nie słucha, tylko wpatruje się gdzieś w dal. A może jego prawdziwa natura po prostu bardziej się uwidocznia, gdy trafia na kogoś takiego jak Virgilio? W tym momencie nie ma to zresztą większego znaczenia, nastaje bowiem bladoniebieski świt Bożego Narodzenia.

Przemierzamy wzgórza, które niegdyś zamieszkiwali jedynie święci i węże. Wokół panuje cisza. Słychać tylko chrzęst śniegu pod butami, nasze oddechy i, od czasu do czasu, krakanie jakiegoś ptaka. Mariarosa zatrzymuje się nagle koło jakiegoś dębu i węszy przy ziemi. Zaczyna szczekać, a potem wyć, tańczy z podniecenia, uszy kładzie po sobie i łapie w nozdrza wiatr. Znalazła trufle. Virgilio uspokaja ją i po chwili psina wydaje z siebie tylko ciche skomlenie, sam zaś klęka pod drzewem i za pomocą łopatki delikatnie wygarnia ściółkę spod mniejszych korzeni. Następnie bierze do ręki coś w rodzaju szufelki i nabiera na nią tylko odrobinę ziemi, nie więcej niż łyżkę. Delikatnie obmacuje gołymi rękami grunt i wydobywa truflę. Oczyszcza bulwę z czarnej, tłustej gleby i ostrożnie umieszcza grzyb w płóciennym woreczku, który nosi przewieszony przez pierś. Dla pewności jeszcze raz przeszukuje zagłębienie, w którym była trufla, przykrywa je na powrót warstwą ziemi i dokładnie uklepuje, niejako w dowód wdzięczności. Delikatnie przyciska pysk suki do miejsca, w którym znalazła truflę, żeby utrwaliła sobie zapach, a potem przytula ją i w nagrodę wyciąga z kieszeni ciasteczko.

Z paroma drobnymi zmianami, magiczna procedura zostaje powtórzona pięć albo sześć razy, aż w końcu Virgilio ogłasza przerwę śniadaniową i prosi, byśmy się do niego przyłączyli. Podaje Księciu płócienny woreczek. Przysuwamy się do Barlozza, aby obejrzeć zawartość sakiewki i poczuć charakterystyczną woń. Naszym zachwytom nie ma końca. Przerzucamy się nazwami wykwintnych potraw sporządzanych z dodatkiem trufli, które zamierzamy gotować w ciągu kilku następnych tygodni.

— *Calmatevi* — odzywa się Książę. — Tylko spokojnie. Zobaczymy, ile z nich będziemy mogli wziąć do domu. Najpierw trzeba je zważyć i wycenić.

Siadamy dokoła stołu w małej, gwarnej *osterii.* Co dziwne, zajmujemy ostatni wolny stolik. W sali aż roi się od myśliwych, z których większość rozebrała się do wełnianych podkoszulków. W zadymionych i zaparowanych pomieszczeniach czują się jak u siebie w domu. Nareszcie odpoczywają po trudach polowań, wypijają litry czerwonego wina, pochłaniają wołowe steki, miski gęstej zupy i góry makaronu. Jest dopiero ósma rano, ale my także jesteśmy na nogach od godziny trzeciej, podobnie jak myśliwi, którzy od świtu krążyli po lasach i wzgórzach w poszukiwaniu zwierzyny. Nic dziwnego zatem, że przystąpili do ucztowania o tak wczesnej porze.

Zaczynamy posiłek od *frittata di tartufi* — płaskiego, cienkiego jak papier omletu, niemal pomarańczowego koloru. Tak intensywna barwa *frittaty* pochodzi od zasobnych w różne składniki odżywcze żółtek, które zawierają jajka znoszone przez kury karmione zbożem. Na całej powierzchni omletu leżą pachnące delikatnie piżmem, grube i czarne krążki trufli. Prawdę mówiąc, odnoszę wrażenie, że te jajka to tylko pretekst, maślanozłote tło, którego użyto jedynie po to, by w odpowiedniej oprawie zaserwować trufle. Sięgam po kieliszek, by napić się wina, ale Barlozzo mnie powstrzymuje i prosi, żebym z tym zaczekała. Dzieli wielki okrągły omlet na cztery części, najpierw częstując Virgilia, a potem nas. Ostatni kawałek kładzie na swoim talerzu. Robi wszystko z dużą wprawą, powagą i dostojeństwem.

— No, szybko, zjedzcie to z zamkniętymi oczami — radzi.

Wrażenie jest naprawdę piorunujące. A przecież to tylko jajko, owocnik dzikiego grzyba i trochę słodkiego masła. Fernando nadal ma oczy zamknięte, tak jak nakazał Książę, aż wreszcie Barlozzo odczynia zaklęcie, podnosi kieliszek i mówi:

— *Buon Natale, ragazzi.* Wesołych Świąt, moi drodzy.

Nawet Virgilio wydaje się zadowolony z naszej reakcji na pierwszą część śniadania.

— To naprawdę najlepszy znany mi sposób podawania trufli. Jajka smaży się na świeżym białym maśle, na bardzo wolnym ogniu. Zanim zdążą się ściąć, należy posypać je jak najobficiej truflami — dajemy ich tyle, ile jesteśmy w stanie kupić albo ukraść. Przykrywamy patelnię na kilka sekund, aby przygrzać trufle i uwolnić aromaty, po czym stawiamy ją na stole. Ale to jeszcze nie wszystko. Reszta jest równie ważna. Nie pijemy wcześniej wina, powinniśmy mieć pusty żołądek, nieposkromiony apetyt, jeść w świetnym towarzystwie lub w samotności. Zupełnie jak w miłości: wystarczy, że jeden element nie zagra jak należy — zaraz cały czar pryska i wszystko odbywa się mechanicznie, nie dostarczając przyjemności większej niż zjedzenie ziemniaków albo jajek.

Może ten Virgilio wcale nie jest milczkiem, tylko po prostu oszczędza siły, ażeby potem właściwie je spożytkować i trafić w samo sedno.

Jest już prawie ciemno, gdy wjeżdżamy na podwórko Palazzo Barlozzo. Miasteczko otula szarzejący zmierzch i mgły. Stoję na skraju ogrodu i obserwuję, jak okna domów rozbłyskują światłem, jedno po drugim. Fernando i Barlozzo robią plany na później, ale ja ich nie słucham. Posyłam Księciu całusa i idę na górę, marząc o ciepłej kąpieli.

W wannie stoi drzewo. Również w sypialni znajduję sześć iglaków opartych o ścianę w jutowych workach. Są także na korytarzu prowadzącym od głównego wejścia, na półpiętrze, pięć odkrywam w „stajni" i w ogóle cały dom cudownie pachnie lasem. Jestem zachwycona. Fernando, który stoi tuż za mną, wybucha radosnym śmiechem, gdy widzi moją reakcję na jego bożonarodzeniowy prezent.

— Powiedziałem *vivaio,* właścicielowi szkółki, żeby dostarczył je dzisiaj rano. Zostawiłem mu klucz i butelkę wina. Są piękne, prawda? Po Trzech Królach posadzimy je wzdłuż najbardziej oddalonej od domu granicy ogrodu. Będą wyglądać wspaniale. To najlepszy prezent, jaki mi przyszedł do głowy — dla nas obojga. *Un gesto simbolico,* gest symboliczny, jak mi się wydaje. Przesadzimy je tak, jak przesadziliśmy siebie — tłumaczy.

Całuję go mocno i długo, a potem znowu. Bierzemy kąpiel, trochę odpoczywamy, ubieramy się i schodzimy na dół, żeby otworzyć butelkę jakiegoś alkoholu, i okazuje się, że Książę już tam czeka. W kominku płonie ogień, a na stole w wiaderku zauważam butelkę musującego *vino da festa*, czyli wina biesiadnego, jak mówi Barlozzo. Przy kuchennych drzwiach stoi gęsta i wysoka srebrna jodła osadzona w metalowym stojaku. Ma zagięty czubek, bo nie mieści się pod zbyt niskimi krokwiami.

— Nie wiedziałem, gdzie ją postawić, więc chwilowo tutaj wcisnąłem. Wiem, że zaraz zaczniesz na mnie krzyczeć, bo wyciąłem drzewo, ale to pierwsze Boże Narodzenie od bardzo dawna, które wprowadza mnie w atmosferę świąt. Tak naprawdę ściąłem to drzewo dla siebie i przyniosłem je tutaj tylko dlatego, że u was w domu jest więcej miejsca — mówi, rozciągając usta w uśmiechu.

Zapewniam go, że jodła jest piękna i bardzo mi się podoba. Nagle również do mnie dociera, że to naprawdę Boże Narodzenie. Świąteczny nastrój udziela się chyba także mojemu mężowi, bo pędzi do stodoły, żeby odszukać pudło z bożonarodzeniowymi ozdobami, które przywieźliśmy z Wenecji. Niestety, wraca z pustymi rękami. Dochodzimy do wniosku, że dekoracje musiały zostać w samochodzie Albańczyków, ale nie martwimy się tym zbytnio, bo zarówno drzewko Barlozza, jak i te, które wstawił do mieszkania Fernando, wyglądają cudownie.

Jesteśmy w prywatnym lesie, a towarzystwa dotrzymuje nam cierpkie wino, wielka, ciemna jodła i jej krewniacy, strojni w blask strzelających z kominka płomieni. Zapach drzewek jest oszałamiający, wypełnia szczelnie nasz mały zaścianek. Siedzimy zapatrzeni w ogień i milczymy. Myślę, że nie przygotowałam nic słodkiego — żadnych pierniczków, cukierków ani ciast. Nie przyszykowałam świątecznego grzanego wina ani nie zrobiłam pieczeni. Poza drzewkami i truflami nie było innych prezentów. Ale uniknęłam też zgiełku i zmęczenia, złego humoru i wątpliwej przyjemności kosztowania świątecznego ajerkoniaku. Mamy naprawdę udane święta.

Staram się przecisnąć obok wielkiej choinki Księcia i dostać do kuchni, żeby poszukać jakichś smakołyków dla moich panów, ale wtedy Barlozzo oznajmia:

— Ponieważ mamy być u Pupy przed ósmą, a jest już prawie siódma, to może lepiej skoczymy do baru? Ach tak, byłbym zapomniał, Floriana przesyła wam pozdrowienia i mówi, że czuje się całkiem dobrze. Merry Christmas! — dorzuca Książę z beduińskim akcentem, wyraźnie zadowolony ze swojej angielszczyzny.

Dochodzę do wniosku, że coraz bardziej lubię, gdy Barlozzo pozostawia różne niedomówienia i mogę się tylko domyślać, co naprawdę czuje.

## Bruschetta (wym. brusketta) — jedyny prawdziwy i oryginalny przepis

Niemal wszyscy cudzoziemcy przyjeżdżający do Italii nie potrafią poprawnie wymówić słowa *bruschette,* co niekiedy wywołuje zażenowanie, ale częściej tłumiony śmiech kelnerów i Włochów jedzących obiad przy sąsiednim stoliku. Jednak ważniejsza od wymowy jest odpowiednia jakość wiejskiego chleba. Kroi się go na niezbyt grube kromki i opieka delikatnie na ruszcie opalanym drewnem, następnie skrapia oliwą extra virgin i posypuje solą morską. Jest to rdzenny toskański przysmak, wywodzący się z bardzo dawnych czasów. Dodatek posiekanych świeżych pomidorów niesamowicie wzbogaca smak *bruschette*, szczególnie w środku lata, natomiast czosnek, którym naciera się gorące kromki, dodaje im aromatu. Ale ortodoksyjni zwolennicy kuchni toskańskiej powiedzą, że najlepsze *bruschette* nie potrzebują czosnku ani pomidorów — wystarczy tylko oliwa i sól.

Chcąc przygotować *bruschette* w domu, trzeba kupić (albo zrobić) dość zwarty, chrupiący chleb, pokroić go na kawałki o grubości około 1,5 cm, umieścić w gorącym piekarniku albo na ruszcie opalanym węglem drzewnym lub drewnem i podpiec delikatnie z obu stron. Następnie skrapiamy gorące pieczywo oliwą, posypujemy solą morską i podajemy od razu po zrobieniu jako część *antipasto* albo, jeszcze lepiej, jako zupełnie samodzielne danie, ze szklaneczką czerwonego wina.

# ROZDZIAŁ DWUNASTY

# *Kolacja prawie z niczego*

Nadchodzi groźny i nieprzyjemny styczeń. Na szczęście zdążyliśmy już oswoić się z zimą i wiemy, co zrobić, żeby nasz dom, mimo chłodu, wydawał się ciepły i przytulny. Fernando zatopiony jest w lekturze i przygotowaniach do „wyprawy", jak szumnie nazwał planowaną przez nas podróż. Ja wciąż piszę i redaguję, bez końca. Cisza otula miasteczko zupełnie jak mgła. Nawet bar popada w uśpienie, może z wyjątkiem dwóch porannych godzin i pory *aperitivo*.

Wszyscy próbują dojść do siebie po okresie obżarstwa, które ogarnęło nas już we wrześniu podczas *vendemmii*, nasiliło się w październiku, kiedy to nastał sezon kasztanów i trufli, osiągnęło apogeum na przełomie listopada i grudnia, gdy przystąpiliśmy do zbioru oliwek i zakończyło się podczas cichych i urokliwych świąt Bożego Narodzenia, celebrowanych w iście plebejskim stylu. Aż wreszcie przyszła pora na długi odpoczynek.

Znacznie mniej osób przychodzi teraz w piątkowe wieczory do baru. Wolą siedzieć w domu przy kominku lub przed telewizorem, zamiast przejść się parę metrów do „Centrale", wdychając świeże, rześkie powietrze. Ale my nie rezygnujemy z naszego rytuału, aż w końcu któregoś dnia w barze zastajemy tylko Tonino, w dodatku całkowicie pochłoniętego przygotowaniami do zajęć szkolnych na następny dzień.

Ponieważ jednak mamy nieodpartą ochotę zjeść kolację poza domem, ładujemy z powrotem do bagażnika nasz kosz z wiktuałami i jedziemy do punktu widokowego przy drodze do Celle. Tam, żeby było jeszcze przyjemniej, pozwalamy sobie na odrobinę ekstrawagancji i nie wyłączamy ogrzewania. Uchylamy nieco okno i przystępujemy do kolacji. Wysłużone bmw staje się naszą jadalnią na kółkach. W bagażniku trzymamy kosz, a w nim kieliszki — dwa do wina, najpiękniejsze, jakie mamy w domu, i dwa małe, z rżniętego czeskiego kryształu, oprócz tego serwetki zrobione ze starego ukochanego obrusa i pudło z rozmaitymi sztućcami; korkociąg, butelkę przedniego czerwonego wina (którą po każdym posiłku zastępujemy nową), flaszkę grappy, hiszpański scyzoryk z kościaną rękojeścią, torebkę soli morskiej, mały ceramiczny, biało-niebieski młynek do pieprzu, zestaw różnych talerzy, plastikową buteleczkę z płynem do mycia naczyń, dwie lniane ściereczki i papierowe ręczniki.

Ponieważ zdołaliśmy się już rozgrzać, wyłączamy ogrzewanie, zamykamy okno i otwieramy wino. Za szybą pada gęsty śnieg, który przesłania widok jak kurtyna. Zaglądamy do naczynia z kiełbaskami duszonymi z szałwią, białą fasolą i pomidorami. Postanawiamy, że będziemy jeść z jednego garnka. Z apetytem pałaszujemy jego zawartość, wyszukując większe kawałki, które podajemy sobie nawzajem do ust. Potem przychodzi pora na połówkę biszkopta przełożonego dżemem morelowym i posmarowanego kremem z orzechów laskowych. Za pomocą hiszpańskiego scyzoryka odkrawamy kawałek, potem jeszcze jeden, a ponieważ to, co zostaje, ma całkiem nieforemny kształt, uznajemy, że nie ma sensu zostawiać takiej resztki na później, tylko lepiej zjeść wszystko od razu. Na zakończenie wypijamy łyk grappy z kryształowych kieliszków.

Któregoś wieczoru udaje nam się namówić Pupę, by zamknęła lokal i razem z Barlozzem przyszła do nas na kolację. Jedząc zupę z *ceci* i *farro,* Książę zaczyna tłumaczyć nam, co to jest *veglia*. Przed laty była to okazja do spotkań towarzyskich w większym gronie, której miejscowa ludność nie przepuszczała nawet w samym środku zimy. Trzeba pamiętać, że odległości między poszczególnymi domostwami wynosiły nawet po kilka kilometrów, więc o tej porze roku sąsiedzi nie widywaliby się, gdyby nie zaplanowane spotkania. *La veglia* syciła głód zarówno w sensie dosłownym, jak i w przenośni — poza apetytem zaspokajała bowiem również potrzebę bycia wśród ludzi.

— Tak więc ludziska brnęli przez zaspy, wioząc, co tylko im się udało znaleźć w spiżarni — ciągnął Barlozzo. — Ktoś tam przyniósł piętkę *prosciutto*, inny świeżo złapanego we wnyki zająca, jeszcze inny kawał jagnięciny albo dziczyzny z ostatniego polowania, a wszystkie te dary trafiały zaraz do kotła ustawionego nad paleniskiem. Kapusta, ziemniaki, zioła, kapka wina, a do tego parę kropel oliwy i wkrótce z przyniesionych ingrediencji powstawała duszona potrawa o nazwie *scottiglia*. W czasie gdy kociołek bulgotał na ogniu, tworząc symfonię smaków, uczestnicy spotkania grzali się w cieple paleniska i podawali sobie z rąk do rąk pękatą butlę po winie, w której, korzystając z nagrzanego pieca chlebowego, duszono w popiele przyprawioną ziołami, winem i oliwą białą fasolę. Każdy polewał swoją kromkę chleba sosem z kilkoma ziarnami fasoli, brał spory łyk wina i włączał się w recytację Dantego albo snucie opowieści o duchach. W ten sposób wypełniano sobie czas w oczekiwaniu na kolację. Właśnie *la veglia* była okazją do tego, by starsi, jak to się działo od pokoleń, przekazali młodszym historię swego życia, ratując ją od zapomnienia. A gdy z kociołka zniknął już ostatni kęs *la scottigli* i do dna wysączono z dzbanów wino, gospodarz wygrzebywał z popiołu pieczone ziemniaki z popękaną miejscami skórką i wręczał po jednym każdemu dziecku, by schowało go do kieszeni i grzało nim dłonie podczas długiej drogi powrotnej przez ścięte mrozem wzgórza. Ziemniaka należało zabrać do domu i zjeść dopiero nazajutrz na śniadanie. Zwykle rozgniatało się go z niewielką ilością gorącej wody lub odrobiną mleka.

Ja zawsze zjadałem swojego ziemniaka od razu, ledwo położyłem się do łóżka. Obierałem go ze skórki i gryzłem jak jabłko. Tak bardzo lubiłem kartofle, że nie potrafiłem poczekać do rana, choć wiedziałem, że mama będzie zła, gdy do mleka i kawy zasiądę z pustymi rękami.

— Musiało wam się nieźle powodzić, jak na tamte czasy — mówi Pupa. — U nas prawie w ogóle nie było mięsa. W moich okolicach *la veglia* wyglądała zupełnie inaczej. Zbieraliśmy się wszyscy przy palenisku, a każdy był wyszorowany do czysta, miał umyte włosy, czystą koszulę albo bluzę. Na kredensie do wyrabiania chleba, zwanym *madia*, leżało wyrośnięte ciasto chlebowe, a nad ogniem wisiał sagan z wrzątkiem. Pani domu przekładała ciasto z wysuwanej stolnicy chlebowego kredensu do największej misy, jaka była w domu, i ustawiała ją na stole blisko ognia. Każdy z obecnych odrywał kawałek ciasta i wałkował go między dłońmi, aż otrzymał coś w rodzaju krótkiego, grubego makaronu. Rozwałkowany kawałek obtaczało się w mące i układało na tacy. Wszyscy pracowali wytrwale, aż całe ciasto zostało przerobione na makaron. Następnie zawartość tac wrzucano do wrzątku, a gdy kawałki makaronu wypłynęły na powierzchnię, wyławiano je łyżką cedzakową i wrzucano do miski po cieście, którą wcześniej się podgrzewało, natłuszczało oliwą i obsypywało kilkoma garściami tartego sera *pecorino*. Do miski z makaronem dodawało się później stopniowo trochę wrzątku z sagana, kolejną porcję sera, nieco oliwy, znowu wrzątek i świeżo zmiażdżony pieprz. Po wymieszaniu zawartości zaopatrzona w drewnianą łyżkę miska wjeżdżała na stół. Danie to nazywaliśmy *pizzicotti*, czyli szczypanki. Kolacja zrobiona prawie z niczego.

— Czy tak było w czasie wojny? — dopytuję się.

— To znaczy? — nie rozumie Książę.

— No, czy podczas wojny jadaliście gotowane szczypanki albo tę duszoną potrawę z resztek różnych mięs przynoszonych przez sąsiadów?

— Nie. Nie tylko podczas wojny, zawsze. Nawet gdy trochę lepiej nam się powodziło, nie było mowy o dostatku — wyjaśnia Barlozzo. — Prawdę mówiąc, przeważnie było całkiem nieźle, ale głównie dlatego, że potrafiliśmy być zapobiegliwi, a do tego sprzyjało nam szczęście. Jeśli tylko mrozy nie skuły ziemi, zbieraliśmy co tylko się dało — zioła, dziką cebulę, kasztany, figi, grzyby i jagody. Zawsze robiło się jakieś zapasy na zimę albo w postaci suszu, albo innych przetworów. A jeśli w sadach nie leżało dosyć spadów, to pod osłoną nocy kradliśmy owoce z drzew. Dzięki temu mieliśmy gruszki i jabłka, wiśnie, brzoskwinie, śliwki, a czasami nawet pigwy, persymony i granaty. Objadaliśmy się tymi pysznościami, aż sok spływał nam po brodach. Ale część zostawialiśmy sobie na później, bo po okresie jesiennej obfitości nadchodził przecież czas niedostatku.

Podobnie postępowaliśmy z zapasami pochodzącymi z naszych gospodarstw. Mieliśmy winnicę, więc mój ojciec i wujowie produkowali wino, dość kiepskie, właściwie namiastkę prawdziwego czerwonego wina, ale bez niego życie byłoby zupełnie *impensabile*, nie do pomyślenia. Wino stanowiło część naszego jadłospisu jak chleb czy kawa, którą zresztą też robiliśmy sposobem domowym — z rozmaitych zielsk i korzonków. Suszone pomidory, białą fasolę i kukurydzę mełło się na żółtawą mąkę. Nikt z nas nie mógł sobie pozwolić na kupno wszystkiego, co było mu potrzebne, prowadziliśmy więc handel wymienny. Każdy starał się uzyskać różne niezbędne produkty, oddając w zamian to, co zdołał wyhodować, nazbierać, upolować albo ukraść. Ale w tym wszystkim nie było miejsca na przypadek.

Obowiązywały pewne zasady — niezmienne i honorowane przez wszystkich. Dwulitrowy gąsiorek wina wymieniało się z pasterzem na dwukilogramowy krążek sera. Kiedy tylko mogliśmy, zanosiliśmy mu do zagrody kolację. Na drugi dzień odnosił on mojej matce garnek wypełniony kawałkami świeżej *ricotty*, którą robił, gotując nad ogniskiem mleko z wieczornego udoju, dodając trochę mleka z rana, i ponownie podgrzewając aż do ścięcia się serowej masy. Za każdym razem, gdy pasterz przychodził do nas z garnkiem *ricotty,* przeżywałem prawdziwie radosne chwile. A słoiki i inne naczynia na domowe przetwory były traktowane jak rodowe srebra.

Mój ojciec mawiał nawet, że wyglądają lepiej niż ja sam. Starannie wyszorowane i nakryte kawałkami czystego płótna, stały na półkach dobrze zabezpieczone przed wilkami. Jednak zdarzało się, że spiżarnia świeciła pustkami. Zapasy kończyły się, zanim można było zebrać nowe plony. Cierpieliśmy wtedy głód. Czasami straszny. Pusty żołądek sprawiał, że myślało się wyłącznie o jedzeniu. Matka kroiła chleb lewą ręką, przyciskając go do piersi. Wielki okrągły bochen robił się coraz mniejszy, a ja siedziałem i patrzyłem jak zaczarowany.

Któregoś wieczoru poczułem się chory i powiedziałem o tym mamie. Doskwierał mi nie tylko głód, ale i strach, że zapasy wkrótce się skończą i nie będzie co jeść. Byłem jeszcze za mały, by pojąć, na czym polega ten swoisty rytm naszego życia. Nie pamiętałem, że to zazwyczaj przejściowe kłopoty. Leżałem wtedy w ciemnym, cichym i zimnym pokoju. Matka podeszła do mojego posłania i podała płócienne zawiniątko, które trzymała w dłoniach jak sakrament. „Tesoro, mam dla ciebie niespodziankę. Usiądź i rozwiń to. No, już". Pomyślałem, że to tylko kawałeczek chleba. Nadąsałem się więc i dalej leżałem w bezruchu. „Nie, to nie jest suchy chleb. W środku jest ser, sam zobacz". Rozwinęła serwetkę. „Widzisz? Tu jest chleb, a tu ser. A teraz zamknij oczy i skosztuj. To kolacja przygotowana specjalnie dla ciebie. Ugryź kawałek. No widzisz? Gruby i miękki plasterek *marzolino*. Rozpływa się w ustach niczym masło. Tak, jak lubisz". Zamknąłem oczy, chwyciłem dłonie mamy i ugryzłem kawałek trzymanej przez nią „kanapki". Żadnego sera oczywiście tam nie było, tylko dwa kawałki chleba położone jeden na drugim. Ale mimo to czary mamy zaczęły działać. Nagle poczułem smak *marzolino*. Naprawdę. Z początku jadłem wolno, potem coraz szybciej i szybciej, aż skończyłem wszystek chleb. Przez cały czas miałem zamknięte oczy. Gdy je wreszcie otworzyłem, zobaczyłem, że mama na przemian śmieje się i płacze. Myślę, że dla matki to musi być straszne przeżycie — nie mieć pieniędzy, by nakarmić swoje głodne dziecko.

Książę niepotrzebnie poruszył temat *vegli*, bo teraz ciągle pytam go o różne związane z nią szczegóły.

— Kto ma na tyle przestronny dom, żeby zorganizować *veglię*?

— A o jaką *veglię* ci chodzi? Jeśli na dwadzieścia lub trzydzieści osób, to można spotkać się u Pupy. Ale jeżeli chcesz zaprosić wszystkich sąsiadów, trzeba będzie przyjść na *piazza,* rozpalić tam ognisko, a w razie brzydkiej pogody przenieść się do baru.

Barlozzo rozprawia o tym tak, jakby zakładał, że zorganizowanie *vegli* w dawnym stylu jest naprawdę możliwe. A ponieważ wie, że pomysł ten od razu mną zawładnie, wybucha głośnym śmiechem, zanim jeszcze zdążę odpowiedzieć.

— Słusznie, tak właśnie zrobimy — mówię podekscytowana. — Wywiesimy w barze zaproszenie i...

— Napisz też, że to dla uczczenia powrotu Florì — wtrąca mimochodem Barlozzo.

— Co? Co takiego? Dlaczego wcześniej nic nie powiedziałeś?

— Sam się dowiedziałem zaledwie pół godziny temu. Floriana mówi, że już czuje się na siłach, żeby wrócić, a poza tym tęskni za swoim domkiem. I za większością z nas chyba też, chociaż ona pewnie nigdy by się do tego nie przyznała. Mam ją odebrać w środę rano. Niech sobie odpocznie parę dni, *veglię* zorganizujmy w niedzielę wieczorem.

Przyglądam się Księciu dłuższą chwilę i myślę, że w pewnym sensie on również wróci wreszcie do domu. Odnajdzie spokój wewnętrzny i zmyje z siebie smutek, który go gnębił przez kilka ostatnich tygodni. Siedzimy tak i uśmiechamy się do siebie. Każde z nas próbuje opanować cisnące się do oczu łzy, bo nie chce się rozpłakać jako pierwsze.

Liściki i notki pokrywają każdy centymetr kwadratowy prostych, mahoniowych drzwi z kołatką w kształcie głowy lwa, prowadzących do domu Floriany. Trzy wysokie betonowe stopnie werandy zostały zasłane kwiatami. Przeważnie są to małe bukieciki polnych kwiatków, których łodyżki owinięto kawałkiem folii aluminiowej albo wilgotną chusteczką. Jedna z mieszkanek San Casciano zorganizowała pospolite ruszenie kucharek, aby Floriana codziennie dostała ciepły obiad i kolację. A ponieważ wiedziała, że lubię przekarmiać, zaznaczyła wyraźnie, żebym *ogni tanto,* tylko co jakiś czas przyniosła Florì deser lub upiekła dla niej chleb. Grzecznie i zdecydowanie przydzieliła też wszystkim rozmaite funkcje, adekwatnie do umiejętności — niektóre z nas miały pomóc Florianie się myć, inne zadbać o dom, mężczyźni pełnić rolę kierowców, drwali lub majstrów. Ale Florì zdecydowała inaczej. Najpierw z lekka się krygowała, lecz później równie grzecznie i zdecydowanie odmówiła, oświadczając, że jak będzie potrzebowała pomocy, to sama o nią poprosi.

Jej policzki przypominają pergamin zdobiony pąsowymi różami. Intensywnie rdzawa chusta, okrywająca głowę, jest dokładnie tego samego koloru, jaki miały włosy. Floriana zawiązała ją na czubku głowy w fantazyjną, miękko opadającą na boki kokardę. Chociaż dzień jest zimny, na szarą wełnianą sukienkę narzuciła jedynie rozpinany sweter i gruby brązowy szal. Ma nowe buty — miękkie czarne czółenka na zgrabnych obcasikach.

— Kupiłam sobie w Perugii — chwali się, chichocząc, a Perugia jest dla niej oraz jej koleżanek — wpatrzonych z zachwytem w nowe obuwie — nieomal jak Paryż.

Nie zmieniła się zbytnio, nie ubyło jej urody, na wadze również niewiele straciła, a jednak jest jej wyraźnie mniej. Zupełnie jakby się stała cieniem samej siebie. Barlozzo odgrywa rolę pana domu — prowadzi Florianę po stopniach wiodących z *piazza* pod jej drzwi, kłania się przybyłym i ściszonym głosem wydaje dyspozycje. Oboje się uśmiechają, machają wszystkim na powitanie i wchodzą do środka. Myślę sobie, że bardzo przypominają parę młodą, która próbuje skryć się w zaciszu domu, by w spokoju celebrować swój miesiąc miodowy. Brakuje tylko garści ryżu, chyba żeby liczyć ten z obiadu. Gdy tylko bowiem zamykają się za nimi drzwi, Vera wnosi śliczną, niebiesko-białą wazę, owiniętą kuchennym ręcznikiem, pełną ciepłej zupy z ryżem, którą będzie częstować przybyłych.

Florì każdego ranka wybiera się do miasteczka na zakupy. Jest jak dawniej oszczędna w słowach i jak dawniej wypija *caffè macchiato*; rozsyła uśmiechy i wybucha śmiechem równie chętnie jak niegdyś. O swojej chorobie rozmawia niewiele, ale też nie próbuje unikać tematu. Mówi, że będzie kontynuować leczenie, ale już teraz wraca do sił. Czuje, że przezwycięża chorobę. Codziennie chodzi w swoich czarnych butach.

Barlozzo mówi niewiele więcej niż Floriana. Wierzy, że wszystko się powiedzie, ale wyraża to raczej wzrokiem niż słowami. Zdecydował, że nie powie Florì o niedzielnej *vegli*, bo czułaby się onieśmielona zamieszaniem wokół swojej osoby. Uważa, iż najlepiej będzie zaprosić ją w ostatniej chwili i powiedzieć, że spotkanie zostało zaplanowane już dawno temu. Oboje wiemy jednak, że to, co w naszym zamyśle miało być jedynie poetyckim sprzeciwem wobec zimy i próbą odegnania styczniowych smutków, z powodu Florì i jej powrotu ze szpitala nabrało wielkiego znaczenia. Bez wątpienia ona sama również wkrótce się tego domyśli.

Trzy żelazne kosze wypełnione drewnem płoną u stóp wzgórza, na którego szczycie leży miasteczko. Drogę prowadzącą pod górę oświetlają pochodnie, a w najwyższej części *piazza* stoi jeszcze kilka innych płonących koszy. Widok ten ma w sobie coś pogańskiego. Pewnym nadużyciem jest to, że w jadłospisie znajduje się nie tylko *scottiglia,* ale wiele innych dań. *Scottiglia* bulgocze delikatnie na wolnym ogniu w dwóch potężnych garach stojących na piecu w barze. Poza tym jest jeszcze *cinghiale al buglione,* mięso z dzika duszone w pomidorach z dodatkiem czosnku i czerwonego wina; *ribollita* — aż gęsta od *cavolo nero,* czyli czarnej kapusty; *cardi gratinati*, pieczone karczochy hiszpańskie, same tylko jasnozielone łodyżki — sparzone, a następnie pieczone w śmietanie z dodatkiem sera. Są też niezliczone tace grzanek *crostini*, całe miski *pici* i beczki pełne wina. A Floriana kosztuje odrobinę każdej potrawy i opowiada, jak bardzo tęskniła za tutejszym jedzeniem, bo chociaż jej umbryjscy przyjaciele z Città della Pieve — szesnaście kilometrów od San Casciano — są znakomitymi kucharzami, ona mimo wszystko woli kuchnię toskańską.

Nie dodaje tylko, że kuchnia toskańska nie jest jednolita i każda prowincja, *comune,* a zdarza się, że i każda rodzina, gotuje nieco inaczej. Nie mówi też, że różnice regionalne są nieodłączną cechą całej włoskiej rzeczywistości. Raz po raz przestępuje z nogi na nogę i zerka z zadowoleniem na swoje buty. Gdy przychodzi czas na planowane recytacje, poszczególne osoby zaczynają się wycofywać rakiem, twierdząc, że nie mogą sobie przypomnieć tekstu, albo że wypiły za dużo wina, co według mnie na jedno wychodzi. Zapada pełna wyczekiwania cisza. Na szczęście głos zabiera Książę.

— Mój ojciec zwykł mawiać, że piekło jest tam, gdzie nic się nie gotuje i nikt nie czeka.

Cisza trwa jeszcze trochę i dopiero po chwili rozlegają się okrzyki radości — znak aprobaty dla słów Barlozza. Dziwny jest ten moment zawieszenia. Na szczęście wnet wybucha normalny w takich okolicznościach gwar. Fernando i ja dajemy sobie nawzajem znaki, gdyż znajdujemy się dość daleko od siebie. Na nas już czas. Wymykamy się bez pożegnania, bo wierni jesteśmy swojej zasadzie, że z każdego przyjęcia powinno się wychodzić, gdy trwa ono w najlepsze. Opuszczając *piazza* wcześnie i niepostrzeżenie, czujemy się jak uciekinierzy, więc przyśpieszamy kroku. Następnie puszczamy się biegiem w dół ulicy i znowu pod górkę, w stronę domu. Zwalniamy, by złapać oddech, mijamy nasz dom i idziemy dalej drogą w kierunku Celle. Fernando odwraca się, by spojrzeć na miasteczko, i stwierdza, że blask płomieni dobrze współgra ze starożytnymi murami. Całuje mnie delikatnie i przytula.

— Ona umiera, prawda?

Patrzę na niego krótko i po chwili pytam:

— Dlaczego tak myślisz? Barlozzo nie byłby taki radosny, gdyby to była prawda.

— Jego zachowanie rzeczywiście mi tu nie pasuje, ale kiedy spojrzę na Florì, to mam wrażenie, jakbym widział kogoś, kto już odszedł, i powrócił tylko na chwilę, korzystając z przepustki, by się pożegnać.

— A może wygląda to tak dlatego, że ona była gdzieś bardzo daleko. W miejscu, którego my nie potrafimy sobie nawet wyobrazić, a teraz wraca stopniowo, jakby na raty. I jeszcze nie cała jest tutaj wśród nas.

— Ta historia sprawia, że myślę o nas i zadaję sobie pytanie, co by było, gdyby któreś z nas znalazło się na miejscu Floriany.

— Oboje jesteśmy jak Floriana. Każde z nas na swój sposób umiera. Przecież śmierć to po prostu wielka przeprowadzka. A my mamy już takie doświadczenie w zmienianiu miejsca zamieszkania — odpowiadam i bardzo chcę już zakończyć tę rozmowę.

— Mówisz, że to tylko przeprowadzka? Taka sobie zwykła podróż? Naprawdę tak myślisz? Ja widzę to inaczej. Poza tym wcale mi się nie chce nigdzie przeprowadzać. Wolałbym zostać tutaj tak długo jak ty i ani chwili dłużej. Najlepiej jest mi przy tobie. Chcę robić to, co ty. Iść tam, gdzie ty. Dlaczego tak obojętnie przyjmujesz moje słowa?

— Ale gdzie tam! Wcale nie. Jednak myślę bardziej o Florianie niż o nas. Poza tym jest mi zimno i to pewnie zarówno z powodu pogody, jak i tej rozmowy o umieraniu. Proszę cię, chodźmy już do domu.

Odwracam się i szybko ruszam przed siebie.

— Wydaje mi się — krzyczy za mną Fernando — że ty się bardzo boisz śmierci!

Wyprzedza mnie, chwyta za ramiona i idzie tyłem, patrząc w moją twarz, zupełnie jakby potrzebował towarzystwa, by łatwiej znieść swój własny strach.

— Nie, to nieprawda. Myślę, że bałabym się wtedy, gdybym była świadkiem odejścia Florì. Przecież wiesz, jak bardzo się o nią lękam. Ale tak naprawdę to jest j e j choroba. I wszystko, co się z nią łączy, stanowi własność Floriany. A my, jej przyjaciele, powinniśmy kierować swoje emocje ku niej, nie ku sobie. Po co mieszasz to, co Florì właśnie przeżywa, z tym, czego my jeszcze przeżywać nie musimy? Jeśli któreś z nas zachoruje, to wtedy my będziemy się przygotowywać na śmierć.

Pod czystym granatowym niebem, rozświetlonym tu i ówdzie gwiazdami, wracamy do domu. Idziemy gęsiego. Fernando prowadzi na śliskiej drodze. W mieszkaniu rozpalamy ogień i siadamy, by wypić herbatę. Fernando ma rację. Każde z nas odruchowo zaczyna myśleć o sobie, gdy obok kończy się czyjeś życie, a przynajmniej wszystko na to wskazuje. I być może ma też rację, mówiąc, że mało okazuję uczucia. Jestem, by użyć jego słów, o b o j ę t n a. Ale, prawdę mówiąc, moja własna śmierć wcale mnie tak bardzo nie obchodzi. Przynajmniej od czasu, gdy dzieci dorosły. Bo kiedy były całkiem małe, zawarłam układ z bogami, by mnie zostawili przy życiu tak długo, jak dzieci będą tego potrzebować. I przyrzekłam wtedy, że jeśli zostanę wysłuchana, to później nie będę już prosiła o nic dla siebie. Jestem naprawdę wdzięczna, że moje życie potoczyło się tak, jak się potoczyło, więc niezbyt często proszę o więcej, może tylko czasami, gdy zależy mi na czymś, co wiąże się z moimi dawno już samodzielnymi dziećmi albo, od niedawna, z Fernandem. Jeśli jednak rozumiem coś z praw rządzących przechodzeniem z życia w śmierć, to wydaje mi się, że na razie te troski mnie jeszcze nie dotyczą. Myślę, że dzieje się tak nie za sprawą siedzącego we mnie Narcyza, lecz dzięki Polyannie, która pozwala mi tak żyć, jakbym miała nigdy nie umrzeć. A może po prostu nie przejmuję się śmiercią, bo moje życie jest już dosyć długie i bardzo udane? Mimo to chętnie bym jeszcze trochę na tym świecie pomieszkała. Jeżeli zdarza mi się pomyśleć z obawą o mojej śmierci, to dlatego że nie chciałabym uronić ani chwili, którą mogłabym dzielić z Fernandem, dziećmi i przyjaciółmi. Wyobrażam sobie wtedy, jak żegnają się ze mną i idą na kolację. Beze mnie. Gdyby coś takiego nastąpiło, to z miejsca, w którym wówczas byłabym, próbowałabym jeszcze dać im znać, gdzie powinni się wybrać, jakich dań i win muszą koniecznie spróbować. Nawet wtedy troszczyłabym się o nich, bo i oni zawsze otaczali mnie opieką.

Próbuję wytłumaczyć mężowi, co czuję, opowiedzieć mu o swoich przemyśleniach. Mówi, że mnie rozumie.

— Obawiam się nie tyle mojej śmierci, co twojej.

— Mam nadzieję, że tej nocy nic złego mi się jeszcze nie przydarzy — pocieszam go. — A jak dobrze się postaramy, to przez tych parę godzin doświadczymy tyle, co inni przez całe życie.

Gdy tylko Fernando się uspokaja, ja zaczynam płakać. Jest przekonany, że to z powodu Floriany i, do pewnego stopnia, ma rację, ale... do diabła! chodzi mi też o niego. No i, cokolwiek by mówić, również o mnie samą.

# ROZDZIAŁ TRZYNASTY

# *Piekło jest tam, gdzie nic się nie gotuje*

*Carne vale*, czyli dosłownie „żegnaj, mięso". Od dawien dawna Kościół zezwalał jeść mięso podczas świąt, a po nich wyznaczał czterdziestodniowy okres oczyszczenia, który wymagał zachowania wstrzemięźliwości i powagi. Następowała *quaresima*, Wielki Post. *Carnevale* stało się wkrótce szerszym pojęciem, obejmującym wszelkie wydarzenia poprzedzające okres bardziej skupiony na sferze duchowej. Karnawał sankcjonował różne zmysłowe uciechy, niekoniecznie związane ze stołem — ewentualnie na lub pod — jak choćby harce spoconych ciał, które pod osłoną masek mogły sobie pozwolić na więcej niż zazwyczaj. Wenecki karnawał trwał kiedyś pół roku albo dłużej. Był to czas rozwiązłości i nieumiarkowania, kiedy tłuste potrawy stanowiły miły przerywnik między wieloma innymi przyjemnościami. Ale tu, między wzgórzami południowej Toskanii, *carnevale* był tylko dalekim echem weneckich szaleństw i sprowadzał się w zasadzie do rozkoszowania się *le frittelle*, pączkami słodkimi jak grzech.

Pączki te układa się w imponujące piramidy w oknie każdej *pasticcerii,* kusząco wyeksponowane stoją na każdym barze. Można nadziewać je *ricottą*, marmoladą, kremem rumowym o delikatnym, satynowym smaku albo nie dodawać do nich nic. *Le frittelle* posypuje się cukrem, dekoruje miodową polewą, a czasami różowym *alchermes* — znanym od zamierzchłych czasów likierem ziołowym, który nie tylko barwi, ale także nadaje odpowiedni smak. Jeden, najwyżej dwa kęsy, i po ciastku pozostaje wyłącznie rozkoszne wspomnienie. Pączki zaczynają pojawiać się w cukierniach pod koniec stycznia lub na początku lutego, zależnie od tego, kiedy przypada Wielkanoc. Sprzedawane są do *Martedì grasso,* czyli zapustnego wtorku, po czym znikają aż do następnego karnawału. Myślę, że takie ograniczenie dostępności do paru tygodni w roku potęguje ich atrakcyjność i upodabnia do innych sezonowych smakołyków, takich jak truskawki czy szparagi. Karnawał znosi embargo na zakazane potrawy.

Jemy teraz *frittelle* dużo częściej niż w Wenecji. Organizujemy „degustacje" — przynosimy z tutejszej *pasticcerii* po cztery sztuki z każdego rodzaju i porównujemy je pod względem pulchności, delikatności ciasta i smaku. Zakres naszych zabiegów jest jednak zbyt mały, by można było wyciągnąć jakieś ogólne wnioski, dlatego staramy się rozszerzyć pole działania i zaglądamy wszędzie tam, gdzie widzimy ręcznie wypisaną kartkę: *oggi frittelle,* dziś pączki. Taka informacja pojawia się w wielu barach i ciastkarniach Chiusi, Cetony, Città della Pieve, Ficulle, Sarteano i Chianciano Terme. Czasami przywozimy coś z tych wojaży do domu, z myślą o Księciu, który wpada zwykle o czwartej, albo o Florianie. Na widok niezliczonych odmian pączków oboje zaczynają lamentować, co to się dzisiaj wyprawia z poczciwymi *frittelle*. W końcu któregoś dnia przychodzą do nas razem. Najwyraźniej coś sobie umyślili, bo Barlozzo dźwiga ciężką torbę, z którą Floriana zawsze chodzi na rynek.

— *Ciao belli* — mówi Florì — *cosa pensate se facciamo una piccola dose di frittelle, al modo mio*? Witajcie kochani, a może byśmy tak zrobili pączki według mojej receptury?

Fernando całuje ją na powitanie, ja odbieram płaszcz, a Książę zaczyna rozpalać ogień w palenisku i oznajmia:

— Przygotuję grzane wino pod warunkiem, że macie w domu przyzwoity cynamon.

Jesteśmy zmuszone wyrabiać ciasto na stole w jadalni, bo nie zmieściłybyśmy się obie w kuchni. Ciągle przeszkadza nam Barlozzo, który na każdym etapie pracy zaznacza poirytowany, że jego matka robiła wszystko inaczej. Fernando stara się ratować sytuację. Oświadcza, że ponieważ jest wśród nas jedynym wenecjaninem, najlepiej wie, jak powinno się robić *frittelle* — z całą pewnością bez rodzynków. Floriana twierdzi, że to nieprawda i Fernando nie powinien się wypowiadać w imieniu całego „królestwa na wodzie", bo tylko on jeden nie lubi tych poczciwych suszonych owoców.

— A tak w ogóle — mówi Florì — używamy tu białych rodzynków moczonych przez pół roku w ciemnym rumie, więc jak się przełamiesz i spróbujesz, to poprosisz mnie o cały słój.

Na stole pojawia się mąka pszenna i ziemniaczana, jajka, cukier, pachnąca skórka pomarańczowa i cytrynowa oraz laski wanilii — duże i miękkie. Barlozzo kroi je i wyskrobuje ziarenka najmniejszym ostrzem scyzoryka. Wszystkie te wspaniałe ingrediencje mieszamy i formujemy pączki, które smażymy na oliwie, a następnie, jeszcze gorące, obtaczamy w cukrze. Gotowe układamy w piramidkę na paterze, dokładnie tak, jak to się widzi w sklepach i cukierniach. Potem przystępujemy do pałaszowania, popijając pączki grzanym winem przygotowanym przez Księcia. I tak oto w „stajni" odbywa się przyjęcie, nasz prywatny *carnevale*.

Barlozzo i Florì na zmianę wspominają dawne obyczaje postne, które, oprócz tego, że pomagały wiernym w sposób właściwy przeżyć okres pokuty i umartwienia, wpływały też pozytywnie na stan zdrowia.

— Bo taki post oczyszczał organizm, przede wszystkim wątrobę, przygotowując go do związanej z wiosną zmiany diety, picia nalewek ze świeżych ziół oraz do ciężkiej całorocznej pracy. Jak wiadomo, właściwe odżywianie się powinno uwzględniać naturalny rytm przyrody. Monotonia w jedzeniu z całą pewnością nikomu nie służy. Należy dostosowywać jadłospis do pory roku, pościć przez miesiąc na przednówku, a po obiedzie i kolacji odpoczywać co najmniej godzinę. Niektórzy z nas przez całe czterdzieści dni Wielkiego Postu powstrzymywali się od spożywania cukru, mięsa, wina czy chleba. Żywiliśmy się fasolą, soczewicą, czasami jadaliśmy jajka i warzywa, jeśli udało się je zdobyć. Oczywiście, bywały i takie czasy, gdy post był naszą codziennością, więc Wielki Post był w zasadzie tylko nową nazwą opisującą tę samą, dobrze nam znaną, rzeczywistość — podsumowuje Książę.

Z powodu *frittelle* żadne z nas nie chce nawet słyszeć o kolacji. Siedzimy sobie i gadamy, aż w końcu Floriana oświadcza, że na nią już czas. Gdy Barlozzo wychodzi przed dom, ona odwraca się jeszcze na chwilę w drzwiach i mówi:

— Przepraszam, Chou, że jesienią nie pomogłam ci robić przetworów ze śliwek i zostawiłam cię samą z tą górą owoców. Nawet nie wiesz, ile razy żałowałam, że nie zrobiłyśmy razem dżemu. Ale nie mogłam się wtedy do niczego zmusić. Na nic nie miałam ochoty. Na szczęście już mi to przeszło. *Buona notte, ragazzi*.

Nadchodzi Środa Popielcowa, pierwszy dzień Wielkiego Postu, i myślę, jaki to dziwny zbieg okoliczności, że Misza przyjeżdża do nas akurat teraz, kiedy wchodzimy w okres duchowej ciemności. Fernando i ja wybieramy się do Florencji, żeby odebrać go z lotniska. Cieszymy się z jego przyjazdu, ale jesteśmy też bardzo tym faktem poruszeni. Misza łączy w sobie różne osoby. Potrafi być surowym nauczycielem, kochającym żydowskim wujkiem i wyznawcą Junga, przy czym to ostatnie określenie nie jest bynajmniej przenośnią, jako że Misza jest z zawodu psychiatrą. Przyjaźnię się z nim od lat. W czasie jego dwukrotnych odwiedzin w naszym weneckim domu między nim a Fernandem nawiązała się nić sympatii, choć do dziś żaden z nich nie wypuszcza sztyletu z ręki.

Sadzamy Miszę z tyłu, a obok kładziemy jego czarną skórzaną walizeczkę, tak jak sobie życzy. Głęboko wciągam powietrze i zapach naszego gościa mnie uspokaja. Wciąż te same niewyszukane perfumy, mieszanka potu, którym przesiąkło wilgotne tweedowe ubranie, aromat tytoniu fajkowego Cavendish i lekka nuta kapusty, która zbyt długo stała w garnku. Jako młody lekarz, tuż po studiach w Rosji emigrował do Włoch i przez szereg lat mieszkał w Rzymie, zanim ostatecznie trafił do Los Angeles. Często się wtedy zaszywał wśród toskańskich wzgórz, by spacerować, myśleć i pisać. W czasie jazdy do naszego domu czuje się beztrosko i swobodnie. Z perfekcyjnym włoskim akcentem oświadcza, że bardzo się stęsknił za Italią, prawie tak jak za Rosją. Unika podchwytliwych pytań, nie stawia też takich, na które zna odpowiedź. Ale wiem, że przyjdzie jeszcze czas, gdy zaatakuje znienacka jak wąż. Nie dam się jednak zaskoczyć.

Najpierw ogląda dom w towarzystwie Fernanda, a potem idzie się rozlokować w gościnnym pokoju. Ja pracuję w kuchni. Gdy siadamy razem do stołu, widzę, że jego włosy błyszczą od pomady, a szyję otula elegancki fular z delikatnej wełny.

Gotów do boju, myślę.

— Uroczy dom — mówi Misza — ale mógłby być jeszcze milszy, gdyby zrobić w nim kilka zmian. Aż żal, że do was nie należy.

Do akcji wkracza Fernando:

— Zaczęliśmy się już rozglądać za czymś do kupienia, ale prawdę mówiąc, nic nas nie goni. Nie spieszymy się z decyzją. I w ogóle żyjemy sobie na luzie. Można by powiedzieć, że zaczynamy się do tego domu przyzwyczajać i nie ma dla nas większego znaczenia, czy jesteśmy jego właścicielami.

— Więc nie przeszkadza wam życie na marginesie społeczności? — Misza przeszywa nas wzrokiem jak mieczem, dlatego teraz ja odpieram atak.

— Myślę, że „margines społeczności" jest określeniem niezwykle subiektywnym, ale jeśli koniecznie chcesz nas tam umieścić, nie widzę przeszkód — mówiąc to, podnoszę się, by dolać mu wina.

— Wobec tego uściślijmy to pojęcie — stwierdza nasz rosyjski gość. — Nie macie stałego zajęcia i nie inwestujecie. Mam wrażenie, że porzuciliście karierę zawodową tylko po to, by pośród gajów oliwnych móc rozkoszować się ciszą i urokami miasteczka. Zachowujecie się nieodpowiedzialnie, a na dodatek robicie to w bardzo niebezpiecznym momencie swojego życia.

— Nie musimy wychowywać dzieci ani spłacać długów. Życie, jakie tu pędzimy, bardzo nam w tej chwili odpowiada — wyjaśniam.

Szykując się do pojedynku z Miszą, Fernando wpada mi w słowo:

— Ilu pacjentów mówi ci, że chciałoby coś zmienić w swoim życiu, a potem chowa wszystkie te marzenia do lamusa i odkurza je tylko raz w tygodniu, w twojej obecności? Szczerze mówiąc, „porzucenie kariery zawodowej", jak byłeś łaskaw to określić, wyszło mi na dobre. Co prawda ciągle mi się zdarza, że paraliżuje mnie strach i chcę, by życie stało się łatwiejsze, bardziej zrozumiałe, ale kiedy dzień w dzień przesiadywałem w banku, podobne fobie prześladowały mnie o wiele częściej.

— Tylko że wtedy przynajmniej mogłeś czuć się bezpieczny. Teraz nie masz nic. Roztropni ludzie powinni u m a c n i a ć własne poczucie bezpieczeństwa, a nie burzyć je i to w najbardziej newralgicznym momencie — Misza przeszywa mnie karcącym wzrokiem, z którego bije powaga. Kładzie dłonie na stole.

— Czyżbyś nadal wierzył w coś takiego jak poczucie bezpieczeństwa? To tylko mit, Misza. Dziwię się, że jeszcze tego nie pojąłeś. Nic więcej jak złudzenie. Chyba nie trzeba nikomu udowadniać, że bezpieczeństwa nie da się kupić, zbudować ani zyskać dzięki uczynkom, dobrym czy złym? — pytam, kładąc ręce na blacie, dokładnie tak samo jak on. — Postaraj się uprościć życie. Sięgnij do samego sedna. Wrażenia są wielekroć ważniejsze niż rzeczy. Wolę c z u ć, że żyję, niż umacniać w sobie głupie przeświadczenie, że trzymam swoje życie w garści, że je p o s i a d a m. Jedyne poczucie bezpieczeństwa, jakie znam, rodzi się ze świadomości, że ono tak naprawdę nie istnieje.

Misza pogrąża się w milczeniu. Ściszając głos niemal do szeptu, przypominam mu:

— „Biada, cóż weźmie człowiek z sobą do tamtych stref? Ani patrzenia ćwiczonego tu długo, ani żadnego z ziemskich zdarzeń. Żadnego"*.

— Aha, podpierasz się cytatem z Rilkego.

* Cytat z Rilkego w przekładzie Bernarda Antochewicza.

— Nie, to nie tak. W rzeczywistości cytuję ciebie sprzed dwudziestu lat. To ty lubiłeś przytaczać te słowa, kiedy cię poznałam.

— Tylko że ten cytat nie pasuje do kontekstu. Jak zwykle chodzisz z głową w chmurach, Chou. Nic się nie zmieniłaś i jeszcze zaraziłaś tym Fernanda — oświadcza cicho. — Romantykowi wydaje się romantyczne wszystko, czego się nie dotknie. Od dzieciństwa masz w sobie ten rodzaj niewinności. Urodziłaś się za późno. Ale widzę, że wcale ci to nie przeszkadza. Idziesz przez życie tanecznym krokiem i zachowujesz się tak, jakby panował wiek osiemnasty. A może już dziewiętnasty?

— A ty kogo cytujesz?

— Nie pamiętam, ale całkiem możliwe, że samego siebie — odpowiada Misza. — Mam tylko nadzieję, że nie stawiasz zbytnio na Fernanda i pamiętasz o samodzielności. Bo w głębi duszy każdy z nas jest sam.

Mówi to, patrząc mojemu mężowi prosto w oczy, jak pokerzysta.

— Ja nie jestem sama, Misza, zrozum to. A poza tym samotność w większości wypadków jest świadomym wyborem, a nie zrządzeniem losu czy kwestią przeznaczenia. Miłość wymaga ogromnej pokory. Zanim człowiek porzuci samotność, musi nauczyć się dbać o drugą osobę bardziej niż o samego siebie.

Wstaję, by odnieść talerze nietkniętej zupy, ale najpierw obejmuję rękami twarz Miszy.

— Proszę cię, nie zamartwiaj się aż tak bardzo. Mam się całkiem dobrze, a właściwie mamy się całkiem dobrze. Wiesz chyba lepiej niż ktokolwiek inny, że większość ludzi odczuwa podobne pragnienia i lęki. Różni nas tylko to, kiedy i w jakim stopniu potrafimy je okiełznać. Tak się składa, że pod względem emocjonalnym znaleźliśmy się w nieco innym punkcie niż ty.

Misza przygląda się badawczo każdemu z nas. Ujmuje moje dłonie i całuje je. Następnie wstaje z krzesła i rosyjskim obyczajem serdecznie ściska i całuje także Fernanda.

— Mam smażyć kotlety czy wolicie pić wino i nurzać się we krwi? — pytam. Odpowiadają, że skoro ceremoniom powitalnym stało się zadość, mogą zakopać topory wojenne i coś zjeść.

Roztapiam na wolnym ogniu niesolone masło i dodaję kroplę oliwy, by się nie przypaliło, gdy zwiększę płomień. Na tłuszcz rzucam wieprzowinę, którą dokładnie rozbiłam i obtoczyłam w drobno pokrojonej skórce pomarańczowej, nasionach kopru włoskiego oraz bułce tartej. Szybko przyrumieniam kotlety z jednej i drugiej strony, aż skórka staje się chrupiąca. Następnie przekładam je na ciepły talerz, by przygotować sos. Fernando i Misza wyszli na taras zapalić i strząsnąć z siebie resztki bitewnego pyłu. Myślę sobie, że może byłam zbyt surowa dla swojego starego przyjaciela. Ale z drugiej strony, w jego pojęciu, kto zadaje ból, ten kocha.

On tak dobrze mnie zna. Wie, że zawsze się potykałam, ilekroć próbowałam piąć się po drabinach, obojętnie czy służbowych, czy jakichkolwiek innych. Droga w górę, w jedynie słusznym kierunku jakoś nie bardzo mi odpowiadała. Wolałam iść krętą ścieżką, mijać jeden zakręt, potem drugi. Niekiedy mogło się wydawać, że marnuję czas, ale tak przecież nie było. Zawsze starałam się dokończyć to, co już zaczęłam. Nie pędziłam zanadto do przodu ani też nie zostawałam z tyłu. I nigdy nie dbałam o sukces.

Wyczuwam, że widok cudzego szczęścia sprawia Miszy ból. Ten ból jest prastary, dużo starszy niż on sam, dlatego nawet samo założenie, że szczęście jest osiągalne, wydaje mu się czymś niskim i nie do przyjęcia. „Tylko kamienie są szczęśliwe" — lubi mawiać Misza. Dlatego woli przestawać z cynikami i malkontentami. Ludźmi przygniecionymi życiem albo takimi, którzy nigdy nie zaznali szczęścia. Niektórzy boją się radości. Prześladuje ich myśl, że na radość trzeba sobie zasłużyć i nawet gdy mają okazję, nie potrafią jej przyjąć. Boją się, że to stan przelotny i nietrwały, na którym niczego nie warto budować. Ten sposób myślenia wydaje się współgrać ze słowami Barlozza: „Nadmierny spokój bywa niebezpieczny". To dlatego milsze mu jest towarzystwo malkontentów.

Widzę, że Fernanda i Miszy nie ma już na tarasie. Ponieważ nie dostrzegam ich również w ogrodzie, domyślam się, że poszli na spacer do miasteczka. Zwalniam tempo, nalewam sobie kieliszek wina i siadam przy kominku, ale właśnie wtedy przychodzą — objuczeni drewnem, z zaczerwienionymi od wiatru policzkami.

— Poszliśmy do szopy omówić różne sprawy — oświadcza Fernando.

— Wiesz, Chou, nie miałem pojęcia, że twój mąż tak zagustował w Machiavellim. Chyba znajdę z nim wspólny język. On zna więcej cytatów z *Księcia* niż ja sam. I obaj zgadzamy się, że najgorszymi bandytami są ci, którzy nie widzą u siebie żadnych wad, myślą, że są bez skazy. Jesteśmy zgodni również co do tego, że jak ognia powinno się unikać perfekcjonistów. W ich towarzystwie człowiek zawsze czuje się gorszy, wyobcowany i poniżony.

Idealna harmonia, która nagle zapanowała pomiędzy Miszą i Fernandem, trochę mnie śmieszy. Zabieram się znowu do robienia sosu, ale moi towarzysze nie odstępują mnie na krok. W naszej kuchni, która kiedyś była przecież tylko żłobem, robi się tak ciasno, iż nie pozostaje nam nic innego, jak się śmiać i dowcipkować, że dobrze być razem. Decydujemy się zjeść kolację przy kominku, z talerzami na kolanach. Wypraszam ich na chwilę z kuchni, by wszystko przygotować, a równocześnie podgrzewam zawiesisty sos do kotletów, dodając parę łyżek *fino* i dwie krople czerwonego octu. Kiedy wywar zaczyna bulgotać, wyciskam prosto na patelnię sok z dorodnej czerwonej pomarańczy. Szczypta pieprzu z młynka, odrobina masła dla nadania apetycznego wyglądu i gotowe. Na każdy talerz najpierw nalewam porcję sosu, a potem kładę lekko przygrzany kotlet. Misza zanosi to wszystko do pokoju i umieszcza na gzymsie kominka. Fernando stawia obok miseczkę sałatki przygotowanej z serka *mascarpone* i selera. Przystępujemy do jedzenia.

Festiwal machiavellistów trwa w najlepsze. Tym razem dyskusja toczy się wokół kwestii dobra i zła.

Słucham jednym uchem, bo poglądy Miszy znam od dawna.

— Każdy powinien być świadom tego, jaki nosi w sobie potencjał zła. Zło to pewna umiejętność, sztuka, rozrywka, ale także możliwość obrony. Operowania złem można się nauczyć, podobnie jak da się opanować jazdę konną czy strzelanie, a potem, w razie potrzeby, z tej umiejętności skorzystać.

— Ale jak się w tym ćwiczyć? To znaczy, co robić, żeby nie zapomnieć i być w gotowości? — pyta Fernando, ale Misza, podobnie jak Barlozzo, odpowiada tylko na te pytania, które mu pasują.

— Człowiek, który pragnie być dobry, zostanie nieuchronnie zniszczony i wykorzystany przez tych, którzy dobrzy nie są. Myślę, że tak właśnie było w twoim przypadku, Fernando, prawda? Nie brakowało takich, którzy nadużywali twojej d o b r o c i, biorąc ją za słabość, tak? Ale ty wcale nie jesteś słaby, jesteś jednym z najsilniejszych ludzi, jakich znam.

— *Io lo prendo come un complimento*. Uznaję to za komplement — stwierdza Fernando. — Jestem już za stary, żeby uczyć się zła. Dość mam problemów z angielskim.

Całuję ich obu na dobranoc i zostawiam z kieliszkami w dłoniach. Biorę „księżula" i udaję się do łóżka.

— Nie spodziewałem się tak przyjemnego wieczoru, Chou — rzuca za mną Misza, gdy pnę się po schodach.

Rzeczywiście, myślę, wsuwając „księżula" pod kołdrę.

Upłynęło zaledwie pół dnia i Misza zawładnął sercami mieszkańców miasteczka, stał się dla nich prawdziwym *divo*, bożyszczem. Wszyscy rozprawiają tylko o nim, podoba im się jego pewność siebie i biegłość, z jaką posługuje się językiem włoskim. *Uno straniero*, obcokrajowiec, który pije, pali i gra w karty, opowiada dowcipy w miejscowym dialekcie, a przy tym jest jeszcze, nie do wiary, najprawdziwszym *uno psichiatra californiano*. Misza staje się *una gran' bella figura*. Niejedna wdowa uchyla chustki i poprawia kosmyk włosów. W drodze do domu robię mu z tego powodu wymówki. Pytam też, czy nie zechciałby sprowadzić się tutaj i zamieszkać z nami „wśród gajów oliwnych". On jednak przekrzywia tylko głowę, ukrywając uśmiech.

Pięć dni, które planował z nami spędzić, rozciąga się do ośmiu czy nawet dziewięciu. Myślę, że Miszy podoba się, że tak bardzo się o niego troszczymy, a mieszkańcy miasteczka darzą go takim szacunkiem. Mimo to przez cały czas chodzi ponury. Jego twarz rozpogadza się jedynie wtedy, gdy udaje mu się nakłonić Fernanda do przyjęcia którejś z tez Machiavellego.

Na samym początku, gdy Misza i Barlozzo przesiadywali w barze nad szklaneczką grappy albo spotykali się przy kominku w naszym salonie, wydawało się, że zadzierzgnie się między nimi coś na kształt przyjaźni, ale już wkrótce okazało się, że uczucie sympatii, którym się darzyli, nie jest ani głębokie, ani długotrwałe. Misza zarzuca Księciu zbytnią spartańskość i nadmierne wyciszenie. Uczuć Barlozza nietrudno się domyślić — gdy tylko na horyzoncie pojawia się Misza, przestaje nas odwiedzać i cichaczem wymyka się z baru. Fernando twierdzi, że Misza i Barlozzo zachowują się jak dwa łosie walczące o swoje terytorium. Wydaje mu się, że są o siebie wzajemnie zazdrośni. Możliwe, że ma rację. W każdym razie, kiedy Misza szykuje się do odjazdu, a jego rzeczy leżą już w renówce, którą wypożyczył w Chiusi, by sprawnie przemieścić się do Rzymu, skąd ma powrotny samolot, na jego postarzałej twarzy dostrzegam radość. Ale na obliczu Księcia — nie.

Nie wiem, czy to z powodu walki o terytorium, którą toczył z Miszą, czy przez skrywane przeżycia związane z chorobą Floriany, a może w związku z jeszcze inną katastrofą — prawdziwą bądź wymyśloną — w każdym razie na jego twarzy znowu pojawia się cień. Dostrzegam to też w jego oczach, gdy tego samego popołudnia, tuż po wyjeździe Miszy, siedzimy na niebieskiej pluszowej sofie w małym saloniku Florì i czekamy, by zabrać ją na zakupy do Città della Pieve.

— Chciałbym wam pokazać pewne miejsce — mówi.

— Jakie miejsce?

— Takie sobie. Po prostu dom. A może raczej pozostałości *una casa colonica*, czyli dawnej posiadłości wiejskiej — wyjaśnia.

— Czy to daleko?

— Niezbyt. Pamiętacie to zakole Tybru, kilka kilometrów przed skrętem do Todi, gdzie zbieraliśmy kamienie potrzebne do budowy paleniska w ogrodzie? Dom jest położony właśnie w tamtej okolicy, po drugiej stronie drogi, jakieś pięćset metrów w głąb lasu.

— I chcesz, żebyśmy się tam wybrali? Mamy kogoś poznać?

— Nie, nie będziemy składać żadnych wizyt. Nie pytaj więcej. Zależy mi, żebyś razem z Florianą i Fernandem zobaczyła jutro to miejsce. Może uda ci się ją nakłonić — mówi, wskazując głową na sąsiedni pokój, skąd dobiega głos Floriany, pochłoniętej szukaniem rękawiczki. — Umówcie się na jutro albo na sobotę. Możemy zjeść obiad u Luciana, a potem wpaść na parę chwil do tego domu. Wiem, że nie wyrażam się do końca jasno, ale chcę z wami o czymś porozmawiać, a nie mogę tego zrobić, zanim nie pokażę wam tej posiadłości. Będziesz tak miła?

— Oczywiście, że tak. A przynajmniej spróbuję — odpowiadam.

Ale Florianie zapowiadana *gitarella*, czyli krótka przejażdżka, nie przypada do gustu, i to zarówno z powodu krętej drogi, jak i ze względu na złe skojarzenia z cotygodniowymi wyprawami do szpitala w Perugii przez ostatnie cztery miesiące. Teraz, gdy ma już wszystko za sobą, nie chciałaby więcej tej trasy oglądać. Woli zostać w domu i upichcić dla nas kolacyjkę, by wszystko było gotowe, gdy wrócimy.

— Jutro będzie znakomita okazja, żeby przygotować duszoną kurę — oświadcza, schodząc po schodach i kierując się w stronę sklepu rzeźnika.

Barlozzo przyjmuje odmowę Florì z wyrozumiałością, mówiąc, że będzie nawet lepiej, gdy w charakterze straży przedniej wybierzemy się tam tylko we trójkę. Wydaje się zadowolony z poruszenia, które wywołał.

Jest tuż po czwartej, gdy gramolimy się z furgonetki Barlozza. Otacza nas niebieskawe światło. Idziemy za Księciem polną ścieżką wydeptaną kopytkami kóz i owiec, a lutowy wiatr jest jak zawodzenie płaczki, zwiastujące śmierć, albo jak wycie tysiąca wilków, które przerywa pojedynczy ptasi krzyk. Ścieżka nie zalicza się do bardzo stromych, a jednak, kiedy Barlozzo zatrzymuje się w pobliżu na wpół zrujnowanego domu, brakuje mi tchu od marszu pod wiatr.

Budowla, przed którą stoimy, jest wąska i wysoka jak wieża. Składa się głównie z kominów, których zwieńczenia odcinają się na tle płaskiego dachu, tworząc coś w rodzaju blanków. Wysokie trawy niemal przesłaniają okna pozbawione szyb, a kamienie ukrywają przeszłość. Podchodzimy bliżej, zapuszczamy się do środka i wędrujemy w górę i w dół, korzystając z różnych klatek schodowych. To obszerny dom, naliczyłam siedem kominków i chyba z dziesięć pokoi. Oprócz tego są tu dwie niewielkie szopy i pomieszczenie gospodarcze, w którym produkowano wino. Zachowała się do dziś zbutwiała prasa i rząd ciemnozielonych gąsiorów otulonych słomianymi koszami.

— Niewiele tu gruntów rolnych, jedynie kilka hektarów zaniedbanych winnic na wzgórzu, ale znalazłoby się miejsce na ogródek z warzywami i kilka grządek do uprawy kwiatów oraz ziół — mówi Barlozzo, jakby oferował tę posiadłość do sprzedaży. — A w tamtej szopie — dodaje, wskazując tę bardziej oddaloną — jest letnia kuchnia z piecem na drewno, który mógłbym odnowić i podłączyć do przewodów kominowych. Zdążyłem to wszystko dokładnie obejrzeć.

Teraz mam już pewność, że chce byśmy to m y kupili tę posiadłość.

— Ale do kogo to wszystko należy? — pyta Fernando.

— Dom jest nie zamieszkany od ostatniej wojny. Mógłby być mój. I Floriany, jeśli tylko zechce. Dla was także by się nadał, gdybyście mieli ochotę. Szanse na to, że kupię te zabudowania są raczej znikome, ale wciąż negocjuję z właścicielem, który mieszka w Rzymie i nawet się tu nie pofatygował, żeby obejrzeć, co mu przed rokiem zostawił w spadku jego wuj czy inny krewny. Rodzina wymiera, a on co pewien czas dziedziczy jakąś posiadłość. Tę akurat jest skłonny odsprzedać — mówi Książę.

— Dlaczego chciałbyś zamieszkać tak daleko od San Casciano? — pytam.

— Nie chodzi o to, że chcę być daleko, po prostu podoba mi się tutaj i chciałbym tu osiąść. Przynajmniej na trochę. Nie muszę tracić czasu na wstępną fazę negocjacji, która mogłaby trwać nawet parę lat — wyjaśnia.

— Parę lat? — pytamy równocześnie.

— Co się tak dziwicie, wątpicie w moją nieśmiertelność? Myślę sobie, że trzeba skorzystać z okazji, póki można, a gdy już nas nie będzie, wszystko obejmą w posiadanie wszechmogące owce. Nie chcę tu zakładać „siedziby rodowej", jak określają to prawnicy. Chodzi mi o miejsce, gdzie moglibyśmy przyjeżdżać, by zakosztować życia w samotności lub we wspólnocie. Nawet jakbyśmy się tu znaleźli wszyscy naraz, to i tak każde znalazłoby dla siebie jakiś azyl. Ten dom to symbol — zupełnie jak drzewka Fernanda. Nieważne, co się wydarzy, on będzie trwał niewzruszenie — mówi, zapalając dwa papierosy i podając jednego z nich mojemu mężowi.

— Ale skąd w tobie chęć i siły do przeprowadzenia takiego przedsięwzięcia? — indaguję Barlozza.

— Dziwne, że akurat ty o to pytasz. Poza tym, cóż to za przedsięwzięcie. Ułożyłbym tylko dachówki, naprawił podłogi i udrożnił kanalizację. Nawet bym się nie zabierał za ogrzewanie, bo od czegóż są kominki? Takiego miejsca jak to szukałem od śmierci ojca, czyli od ponad czterdziestu lat. Odziedziczyłem po nim skromny spadek, którego nie zdążyłem jeszcze zagospodarować. I chyba wreszcie nadarza się okazja. *Parva domus magna pax* — w ubogim domu panuje wielki pokój. A sam Jezus wie najlepiej, że to jest ubogi dom — mówi Barlozzo, paląc papierosa i czekając na naszą reakcję.

My zaś jesteśmy zbyt zaskoczeni, by zdobyć się na coś więcej niż uśmiechy zakłopotania i wyrazy niedowierzania.

— Musisz mi obiecać jedno, Chou. Będziesz respektowała ograniczenia co do ilości ozdób. Żadnych frędzli, lamówek i *neanche un putto*, ani jednego amorka.

Ciągle nie potrafimy nic powiedzieć. On zaś nie przestaje mówić.

— Chodzi mi o to, żeby stworzyć tutaj dom. Drugi dom, jeśli tak wolicie, albo może dom alternatywny, gdzie moglibyśmy przebywać wszyscy razem. Tak długo czy raczej tak krótko, jak mielibyśmy ochotę. Kieruję się więc bardzo egoistycznymi pobudkami. W San Casciano mam nie tyle dom, co raczej samotnię, i to się nigdy nie zmieni. Mieszkanie Floriany jest wspaniałe, ale znajduje się dokładnie w środku miasteczka. Dlatego też, szczególnie od czasu, gdy zachorowała, czuje się w nim zbytnio na widoku publicznym. Nie może zrobić kroku, nie wzbudzając życzliwego zainteresowania mieszkańców. I wreszcie, wcale mi się nie podoba to, że wy nazywacie domem miejsce, które należy do Luccich. Wiem, że bierze się to z bardzo starych uraz, których nic i nikt nie usunie z mego serca. Wiem też, że przeżywacie swoją epokę wędrówki ludów i za rok o tej porze możecie się znaleźć na Elbie lub na Sycylii, a może nawet gdzieś w południowej Francji. Ale gdziekolwiek wylądujecie, to Floriana, ja i ten dom zawsze będziemy na was czekać. Nie musicie teraz na nic wyrażać zgody, po prostu kiedy przyjdzie czas, dostaniecie swoje klucze i urządzicie się tu po swojemu. Nie mam nic przeciwko temu, żebyście mi pomogli w pracy, ale wszelkie koszty związane z urządzeniem i utrzymaniem tego domu biorę na siebie.

Zbiera gałązki i układa je w stosik.

— Rozpalmy w kominku. Jest za zimno, żeby stać na zewnątrz. Mam w furgonetce kilka polan, a i parę butelek się znajdzie.

Książę i Fernando idą przynieść drwa i wino, a ja kręcę się po domu. Wkrótce mój mąż bierze się do rozpalania ognia, a Barlozzo otwiera wino, nalewa je do jednorazowych kubeczków i rozdaje. Siadam obok niego na kanapie nakrytej kocem, który tylko z grubsza wyrównuję, nie próbując nawet sprawdzać, co się pod nim gnieździ.

— Dlaczego pozwoliłeś, by ktoś inny ożenił się z Florianą? — pytam, nie odrywając wzroku od koca. Fernando patrzy na mnie swoimi jagodowymi oczami. Ale ja nie przerywam. — Kiedyś się przecież kochaliście, prawda? I nadal się kochacie. Co się stało? Dlaczego się z nią nie ożeniłeś?

— Już ci mówiłem, że odpowiedź jest bardzo długa — zaczyna Barlozzo. — Trzeba się cofnąć do czasów o wiele dawniejszych niż lata mojego czy jej życia. A w miasteczku wydarzenia te znają chyba wszyscy oprócz was, chociaż nikomu ich nie opowiadałem. Ale wam opowiem. Chciałem to zrobić, jeszcze zanim zapytałaś. Więc teraz najwyższy czas.

Ogień muska poczerniałą ścianę kominka, a nas zagarnia żółtawa poświata. Książę wstaje z kanapy, by zrobić miejsce dla Fernanda. Sam przenosi się na stertę gałganów, które kiedyś były poduszkami, i siada na nich przygarbiony, spowity w tajemniczy blask płomieni. Zaczyna snuć swoją opowieść.

— Sporo już wiecie o mojej matce, ale chyba jeszcze wam nie powiedziałem, że na imię miała Nina. A mojemu ojcu było Patsi, to znaczy Patrizio. Nigdy nie opowiadałem tej historii, więc sam nie wiem, od czego zacząć, ale chyba najlepiej od momentu, gdy Patsi usłyszał od Niny o żołnierzu. Tak, to będzie najwłaściwszy początek dla mojej opowieści. Ona już nie mogła tego przed nim dłużej ukrywać. A Patsi, kiedy o tym wszystkim usłyszał, zastrzelił ją. We śnie. Wykopał grób kilka metrów za domem, tym domem, gdzie teraz mieszkacie, i pochował ją, umiejętnie kryjąc przed światem ślady swojego uczynku. Była wczesna wiosna, więc wysłał mnie na dzień i noc do stryjecznego dziadka, niby do pomocy przy sadzeniu pomidorów, papryki i fasoli. A kiedy wróciłem, powiedział, że Nina odeszła, zabrała trochę rzeczy i pojechała pociągiem szukać pracy w Rzymie. Miała do nas napisać, jak tylko jakoś się urządzi. Ale, oczywiście, nie dała znaku życia. Miałem wtedy szesnaście lat. Trzy lata później, gdy umierał, powiedział mi prawdę: „Widzisz synu, człowiek może skonać ze wstydu i ona przez cały czas naszej znajomości właśnie z powodu wstydu umierała. Była narzeczoną mojego brata. *Fidanzata*. Kochał ją, przynajmniej do chwili, gdy spotkał inną dziewczynę i uznał, że tę drugą kocha bardziej. Ale z Niny też nie umiał zrezygnować. Gdy tamta mu powiedziała, że jest w ciąży, w końcu się zdecydował i wybrał. Nina przegrała. Wszystko to działo się na moich oczach. Byłem niemal w stanie przewidzieć bieg zdarzeń. Dorastałem, byłem już prawie *cavaliere*. Kochałem Ninę od czasu, gdy miała dziesięć lat, to jest od chwili, gdy ją ujrzałem w kościele. Pamiętam, że miała biały berecik, tak mocno naciągnięty na czoło, że widziałem tylko oczy. Te głęboko osadzone, czarne oczy. Zupełnie jak twoje. Ale ja już byłem dorosłym, czternastoletnim mężczyzną i nie mogłem sobie zawracać głowy małą dziewuszką. Kiedy podrośliśmy trochę, mój brat i ona zakochali się w sobie. Potrafisz się chyba domyślić, co było dalej. Rozumiesz więc pewnie, że jej problemy zaczęły się o wiele wcześniej niż w chwili, gdy wpuściła do łóżka tamtego faceta, tamtego *tedesco*. Nie mogąc być z moim bratem, zdecydowała się na mnie. *Seconda scelta*. Drugi wybór. Stałem się, można powiedzieć, artykułem zastępczym i bardzo rzadko miałem szczęście o tym zapomnieć. Była dobrą żoną — pracowitą i akuratną. Często nawet czułą, ale jej złamane serce wciąż marzyło o innym, a ona nie wiedziała, co począć, jak z tego wybrnąć. Więc kiedy mi opowiedziała, co się stało, gdy byłem na wojnie, nie przeżyłem szoku, bo przecież nigdy wcześniej nie stanowiliśmy dobranej pary, nie byliśmy ze sobą choćby przelotnie szczęśliwi. Cały czas mnie zdradzała. Bo czy zdrada emocjonalna nie jest równie rzeczywista jak zdrada cielesna? Więc kiedy zdarzył się i ten drugi rodzaj niewierności, wcale nie byłem zaskoczony. Ale ścierpieć tego nie mogłem. Dość miałem wybaczania jej, że mnie nie kocha, tego, że ja bez niej nie mogę żyć, a ona z łaski jest dla mnie miła. Nawet ty nie jesteś moim synem. Nawet ty jesteś czyjś. Świadomie przejąłem spadek po bracie, ale żeby miał w to być wmieszany jeszcze jeden mężczyzna?".

Barlozzo mówił to wszystko nieswoim głosem. Jakby starszym, słabszym, być może podobnym do głosu umierającego starca. Ale po chwili podjął opowieść, powracając do własnego tembru.

— Czyn, jakiego dopuścił się Patsi, nazywano w tamtych czasach *un delitto d'onore*, czyli przestępstwem w obronie honoru. Kiedy człowieka skrzywdzono, przyprawiono mu rogi, miał w oczach społeczeństwa prawo się bronić. Była to chyba pozostałość z czasów pojedynków. Państwo również milcząco akceptowało podobne postępki, a Kościół odwracał głowę i udawał, że nie widzi. W całych Włoszech było tak do lat pięćdziesiątych, a na południu wciąż jeszcze miejscami obowiązuje zmowa milczenia. Oczywiście cała okolica wiedziała, co się stało. Wszyscy zdawali sobie sprawę z tego, co zrobiła Nina, i z tego, co zrobił Patsi. Jednak nikt nie porusza tego tematu w rozmowie ze mną. I tak już będzie do końca. To, do czego doszło, pozostanie częścią historii miasteczka.

Pamiętacie moje słowa z *veglii*? „Mój ojciec zwykł mawiać, że piekło jest tam, gdzie nic się nie gotuje i nikt nie czeka". Wtedy właśnie po raz pierwszy od śmierci ojca wspomniałem o nim publicznie. I chyba rzeczywiście wybrałem dosyć dziwny cytat. Ale tak mi się jakoś wtedy wyrwało. Pamiętacie, jaka zapadła cisza? W głównej mierze tamte wydarzenia spowodowały, że się nie ożeniłem. Bałem się chyba pokochać kobietę tak mocno, jak Patsi kochał moją matkę, ale pewnie równocześnie bałem się też, że mógłbym nie dorównać mu pod względem siły uczucia. Jedno i drugie było dla mnie przerażającą perspektywą. I wtedy odrzuciłem możliwość bycia z Florì. Wydawało mi się, że moje uczucia są przelotne, że to tylko zauroczenie, które wkrótce minie. Nie nazwałem go nigdy miłością. Ale okazało się, że jedynie czas mijał, a uczucie pozostawało. Tyle lat przeszło, a ja byłem ciągle we władaniu przeszłości. A przynajmniej jej się nie sprzeciwiałem.

Floriana dwadzieścia lat przeżyła ze swoim *seconda scelta*. A ja spoglądałem na świat *de profundis*. Można powiedzieć, że wyrzekłem się życia na własny rachunek. Pozwoliłem, by Nina i Patsi pogrążyli mnie w swoim bólu. I traktowałem to cierpienie jako wybawienie, a nie stratę, uznałem ból za swoistą rękojmię prawości. Tak mocno go hołubiłem, że już niczego ani nikogo innego przytulić nie byłem w stanie. Pod ciężarem większych i mniejszych przeżyć zapominamy czasem, że warto mieć kogoś, z kim się te ciężary wspólnie dźwiga. Nie zwracamy uwagi na nic, ani na ludzi, ani na marzenia. A wszystko wokół przemija i umiera. W końcu doznajemy olśnienia i zaczynamy żałować tego, co przeszło koło nosa.

Floriana łączy w sobie wszystkie kobiety, które kiedykolwiek kochałem albo chciałem kochać, tylko nie wiedziałem jak, oraz te, które kochałbym, gdybym tylko je spotkał. A kiedy się zorientowałem, że może umrzeć, pomyślałem, że grozi mi nie tyle utrata jednej osoby, co wszystkich bliskich. Bo Floriana to moi wszyscy bliscy. Chociaż do czasu choroby nigdy nie byliśmy razem sam na sam, to jednak zawsze trwała przy mnie. Większą część życia spędziliśmy nie dalej niż dwieście metrów od siebie. Celowo zamieszkałem tak blisko, by móc się oszukiwać, że wcale nie jesteśmy od siebie oddaleni. Wmawiałem sobie, że bliskość naszych miejsc zamieszkania wystarczy. Ale kiedy wróciła do domu z Città della Pieve, zrozumiałem, że jedyne, na czym mi zależy, to zacząć z nią rzeczywiście dzielić życie. Postawić wspólny los na pierwszym miejscu, podporządkować się mu i poświęcić, całym sercem zaufać jej, sobie i naszemu wspólnemu życiu.

Uznałem to za naturalne, że się nią zaopiekuję. I ona też tak najwyraźniej pomyślała, choć nigdy tego nie omawialiśmy. Nie podjęliśmy wspólnej decyzji. Tak naprawdę nie wiem nawet, czy pozwoli mi przy sobie zostać, gdy odzyska siły. Mam jednak nadzieję, że ten dom nam pomoże. Gdybym teraz nie stworzył jakiegoś azylu, który nas połączy, chyba bym zwariował. Przecież wam już mówiłem, że kieruję się bardzo egoistycznymi pobudkami.

Barlozzo, jak to ma w zwyczaju, robi wszystko zbyt szybko, przynajmniej tak mi się wydaje. Nie rozumiem jednej rzeczy, więc pytam:

— A dlaczego nigdy nie powiedziałeś ojcu o tym żołnierzu?

— Ja miałem jedenaście lat, kiedy to się wydarzyło, Chou. A moja matka traktowała jego obecność w naszym domu i w naszym życiu jakoś tak spokojnie. Więc i ja zachowałem spokój. Nigdy mi nie nakazywała, żebym nie mówił ojcu, ale wiedziała, że będę milczał, bo inaczej sprawiłbym ból i jemu, i jej. Wiedziała, że nawet jak nie poprosi, to zrobię to dla nich obojga. Przez tamtych parę tygodni, kiedy *Tedesco* był w naszym domu, zachowywałem się tak, jak sobie tego życzyła. Zaakceptowałem go i było mi z nim dobrze. Słyszałem, jak matka się śmieje i cieszyło mnie to. Zachowywała się jak dziewczyna, więc i ja pomyślałem, że mógłbym zrezygnować z bycia dorosłym mężczyzną. Żołnierz miał na imię Peter.

Jeśli potrafię to wszystko jakoś odtworzyć w myślach, musiał być dezerterem z oddziałów stacjonujących w La Foce, dobrach rodziny Origo, które leżą między Pienzą a Chianciano. Jeżeli dobrze pamiętam, to któregoś dnia wyłonił się z lasu i przyszedł drogą od strony gór. Nasz — teraz wasz — dom stał na obrzeżach miasteczka, więc wydawał mu się dobrym miejscem, by wstąpić i poprosić o wodę lub nocleg. Może matka wieszała wtedy pranie w ogrodzie i tam ją zauważył? Była czarnowłosa. Piękna. Jak łania. Musiała mu od razu wpaść w oko. Często się tak przecież zdarza.

I może dalszy ciąg, pomijając fakt zdrady, też nie był taki niezwykły. Ofiary wojny. Nina miała dwadzieścia osiem lat, a Peter, jak mi się wydaje, nie przekroczył dwudziestki. Więc prawdę mówiąc, wszyscy troje byliśmy jeszcze dziećmi. Przerażonymi, głodnymi, niepewnymi, co i kiedy się stanie.

— Czułeś nienawiść do ojca? — zapytał Fernando.

— Nie. Może to zabrzmi przerażająco, ale tylko sami jesteśmy w stanie ocenić nasze postępki. Nikt inny nie wie o nas tego, co my wiemy o sobie. Nawet jeśli prawo próbuje nas kontrolować, to oceny możemy wydawać wyłącznie osobiście. Trzydzieści trzy lata, które były dane mojej matce, pewnie wystarczyły, by doświadczyła w życiu wszystkiego. Nieraz mi się nawet wydaje, że zdążyła przeżyć życie, zanim ojciec wrócił z wojny, a lata, które potem nadeszły, były dla niej umieraniem. Dlatego też zamknąłem oczy mego ojca, zapaliłem świecę, namaściłem go oliwą i pomodliłem się o wieczny odpoczynek. Zorganizowałem godny pochówek dla Niny, ale nie w tym samym miejscu, gdzie spoczął mój ojciec. Po prostu nie mogłem wobec nich postąpić inaczej.

Milczymy, aż ogień gaśnie i pozostaje tylko popiół. Gdy wychodzimy na dwór, ciemności są gęste i zimne. Bezgwiezdna noc czeka na księżyc. Kiedy żegnamy się z Księciem w San Casciano, mówi:

— Nie wydaje się wam dziwne, że spośród wszystkich domów Toskanii wybraliście sobie na siedzibę właśnie ten, gdzie ja kiedyś mieszkałem? To znaczy, wy oczywiście nie wiedzieliście, że tam kiedyś mieszkałem, bo i mnie nie znaliście. Ale jak się tak dobrze zastanowić, to coś nas jednak musiało łączyć. Niewiele rzeczy zdarza się w życiu przez przypadek.

# Wiosna

# ROZDZIAŁ CZTERNASTY

# *Ziołowe nalewki*

Gorący oddech Afryki przegania bezlitosną zimę i sprawia, że popołudnia stają się coraz cieplejsze. Każdego dnia zamiast kwiatów Książę przynosi nam dobre wieści od Florì. Gdy już się z nią pożegna, życząc jej dobrej nocy, przychodzi do nas i sadowi się przy kominku. Nadal prowadzi negocjacje w sprawie kupy kamieni wyposażonej w siedem kominków i otoczonej uśpionymi winnicami. Nazywa to miejsce pustelnią, *l'eremo.* Barlozzo przestał być Wulkanem. Widać wprawdzie jeszcze zastygłą lawę i popioły, ale nie ma ognia. Przychodzi do nas wysoki i chudy starszy człowiek, który boi się zostać w domu sam, jak dziecko lękające się ciemności.

Któregoś ranka, kiedy jeszcze śpimy, natarczywie dzwoni do drzwi. A gdy zwlekamy z otwarciem, zaczyna walić w nie pięściami. Musiało się stać coś bardzo złego. Przytulam twarz do pościeli w miejscu, gdzie jeszcze przed chwilą leżał Fernando. Moje serce wali tak mocno jak pięści Barlozza.

— *Le erbe sono cresciute*! Młode zioła wyrosły! — krzyczy, jakby oznajmiał, że nadciągają z odsieczą Brytyjczycy. Jedynie o ziołach chce jeszcze rozmawiać.

Po kilku minutach wleczemy się za Barlozzem, skąpani w świetle wschodzącego dnia, i przecinamy leżącą na tyłach domu łąkę. Nasz przewodnik zarzucił na ramię parciany worek, a z kieszeni jego kurtki wystają uchwyt łopatki i rękojeść noża. Schyla się nisko nad każdą jaskrawozieloną kępką młodych ziół, które dopiero co wyrosły. Niektóre roślinki wyrywa z korzeniami, inne ucina nad ziemią i za pomocą sznurka wiąże w pęczki, a następnie, nieco ubłocone, wrzuca do worka. Wręcza nam narzędzia, ale gdy zabieram się do kopania, okazuje się, że mam dwie lewe ręce. Pracuję powoli i niezręcznie, więc Barlozzo traci cierpliwość:

— Bardziej mi przeszkadzasz, niż pomagasz — rzuca opryskliwie.

Razem z Fernandem posuwają się szybko do przodu. Mam czas. Spokojnie segreguję listki i oddzielam dziką rukolę albo mniszka lekarskiego od innych, nieznanych mi roślin, które być może także nadają się do sałatki lub przesmażenia na patelni razem z dzikim czosnkiem i papryczką chili. Słońce zdążyło całkiem się obudzić i ja też, wdzięczna więc jestem Księciu za ten poranny wypad. Idę spacerkiem, czując pod butami miękką ziemię, i układam w myślach przepisy. Doskonale się czuję w roli zielarki, więc cicho sobie podśpiewuję. A gdy pomyślę, jak dawno temu nerwowo kosiłam trawniki przed swoim domem w hrabstwie Saratoga, wybucham śmiechem. Ponure burczenie elektrycznego pożeracza trawy, trujące opary chemikaliów, od których kaszlały dzieci, choć ich ofiarą miał paść tylko mniszek, taki sam jak ten, który za parę godzin zjem na obiad.

Miło spędzam czas, gdy raptem do mych uszu dobiegają wrzaski i krzyki. Przychodzi mi na myśl, że Barlozzo z Fernandem dokopali się do skrzyni z etruskimi skarbami, ale gdy ich doganiam, widzę, że obaj wiążą w pęczki wątłe brązowe łodyżki. To *brusandoli*, dzikie szparagi. Jest ich cały zagon. Barlozzo natychmiast zaczyna się przechwalać, jaką przyrządzi z nich kolację.

— Najpierw będzie sałatka z mniszka, polnych ziół i solonych sardeli, posypana obficie *ricottą*. A potem podam lekko podduszone, chrupiące *brusandoli* posypane ostrą, drobno siekaną cebulką i doprawione odrobiną soku z cytryny. Resztę szparagów usmażę na doskonałej oliwie z dodatkiem masła i ubitych jaj prosto z kurnika. Jajeczną masę wlewa się na patelnię, gdy masło zaczyna skwierczeć, i dodaje szczyptę soli morskiej. Gdy spód robi się już brązowy, podrzucam *frittatę* i obracam w powietrzu. Przysmażając się od drugiej strony, omlet zaczyna pachnieć naprawdę oszałamiająco. Właśnie wtedy należy podać go na stół i jeść, najlepiej prosto z patelni. Można zaserwować też mocno schłodzone białe wino, ale chleba — w żadnym wypadku. I to wszystko. Florì pewnie będzie chciała dodać szparagi do ryżu albo innej mdłej papki, ale jej nie słuchaj.

— A odkąd to zacząłeś wygłaszać ody do kolacji? — pytam Księcia.

— *Va bene*, dzięki za uznanie dla moich kulinarno-poetyckich uniesień, ale ja naprawdę uważam, że recytowanie jadłospisu lepiej pobudza apetyt, niż samo obmyślanie potraw.

Któregoś ranka, kiedy marzec ma już w sobie tyle ciepła co czerwiec, Barlozzo nakazuje mojemu mężowi pójść do gorących źródeł poszukać dzikiego czosnku i ziół potrzebnych do zrobienia leczniczej nalewki. Ja zostaję w domu, by upiec chleb. Gdy jest już gotowy, narzucam kurtkę na nocną koszulę, wkładam buty, chwytam koszyk oraz nożyce do cięcia kwiatów i wyruszam mężowi na spotkanie. To jeden z nielicznych poranków, gdy nie zjawia się Barlozzo, który ostatnio często przychodzi szukać u nas pocieszenia i to w coraz większych dawkach. Przez kilka godzin przepełnia mnie słodkie poczucie wolności. Jestem jak udręczona mama, której z odsieczą przychodzi irlandzka niańka. Rozglądam się wokół i stwierdzam, że żaden szczegół otoczenia nie zdradza, w jakich czasach żyjemy. Identycznie musiało tu być przed pięćdziesięciu laty, przed dwustu i jeszcze dawniej. W zasięgu wzroku tylko ziemia, niebo, pączki dzikich róż i pasące się owce.

Robi się tak ciepło, że zdejmuję kurtkę i kładę ją na kamieniu. Wydaje mi się, że w oddali dostrzegam Fernanda. W przezroczystej koszuli z gazy wyglądam jak Diana wyruszająca na łowy. Przywołuję go, rozkładając ramiona. Cisza. Robi się za gorąco na dalszy spacer, więc postanawiam położyć się wśród wonnych traw i tam zaczekać na męża. I wreszcie słyszę, jak nadchodzi, nucąc jak zwykle *Tea for Three*. Leżę w bezruchu, przyjmując ponętną pozę polnej boginki gotowej zawojować przybysza swymi urokami. Lada chwila padnie przede mną na kolana. Serce mi bije jak małej dziewczynce podczas zabawy w chowanego. Ale słyszę coś takiego:

— *Ma cosa fai qui? Alzati, ti prego. Sei quasi nuda e completamente pazza*. A ty co tu robisz? Wstawaj, proszę. Jesteś prawie naga. Czyś ty zupełnie zwariowała?

— Mam ochotę trochę się pobawić. Tym razem poszedłeś bez Księcia, więc chciałam ci zrobić niespodziankę. Tylko tobie.

— Jeszcze mi się przeziębisz na tej mokrej ziemi — mówi, schylając się, by mnie przytulić. — A poza tym dobrze wiesz, że nasz niesforny przyjaciel na pewno gdzieś się tu w pobliżu kręci. Nie chcę, żeby on, czy ktokolwiek inny, oglądał cię w nocnej koszuli.

Próbuję podnieść się z gracją, ale następuję obcasem na rąbek boskiej szaty i wykładam się jak długa. Koszula w strzępach, ja ponownie próbuję wstać, ale znowu się przewracam. To ci dopiero wiejska boginka, łajam samą siebie za bujanie w obłokach. Brnę pod górę, wchodzę do ogrodu i na schody. Gdy zakładam spódnicę, słyszę jak Książę krzyczy do Fernanda od strony łąki:

— Przepraszam za spóźnienie!

Zaczął się sezon produkcji serów, jako że owce raczą się tą samą świeżą zieleniną co i my. Pierwszy wiosenny ser, chociaż w tym roku skosztujemy go nieco później niż zwykle, tradycyjnie nazywa się *marzolino,* mały marzec, a jest to po prostu *pecorino,* tyle że jedzony na świeżo, nie solony, po zaledwie kilku tygodniach dojrzewania. Stanowi dodatek do obfitej porcji bobu w strączkach, a doprawia się go oliwą i świeżo mielonym pieprzem.

Siedząc na wzgórzu, łuskamy bób, wyrzucamy ciągle jeszcze miękkie strączki, a same ziarna jemy z *marzolino* i pysznym chlebem. Ten wiosenny ser smakuje chyba jeszcze lepiej z miodem. Zanim rozwinęło się pszczelarstwo, pasterze, ryzykując bolesne ukąszenia, gołymi rękami wyciągali kawałki plastrów z gniazd dzikich pszczół. Oddzielali miód od wosku i zajadali się nim razem ze świeżym, lekko kwaśnym serem. Była to pierwotna wersja tego, co dzisiaj określamy mianem *dolce-salata.*

Pasterze wiedzieli o życiu najwięcej. Rodzili się, żyli, a często i umierali pod rozgwieżdżonym niebem. Pokolenie za pokoleniem, pielęgnowali tradycję *transumanzy* — czyli przepędzania stad u progu zimy z letnich pastwisk górskich na nizinne, a wiosną — z powrotem, co często wymagało przebycia nawet trzystu kilometrów. Choć pasterzowi nieobca była samotność, umiał się cieszyć życiem. Był wędrownym piewcą, który zanosił wiadomości i krzewił folklor w odciętych od świata wioskach, osadach zagubionych wśród gór. Witano go tam z radością, bo dostarczał rozrywki. Zasiadał przy ogniskach rolników i drwali, snuł opowieści częstowany chlebem, winem i oliwą. W dawnych czasach, podczas *transumanzy*, pasterz żywił się głównie *ricottą*. Jeśli udało mu się ukraść jajko, to dodawał je do sera, mieszał, a z powstałej masy formował kluski, które wrzucał do bulgocącego nad ogniskiem wrzątku. Osuszone kluski obtaczał w okruchach chleba, który rozcierał między dłońmi, a na koniec polewał odrobiną oliwy, jeśli tylko udało mu się ją zdobyć. Gdy o tym myślę, mam ochotę wymieniać się różnymi dobrami, jak matka Barlozza, która w jego opowieściach oddawała garnek zupy za garnek *ricotty*. Ja chętnie podzieliłabym się chlebem w zamian za tajemnice.

Barlozzo zna receptury na przeróżne specyfiki, które dojrzewają i zyskują moc w podejrzanie wyglądających pojemnikach. Pewnego dnia sprowadza do naszej szopy pokrytą wilgocią, zardzewiałą kadź na kółkach, do której wrzuca coś, co przypomina skoszoną trawę. Zawartość ubija czymś w rodzaju tłuczka własnej roboty. Używając węża ogrodowego, nalewa do tej sieczki wody, a następnie nakłada na kadź metalową przykrywę i mówi:

— Teraz niech sobie tak postoi dobry tydzień.

Z rezerwą traktuję tę spienioną miksturę pełną osadów, aż do momentu, gdy mogę skosztować jej wyrazistego, świeżego smaku. Dzięki kranikowi, w który wyposażona jest kadź, Barlozzo zlewa jej zawartość do wiaderka i powtarza tę samą procedurę, używając innych surowców. Każdą porcję filtrujemy przez cienką, bawełnianą ściereczkę, a potem wlewamy do wyszorowanych i wygotowanych butelek po winie. Poszczególne flaszki są korkowane i zaopatrywane w nalepki bliżej opisujące działanie specyfiku, a następnie wędrują na dolną półkę lodówki; resztę zostawiamy w większym naczyniu. Dzika cykoria na gruntowne oczyszczenie organizmu; dziki koper z dodatkiem mniszka — uniwersalne panaceum; rukola z dziką cebulą na oczyszczenie krwi; passiflora z korzeniem waleriany oraz dzikim czosnkiem na obniżenie ciśnienia; polny ogórecznik na skórę.

— One nie dojrzewają tak jak wino. Dlatego należy wszystko wypić przed nadejściem upałów, porządnie schłodzone, po szklance dziennie.

Z początku jestem pełna obaw o mój system trawienny, bo już po pierwszym łyczku czuję w brzuchu początki rewolucji. Mimo to obiecuję poddać się pełnej kuracji.

Którejś soboty na rynku w Cetonie wpadam w zachwyt nad skrzynką sałaty, powiązanej w małe pęczki jak bukieciki. Liście są koloru śmietanki albo żółte z czerwonymi plamkami, inne znowu zielone jak limonki, z lekka przyprószone różem. Chcę na nie popatrzeć, wziąć do ręki, posmakować. Może to prawda, że życie jest pogonią za pięknem, za harmonią, która powstaje, gdy zestawia się ze sobą różne elementy. Być może życie to ciągłe poszukiwanie smaku. I to nie tylko smaku jedzenia, ale każdej chwili, barwy, dźwięku — wszystkiego, co można usłyszeć, zobaczyć i dotknąć. A dobra kuchnia z pewnością opiera się na smaku. Smak ziół wydobywa się, rozrywając ich listki, by w ten sposób uwolnić naturalne soki i olejki. Potem esencję aromatu i smaku wydobywa się z pomocą innych składników. Na przykład robiąc pesto z bazylii, należy zmiażdżyć listki bazylii oraz czosnek, aby uwolnić cenne wonności. Następnie zatrzymujemy smak i woń w oliwie, tworząc coś w rodzaju emulsji, jakby gęstego, jednolitego sosu. Ale sos ten będzie musiał oddać owe aromaty. Dlatego koniecznie trzeba go podgrzać. Kosztujemy sos, gdy jest jeszcze chłodny, ma temperaturę pokojową. Używamy do tego celu łyżki albo po prostu palca. Ach, co za smak! Ale potem polewamy naszym pesto świeżo ugotowany makaron lub smażone pomidory prosto z piekarnika. Działanie ciepła pobudza aromat. Sztuka gotowania ma wiele wspólnego ze sztuką życia.

## Degustacja serów *pecorino* z miodem kasztanowym

Około 85 gramów sera na osobę

*Różne odmiany sera pecorino*
*Kosz wypełniony kilkoma gatunkami cienko pokrojonego chleba*
*Lekko podgrzany ciemny miód, najlepiej kasztanowy lub gryczany*
*Butelka schłodzonego vin santo*

Smakołyk ten często wieńczy toskańską kolację, pojawiając się na stole zamiast deseru. Chcąc go przygotować, wystarczy zrobić odpowiednie zakupy i ewentualnie upiec samemu chleb, jeśli ktoś lubi. Ważne, by zdobyć różne gatunki *pecorino,* czyli owczego sera. Najlepiej kupić kilka odmian — zarówno świeży i jędrny, jak i podsuszany, który z lekka się kruszy. Obecnie rozmaite rodzaje *pecorino* można dostać także poza terytorium Włoch, choć jeszcze do niedawna królowała odmiana rzymska, obficie posypana pieprzem, nadająca się przede wszystkim do utarcia. Żeby stworzyć prawdziwie wyborny bukiet smaków, najlepiej wybrać cztery gatunki sera, tak aby był wśród nich świeży, ale i bardziej dojrzały. Ale nawet tylko jeden lub dwa podane z ciemnym kasztanowym miodem, pełnoziarnistym pieczywem i butelką schłodzonego *vin santo* dostarczą niezapomnianych wrażeń.

ROZDZIAŁ PIĘTNASTY

## *Florì i ja łuskamy groch*

Jakoś nic nie mówisz o tym pomyśle z zakupem domu. Podoba ci się taki plan? — pytam Florì.

Obie łuskamy groch. Siedzimy na stopniach tarasu pomiędzy dwoma donicami, w których dopiero co posadziłyśmy białe hortensje. Na naszych udach piętrzą się falbany fantazyjnych wiosennych sukienek, a stopy ogrzewa popołudniowe słońce.

— Dom jest stary i robi wrażenie. Myślę, że mógłby być ładny. Jednak nie ekscytuje mnie aż tak bardzo jak Barlozza. Oczywiście, on wszystko zaplanuje, a potem zrealizuje. Ale wiesz, Chou, mnie do szczęścia wystarczy, jak sobie pomyślę, że doczekałam kolejnego świtu.

Barlozzo od dawna nagabywał rzeźnika, by mu przygotował żeberka jagnięce, nadające się do upieczenia na ruszcie w przydomowym palenisku. Taki jest jego plan na wczesną kolację. Niesie teraz swój łup i bacznie mu się przygląda, a potem staje obok nas.

— *Poveri fiori*, biedne kwiatuszki — mówi. — Muszą tu kwitnąć obok dam. Na tle waszej urody wyglądają jak trawa z bagien. *Belle donne, buona sera*. Dobry wieczór, piękne panie.

Razem z Fernandem zabierają się do przyrządzania żeberek w marynacie z oliwy i białego wina. Z nieodłącznej płóciennej torby na ramię Książę wyciąga *mentuccię*, czyli dziką miętę, którą dopiero co żerwał na łące, i okłada nią jagnięce mięso pokrywające żeberka cienką warstwą. Rozpalają ogień. Florì ustawia nad nim garnek z białym winem, by się zagotowało. Potem wrzuca groch, a gdy jest już miękki, odcedza go i rozciera na masę. Wywar zostawia w garnku.

Tymczasem ja podsmażam na oliwie cebulkę, dodając szczyptę cynamonu, odrobinę cukru, soli morskiej i mielonego białego pieprzu. Czekam dłuższą chwilę, aż cebula się rozgotuje na coś w rodzaju przecieru. Floriana każe Księciu mieszać zawartość garnka, a sama, przy mojej pomocy, nakrywa do stołu i otwiera wino. Z domu przyniosła rondel podduszonych do miękkości małych, białych bakłażanów. Zaraz po wyjęciu z piekarnika polała je sosem z oliwy, rozgniecionego świeżego czosnku i majeranku, który sama wyhodowała w doniczce na oknie kuchni. Ponakłuwała skórkę bakłażanów, by lepiej wchłonęły aromat przypraw.

Wciąż spoglądam na stary żelazny rondel z bakłażanami, który stoi na stole. Co za piękny widok. Na odwróconym do góry dnem koszyku, przykrytym gałązkami rozmarynu, leży okrągły bochen chrupiącego, rumianego chleba z mąki ziemniaczanej, który stygnąc

— nasiąknie zapachem ziół. Miska młodych listków sałaty czeka, by je skropić sokiem kapiącym z żeberek do rondla ustawionego pod rusztem. Nie pozostaje mi nic innego, jak tylko dokończyć zupę. Chochelką wlewam do rozgotowanej cebuli wywar cielęcy, dodaję przetarty groch, wino, w którym się gotował, a potem jeszcze trochę świeżego wina. Wszystko to podgrzewam, mieszając. Stawiam garnek na stole i dosypuję garść parmezanu, a gdy zupa jest już w płytkich miseczkach, dodaję jeszcze oliwę. *Carabaccia*, bo tak się nazywa nasza zupa, najlepiej smakuje, gdy jest letnia. Dlatego pozwalamy jej przestygnąć, a zabieramy się do bakłażanów. Wszyscy obieramy po jednym ze skórki i nakładamy pachnący przyprawami miąższ na kromkę chleba. Każdy kęs popijamy winem.

— Wezmę sobie jeszcze trochę, jeśli można — mówię, sięgając po bakłażana. — Nazywają to warzywo *melanzana*, co jest zniekształconą formą wyrażenia *mela insana*, które oznacza „niezdrowe jabłko". I my to coś jemy. A z punktu widzenia botaniki, bakłażan jest blisko spokrewniony z psianką i trującą wilczą jagodą. Zanim bakłażany trafiły do Europy, przez wieki stanowiły istotny element sztuki kulinarnej Bliskiego Wschodu. Na tamtych terenach uchodziły jednak za ozdobę stołu, swoisty ornament, a nie potrawę. Ale pewnie któregoś dnia jakiś wygłodniały smakosz nie wytrzymał, spróbował, no i tak to się zaczęło.

— My tu we Włoszech mówimy na trujące wilcze jagody *belladonna*, dlatego muszę przeprosić wszystkie piękne panie za takie nazewnictwo.

Florì i Książę mówią nam dobranoc jeszcze przed zachodem słońca. Idą uliczką w dół, potem pną się w stronę miasteczka, a my obserwujemy ich, aż znikają nam z oczu pośród okrytych młodym listowiem drzew.

Nazajutrz po południu Floriana i ja spacerujemy drogą prowadzącą do Celle. Wyznaję, że Barlozzo opowiedział nam o swojej matce i ojcu.

— Wiedziałam, że wcześniej czy później wam powie. A ze mną nigdy na ten temat nie rozmawiał — Florì przystaje, patrząc na mnie przeciągle. Ustawia się twarzą do słońca, a jej wyraziste oczy o żywym spojrzeniu przybierają żółtą barwę szafranu.

— Może nie czuł takiej potrzeby — odpowiadam. — Był przekonany, że i tak o wszystkim wiesz. A poza tym myślał, że uważasz całą tę tragiczną historię za przeszkodę uniemożliwiającą wam bycie razem.

— Chyba masz rację. Również co do tego, że gdzieś głęboko w sercu zawsze czułam, że on chciałby mnie kochać. Ale pewnie wina leżała po mojej stronie, może ten mój nieposkromiony strach przed tym, o czym wiedziałam, stał się przyczyną jego cierpienia? Nigdy nie czułam się na siłach, by pomóc mu uporać się z tamtymi wspomnieniami i w ten sposób trafić do jego serca. Tak więc stałam się przeszkodą w równym stopniu, co Patsi i Nina. Nie miałam pojęcia, jak zacząć, co powiedzieć. Chou, dlaczego tak trudno nam ze sobą rozmawiać? — zadaje to pytanie w imieniu wszystkich ludzi.

Przeszłyśmy nie więcej niż pół kilometra, gdy odezwała się z uśmiechem:

— Jestem zmęczona. To takie wiosenne osłabienie. Chyba położę się do łóżka na kilka dni. Niech sobie wszyscy plotkują. Teraz, gdy już dobrze się czuję, mogę sobie na to pozwolić. Bo kiedy jeszcze nie wiedziałam, czy wyzdrowieję, skupianie na sobie uwagi byłoby jak prowokowanie do pożegnań. Ale w obecnej sytuacji nie mam nic przeciwko temu, żeby przez tydzień ograniczyć się wyłącznie do towarzystwa i opieki innych kobiet.

Ledwo wypowiedziała te słowa, a już następnego dnia w jej mieszkaniu spotykam pięć pań. Wchodzimy sobie wzajemnie w drogę, sprzątamy, gotujemy zupę, dotrzymujemy towarzystwa, lakierujemy paznokcie u nóg i słuchamy opowieści. Floriana spogląda na mnie i prosi, bym podeszła, bo chce mi coś ważnego powiedzieć. Chodzi o makijaż. Mam jej pomalować rzęsy, lekko przypudrować twarz, *e un pò di ombretto, appena, appena*, czyli nałożyć na powieki odrobinkę cienia. Ale najbardziej zależy jej na ustach. Mówi o tym ściszonym głosem, jakby to było coś grzesznego. Wskazuje na moje wargi, lśniące jak zwykle intensywną czerwienią anemona, i prosi, bym ją tak samo uszminkowała. Biegnę do domu po kosmetyki. Potem uwijam się z kredką, pędzelkiem i wacikiem w ręku, podkreślam brwi, pudruję policzki i maluję usta, a kiedy moje dzieło jest już gotowe, podaję jej lustro. Milczy. Zamyka oczy. Siedzę obok na łóżku i trzymam ją za rękę. Trwamy tak dłuższy czas. Gdy nasze oczy się spotykają, widzę, że twarz ma wilgotną i rozgrzaną, warstewkę pudru żłobią głębokie bruzdy, a rozmyty tusz gromadzi się w zagłębieniach pod oczami. Ale usta są wciąż bez zarzutu. Mówię jej to i w odpowiedzi słyszę:

— Tak, bez zarzutu.

Poprawiam jeszcze to, co uległo zniszczeniu, i zapraszam pozostałe panie, by podziwiały efekt końcowy. Wszystkie aż piszczą z zachwytu i też chcą mieć czerwone usta. Maluję je, jedną za drugą, a potem siedzimy na łóżku, chichoczemy i podajemy sobie z rąk do rąk lusterko. Nie ma końca wspomnieniom pierwszych miłości, wysokich obcasów, szminek i sukien ślubnych. Po chwili plotki ustępują miejsca bardziej wysublimowanej rozrywce, bo każda z nas dzieli się jakąś maksymą, *un detto,* cytuje fragment z Biblii lub z literatury. Najczęściej jednak są to sentencje formułowane na podstawie obserwacji i doświadczenia. Florì mówi o nich „życiowe mądrości".

— Tradycja, obojętnie czy chodzi o gastronomię, czy o miłosne podboje, trwa niewzruszenie dzięki temu, że jej przykazania praktykowane są na co dzień.

— Strzeżcie się tyranii tego, który daje, bo on ma w ręku więcej kart niż obdarowywany. A przynajmniej tak mu się wydaje. I często ktoś wręcza dary, by za ich pomocą przejąć kontrolę nad obdarowanym, a przynajmniej wtrącać się w jego życie.

— Wybierając sobie partnera, pamiętajcie, by to był ktoś, z kim nie tylko chciałybyście żyć, ale i umierać.

— Największa pustka rodzi się w człowieku, gdy osoba, która zdawała się nas rozumieć, okazuje się oszustem, pokazuje inne oblicze.

— Sarkazm jest sztyletem wykutym ze strachu.

— Gdy przybędzie ci lat, odkryjesz, że twoi synowie stają się jak mąż, którego chciałaś wymazać z pamięci, a córki do złudzenia przypominają matkę, od której usiłujesz uciec. Życie ma w repertuarze wiele takich sztuczek.

— Nie bój się swoich dzieci. Jeśli mają cię kochać, to pokochają same z siebie, bez przekupstw z twojej strony. A jeśli sądzone jest, by zostały wobec ciebie obojętne, nic nie poradzisz.

— Większość z nas dostała w życiu trzy srebrne kule. Dobrze się zastanów, zanim je wystrzelisz.

— Od czasu do czasu mała wendeta dobrze zrobi twojemu sercu.

— Dlaczego my ich tak bardzo pragniemy, a oni nas znacznie mniej?

Teraz moja kolej.

— Nadmiar słodyczy prowadzi ku rozpaczy. Szukaj równowagi smaków, pamiętaj — *dolce* i *salata.* Znałam kiedyś Francuzkę, kucharkę z małego lokaliku w wiosce Poissy, która nawet do śliwek w miodzie oraz do fig dodawała parę kryształków soli, zanim wsunęła placek do pieca. „Sól podkreśla słodycz", mawiała, oblizując palce.

Kiedy przychodzi kolej na Florianę, trudno jej znaleźć coś, co nie zostało jeszcze powiedziane.

— Wiecie, miałam takie dni i noce, że każda godzina była mi ciężarem. Szukałam wtedy zajęć, by wypełnić czas do obiadu albo dotrwać do świtu. A teraz mi tego czasu brak. Takie krótkie jest życie, tak szybko ucieka. I wcale nie chcę go powstrzymać, tylko zrozumieć, dokąd pędzi.

Gdy już jesteśmy gotowe wysłuchać następnej osoby, głos zabiera kobieta o imieniu Tullia.

— Wiesz co trzeba robić, Florì? Tańczyć. Tańczyć tarantelę, żeby złe duchy oszalały z wściekłości i zrozumiały, że jesteśmy od nich silniejsze.

Tańcem buntować się przeciwko bólowi i śmierci. Tańczyć w zapamiętaniu, zawadiacko i uwodzicielsko, targać więzy, zrywać maski, potrząsać pięścią i kołysać biodrami. Tańczyć jak Cyganie i jak Grecy, jak Arabowie i jak Afrykańczycy. Tylko że wśród opanowanych Toskanek jedynie urodzona w Salerno Tullia zna ten taniec. Ale jak każdy południowiec chce się najpierw nagadać. Opowiada, jak to po wojnie opustoszało dwupokojowe mieszkanie, które zajmowała z rodzicami. Mając trzynaście lat, została sama, bo matka umarła, a ojciec nie wrócił z wojny. Zaopiekował się nią wujek, który miał lepkie ręce, więc od razu się domyśliła, jaki pod jego kuratelą spotka ją los. Zaczęła go okradać, zanim on zdążył okraść ją. Zgromadziła w ten sposób dość pieniędzy, by uciec pociągiem z Salerno do Florencji, gdzie zamierzała zatrudnić się jako gosposia. Ukradła też pół bochenka chleba i trzy zawinięte w szary papier kawałki *salame*, które wujek odłożył na kolację — dla siebie, rzecz jasna, bo o jej posiłki nie dbał. Z obrusa zrobiła sobie wędrowny tłumoczek i wrzuciła do niego czerwoną bawełnianą spódnicę, z której dawno wyrosła, ale tak ją lubiła, że nie chciała się z nią rozstać; koszulę nocną, własnoręcznie połataną i wybieloną na słońcu; czarną jedwabną suknię matki z poduszkami w ramionach oraz krucyfiks znad łóżka. I jeszcze tamburyn. Ponieważ nie miała butów, wyszorowała pięty octem, obciągnęła bezrękawnik, ułożyła tłumoczek na głowie, jakby miała zamiar wejść do fontanny i wyruszyła na stację. Chleb, odwaga i tamburyn. Z tego miał się odrodzić jej świat.

Tylko Tullia umie tańczyć tarantelę.

— Pokaż nam — prosimy. — Naucz nas.

Choć zbliża się do siedemdziesiątki, a może nawet już ją przekroczyła, staje prosta jak struna, dlatego widać, że ma niewiele ponad półtora metra wzrostu. Zdejmuje różowy, rozpinany sweter i zostaje w samym wełnianym podkoszulku bez rękawów, obszytym koronką. Na nogach ma pantofle i elastyczne pończochy. Staromodną granatową spódnicę zadziera powyżej kolan i przybiera taneczną pozę. Zamyka oczy, stoi nieruchoma jak głaz. Chyba nasłuchuje muzyki. Odgłosów młodości. Gdy jest już gotowa, odrzuca głowę w tył, wysuwa podbródek, unosi ramiona, zaczyna się z wolna obracać i rusza posuwistym krokiem, potem znowu obrót, a przy tym wydaje syczące szepty i gardłowe pojękiwania. Chciałabym zobaczyć sceny, które na pewno rozgrywają się teraz pod jej zamkniętymi powiekami, i słyszeć to, co ona słyszy. Drobna i pulchniutka, nie odznacza się jakąś szczególną gibkością, ale porusza się z wdziękiem. A przy tym jest niewątpliwie piękna.

— *Ma, ho bisogno del mio tamburello*. Potrzebny mi tamburyn — mówi i czar pryska. Z powrotem zakłada sweter i otula się szalem. — *Vengo subito*. Zaraz wracam.

My tymczasem próbujemy naśladować jej ruchy, ale *la tarantella*, podobnie jak inne tańce ludowe, musi wypływać z serca. Dlatego też pląsy przy łóżku Floriany stanowią raczej mieszankę jitterbuga i cza-czy, a w moim wydaniu tanga, bo to jedyny taniec, którego chciałam się uczyć.

Tullia wraca i przywołuje nas do porządku klaśnięciem w dłonie, po czym przystępuje do lekcji z prawdziwego zdarzenia. Każe nam przypomnieć sobie jakieś sceny erotyczne, wzbudzić w sercu złość, pragnienie zemsty, miłość i smutek. Chce, abyśmy te wszystkie emocje stopiły w jedno, bo przecież tak jest w życiu, i to nas usposobi do tańca. Gdy Tullia uderza w tamburyn, wydaje się, że jesteśmy bez szans.

Któraś rzuca:

— Jak ja mogę sobie wyobrazić scenę erotyczną, skoro zakonnice klapsami wybiły mi takie myśli z głowy, jeszcze zanim zaczęłam je naprawdę miewać?

Ale Florì odpowiada jej stanowczym głosem:

— To zatańcz dla mnie, jak nie potrafisz dla samej siebie.

— No nie, nic z tego nie będzie, taniec musi się rodzić w sercu tancerki. Postaraj się — zachęca ją Tullia.

Florì podchodzi do stojącej w kącie szafy, wyjmuje nienowe już czarne czółenka z Perugii i siada na łóżku, by je założyć. Potem staje przed nami i zaczyna tańczyć, by przegnać własne, nękające ją demony. Ma na sobie luźną sukienkę z białej flaneli, pod którą odznaczają się smukłe linie jej ciała i dobrze widoczne, wydatne piersi. Czarne buty. Czerwone usta. Floriana tańczy. Widać, że uważała na lekcji, bo dobrze jej to wychodzi. Staccato obcasów Florì idealnie wpasowuje się w rytm tamburyna, a dźwięki te budzą i drażnią złego ducha, tak jak przewidziała Tullia. Gdy tancerka z trudem łapie oddech, a na jej zaróżowionej twarzy pojawia się pot, oznaka triumfu — otwiera oczy, wyciera resztki łez i prosi o wino.

Rozmowa i taniec obudziły w nas pragnienie i głód. Potrzebujemy czegoś więcej niż bulion z białym ryżem. Któraś z nas usypuje na stole górkę mąki i robi na jej wierzchołku krater. Druga niesie jajka, mleko i masło oraz pokruszone drożdże. Cztery ręce — moje i Tulli — biorą się do pracy i wyrabiają ciasto, ugniatają je, aż staje się jednorodne. Nakryte białą ściereczką, będzie teraz rosło. Ktoś inny na wolnym ogniu rozgrzewa w ciężkim płytkim rondlu półtora litra oleju słonecznikowego. Myję ręce i wycieram je w fartuszek, którym przewiązała mnie Florì. Myślę sobie, że takiego właśnie p o ł ą c z e n i a pragnęłam. Opartego na prostocie. To moje właściwe dziedzictwo. Gotuję i piekę. Taką rolę dostałam w spadku po tych, którzy przede mną rozdawali chleb, podtrzymywali ogień i dzielili się wszelkim nadmiarem. Zagłębiam się w tajniki sztuki kulinarnej i ta rola coraz bardziej mi odpowiada. Nie muszę, ani przed sobą, ani przed innymi, niczego udawać. Czuję się właściwą osobą na właściwym miejscu. Zawsze pragnęłam robić to, co robię, i być tym, kim jestem teraz.

Florì idzie po *la ciliegine,* czyli wytrawne białe wino aromatyzowane liściem wiśni. Zrobiła je w zeszłym roku i schowała do kredensu, by nabrało mocy. Teraz nadarza się okazja do degustacji.

— Pierwszy raz w życiu napiję się wina pod nieobecność męża — mówi któraś z pań.

— Wypijmy za to, żebyśmy się jeszcze spotkały! — dodaje inna.

Zmieniając się przy piecu, robimy *cincialose*. Urywamy kawałeczki ciasta, rozgniatamy na nieregularne placuszki i wrzucamy do bulgocącego oleju, a potem obserwujemy, jak rosną i pęcznieją, przybierając złotawą barwę. Każda z nas, gdy nadchodzi jej kolej, smaży sześć sztuk, osącza je z tłuszczu, posypuje solą lub cukrem i częstuje pozostałe panie. Następna postępuje dokładnie tak samo. Gryziemy gorące, chrupkie smakołyki, nie zapominając o słodkim, schłodzonym białym winie. Jesteśmy w nastroju do erotycznych wspomnień.

ROZDZIAŁ SZESNASTY

## *Rozkwitają pierwsze kwiaty cukinii*

W kwietniu bardzo dużo się działo. Sirocco sprowadzał wściekle gorące powietrze z południa, a w niektóre dni wdawał się w bijatykę z niespokojnym północnym wiatrem zwanym *tramontana*, który wciąż jeszcze nie chciał mu ustąpić pola. Tak więc wszystko wydarzyło się w kwietniu. Zrywały się burze, jęczały wichry. W przerwach słońce pilnie trenowało w oczekiwaniu na sierpień. Teraz dojrzały już czereśnie i poziomki. Na targowiskach pojawiła się bazylia i ogórecznik oraz małe melony o zielonym miąższu, a na polach dojrzała pszenica. A my, zaraz pierwszego dnia maja, niechętnie zaczynamy się pakować do wyjazdu. Żal jest nam to wszystko zostawić akurat teraz.

Wcale nie chcę stąd wyjeżdżać, tak samo zresztą jak Fernando. Uważa, że moglibyśmy zaczekać do jesieni i wtedy ruszyć w drogę. Muszę zebrać materiały na temat południowych regionów Włoch do mojej następnej książki. Nie mogę zwlekać. Opracowałam harmonogram i wiem, że jeżeli od razu nie zabiorę się do pracy, to nie dotrzymam terminu. Wyjedziemy na prawie dwa miesiące. Czeka nas Kampania, Basilicata, Apulia, Kalabria i Sycylia. Wrócimy tu dopiero kilka dni przed wakacyjną wizytą moich dzieci. Trasy zostały już wytyczone na mapach, a znajomi pomogli znaleźć dojścia do tamtejszych kucharzy, piekarzy i winiarzy.

— Czas wyruszać.

— No tak, oczywiście. Tylko że teraz jest tutaj tak pięknie.

— Tu zawsze jest pięknie. Gdy wrócimy, z pewnością będzie równie ładnie — przekonuję męża, usiłując wepchnąć do wyznaczonej dla mnie walizki suto marszczoną koronkową spódnicę. Niestety, nie mieści się, bo wnętrze wypełniają po brzegi inne rzeczy, marynarki i szale, których prawdopodobnie i tak nie będę miała okazji założyć, przebywając głównie wśród kóz i drzewek pomarańczowych. Ale na wszelki wypadek wolę być przygotowana. Walizka Fernanda jest w połowie pusta. Wciskam do niej nie kończące się zwoje morelowych koronek i sandałki sznurowane wysoko na łydce jak baletki. Mój mąż zawsze anektuje dla siebie wielką czerwoną walizkę, bo wie, że zabraknie mi miejsca i chętnie wymieszam swoje rzeczy z jego ubraniami.

— Cieszę się, że przestałaś wozić ze sobą tę balową kreację — mówi, przytulając mnie i głaszcząc po włosach.

Zaprosiliśmy Barlozza i Florì na lunch, więc biorę się do pracy. Planuję zrobić *frittatine* — małe omlety nadziewane młodymi łodyżkami czosnku zasmażanymi z kwiatami ogórecznika. Szykuję też jagnięcinę, którą przyrumieniam i duszę z masłem i cebulką tak długo, aż mięso będzie się rozpływać w ustach. Z całych listków bazylii i słodkich leśnych poziomek robię sałatkę. Dodaję tylko odrobinę oliwy, kilka kropel starego octu balsamicznego i trochę pieprzu. Menu dalekie od upodobań Księcia, ale za to Florianie na pewno przypadnie do gustu.

Słychać brzęk dzwonka u drzwi, który jest tak przenikliwy, że przebija się bez problemu przez mój śpiew. Fernando czym prędzej gna na górę, przeskakując po dwa stopnie naraz, bo wie, że taki natarczywy dźwięk zwiastuje kolejną niespodziankę Księcia.

— O ile wiem, stało się to wczesnym rankiem. Barlozzo poszedł zanieść jej gazetę... ksiądz... lekarz... karetka.

Wycieram ręce o fartuch i podchodzę do podnóża schodów. Nie poznaję głosu i dobiegają do mnie tylko strzępy rozmowy. Nie czuję nic oprócz zimna. Nagle w moich uszach narasta straszliwy metaliczny szum, który wypełnia całą przestrzeń i sprawia, że niespodziewanie gaśnie światło. Dociera do mnie, że Florì nie żyje. Fernando przytula moją głowę do swojej piersi. Kołysze mnie w ramionach, a to przynosi ukojenie.

Przecież tamto popołudnie, czerwone usta i wino z liściem wiśni były zaledwie dziewięć dni temu. A dzisiaj ona nie żyje. Pędzimy w dół do zakrętu, a potem pod górkę do miasteczka, ale to niczego nie zmienia.

Florì nie żyje. Ilekroć ktoś próbuje coś powiedzieć, urywa w pół zdania, bo słowa więzną w gardle i nie można wydobyć głosu. Pijemy wodę, którą podaje nam Vera. Ktoś nas informuje, że kondukt na *campo santo* wyruszy z kościoła jutro o zachodzie słońca. Rano zostanie odprawiona msza. Nikt nie mówi co i jak. Podchodzi do nas Barlozzo. Ma na sobie wykrochmaloną białą koszulę i ciemnoszare spodnie. Świeżo umyte włosy zaczesał do tyłu, odsłaniając zasępione czoło. Idzie w kierunku *piazza* krętą uliczką, która wije się w górę i prowadzi z domu Florì. Po drodze Książę wita się ze znajomymi, podaje im rękę i usztywniony, przyjmuje ich uściski. Gdy podchodzi do drzwi baru, Fernando wychodzi mu naprzeciw, a ja drepcę za nim. Wychylam się zza pleców męża i ujmuję chudą rękę Barlozza. Książę chwyta mocno moją dłoń i nie puszcza, przez cały czas rozmawiając z Fernandem. Nie patrzymy na siebie.

— *Ciao* — mówi. — *Ciao* — powtarza, nie mogąc powiedzieć nic więcej.

Kiedy jesteśmy z powrotem w domu, Fernando idzie prosto do biurka i zaczyna pisać zawiadomienia do ludzi, z którymi mieliśmy się spotkać w ramach pierwszego etapu naszej podróży. Zamierza je później przefaksować z baru. Nie wyjeżdżamy. Otwieramy wszystkie drzwi i okna w domu, żeby wpuścić powietrze, chcemy, aby zawładnęła nami letnia pogoda, by otoczyły nas dźwięki zdolne zagłuszyć ten metaliczny, straszny szum. Ściągamy ubrania i wchodzimy z powrotem do nie zaścielonego łóżka.

— Ona p r a g n ę ł a śmierci. Jakiś miesiąc temu, może trochę mniej, gdy poszła na kontrolę, badania tomograficzne ujawniły nowe przerzuty. Sięgała po torebkę i sweter, gdy lekarz objaśniał jej dalszy tryb postępowania. Podziękowała mu. Uśmiechnęła się, jakby właśnie kończyła miłą wizytę. I obaj wiedzieliśmy już, że podjęła decyzję.

Zmierzcha się. Siedzimy na tarasie, Fernando i ja obróceni jesteśmy plecami do kamiennej ściany „stajni", Książę zajmuje miejsce naprzeciwko nas.

— To nastąpiło wkrótce potem, jak zadzwoniła do was, żebyście przyszły dotrzymać jej towarzystwa. Myślę, że już wtedy zaczęła odczuwać niepokój i słyszeć ten dziwny szum, który towarzyszy umieraniu. Ludzie wiedzą, że nadchodzi śmierć. Ona też to wiedziała. Ale dopiero gdy oczy zaczęły jej zachodzić mgłą i wszystko wokół spowiło blade światło, zaczęła n a s ł u c h i w a ć tego, co przeczuwała. Pomyślała sobie pewnie, że długie, powolne umieranie nie jest najlepszym sposobem okazywania mi miłości i dlatego nie próbowałem jej błagać, ani razu. Nigdy też nie miałem jej za złe i nie zapytałem dlaczego. I tak szybko, jak tylko mogła, wymknęła się niepostrzeżenie. Bez lęku i bez złudnych nadziei stawiła czoło życiu i śmierci. Tak jak starożytni. Ale jej ostatnim dniom nie towarzyszyła rozpacz. Ja nigdy przy niej nie płakałem. A Florì, jeśli w ogóle płakała, to na pewno w samotności. Chciała umyć ściany w swoim domu, wszystkie. Tak też zrobiliśmy. Ona usuwała brud z dolnych partii, a potem z pewnej odległości przyglądała się mojej pracy i jeśli zauważyła, że coś pominąłem, zaraz mi o tym mówiła. Pracowaliśmy cały dzień i kiedy zapytałem, dlaczego tak bardzo jej zależy na umyciu ścian, odrzekła: „Bo na to mam przynajmniej jakiś wpływ”. Powiedziała, że chce mieć czyste ściany, podobnie jak czyste i piękne są wspomnienia wspólnie spędzonych miesięcy. Myślę, że była zadowolona. Żyła życiem, którego pragnęła jeszcze jako dziewczyna, a jego długość miała dla niej mniejsze znacznie niż sam fakt spełnienia. Jednak sądziłem, że mamy dla siebie jeszcze trochę czasu — może kilka miesięcy, może rok. Nieraz nawet ośmielałem się myśleć, że więcej. Ale obojętne, kiedy by się to stało, ja i tak nigdy nie byłbym przygotowany na taki poranek jak dziś. A ona zdawała sobie z tego sprawę chyba lepiej ode mnie. Ciągle powtarzała, jak bardzo mnie kocha. Uświadamiała mi to bez przerwy, jakby obudziły się w niej różne głosy z przeszłości. Mówiła w imieniu dziewczyny, którą kiedyś była; młodej kobiety; siebie samej sprzed czasów choroby. Myślę, że w równym stopniu zaznała bólu, jak i przyjemności. Zostawiła mi wiadomość.

Barlozzo wyjmuje z kieszeni białej koszuli małą kopertę, jaką zwykle dołącza się do bukietu kwiatów, otwiera ją i wyciąga karteczkę.

— Napisała wszystkiego siedem słów: „Chciałam, żeby śmierć zastała mnie w tańcu” — czyta list Florì.

Niebo powinno lada chwila rozbłysnąć gwiazdami. Pierwsze już świecą, chociaż czerwone słońce nadal zalewa toskańskie wzgórza. Każde z nas trzyma w ręku świecę. Ksiądz obleczony w fioletowe szaty czeka, aż ministranci zapalą kadzidło. Ponieważ nie widać, aby ktokolwiek nadchodził od strony miasteczka, rozpoczyna się litania. Smugi kadzidlanego dymu unoszą się nad grobem, do którego wrzucamy kwiaty. Początkowo rozlega się głuchy odgłos, który stopniowo ustępuje miejsca c i s z y.

Po powrocie do domu otwieramy wino i chwilę rozmawiamy. Mówię mężowi, że Barlozzo wydał mi się dzisiejszego wieczoru podobny do małego chłopca.

— Szkoda, że nie mogłam go podnieść, przytulić i powiedzieć mu, że ból w końcu minie.

— On wie, że tak nie będzie. Ale przynajmniej tym razem to jego w ł a s n e cierpienie, a nie ojca czy matki. Myślę, że stanie się tak, jak sam to powiedział o Florì — ból i przyjemność zostaną mu odmierzone po równo.

Sadowimy się przy kominku i mówimy sobie, że to już po raz ostatni tej wiosny. Jeszcze nie korzystamy z paleniska przed domem, ale nie chcemy się wyrzec naszego rytuału siedzenia przy ogniu — albo w domu, albo na zewnątrz.

— Czyżbyśmy czekali na Księcia? — pytam.

— Chyba tak, chociaż oboje wiemy, że nie przyjdzie.

Szykujemy kolację przy kominku. Nakrywamy miseczkę zupy talerzem i zostawiamy ją na gzymsie. Przekąska dla Świętego Mikołaja, myślę sobie. To samo przychodzi do głowy mojemu mężowi i oboje wybuchamy śmiechem. Śmiech to dobra rzecz. Tak jak mocny alkohol podany przed posiłkiem wyostrza apetyt, tak śmiech przygotowuje miejsce dla łez. Ja i Fernando znowu jesteśmy jednomyślni.

Narzucamy na ramiona swetry, wiążemy rękawy pod szyją i nie musimy się zastanawiać, gdzie go szukać. Idziemy prosto na *campo santo*. Nietrudno jest odnaleźć grób, bo tylko jeden oświetlony jest pochodnią. Ktoś kopie dołek w ziemi.

— Pomyślałem, że pewnie chciałaby zasypiać pod drzewem granatu — mówi, opierając się na szpadlu.

Drzewko, które sadzi, ma około metra wysokości, ale jego gałązki są grube i powykręcane, a kora czarna i chropowata. Książę wcale nie wydaje się zaskoczony naszą wizytą. Spokojnie pracuje dalej. Wysypuje z plastikowego worka ziemię, delikatnie okłada nią korzenie, wypełnia dołek, wyrównuje i ubija powierzchnię wokół pnia. Ma na taczce gąsior napełniony wodą. Podlewa obficie drzewko, czeka aż ziemia i korzenie wszystko wypiją i powtarza tę samą czynność jeszcze raz. Dwa inne miniaturowe granatowce umieszcza w urnach z terakoty i stawia po bokach większego. Zakończył pracę. Przynajmniej na razie. Zastanawiam się, czy nie zechce posadzić jeszcze oliwki i jednego lub dwóch pędów winorośli. Z pewnością nie zapomni o różach. Siedzi na zmierzwionej trawie, kolana ma podciągnięte pod samą brodę i zapala dwa papierosy. Jednego podaje mojemu mężowi.

— W taki wieczór też mam ochotę zapalić — mówię, a wtedy on bez słowa wyciąga w moją stronę paczkę. Fernando odpala mojego papierosa od swojego i podaje mi. Siedzimy tak i nikt z nas nie płacze, zanim nie wrócimy do domu.

Następnego ranka w drodze do baru znowu spotykamy Księcia. Idzie w przeciwnym kierunku. Jego ulubiona niebieska skrzynka z plastiku jest wypełniona kwiatami. Niesie ją pod pachą.

— Rozkwitły pierwsze cukinie, *ragazzi*. Są piękne i wszystkie żeńskie.

— Czy to oznacza, że mam przygotować lunch? — pytam.

— Nie dla mnie. Jeszcze nie teraz. Może, gdy wrócicie z tej swojej podróży na południe.

W ten sposób informuje nas, że powinniśmy już ruszać w drogę, nie zwlekać dłużej.

— Wyjeżdżamy lada dzień — odpowiada Fernando, dając przyjacielowi szansę, by zmienił zdanie.

— Ale te kwiaty miały być dla was. To pożegnalny prezent — mówi, podając mojemu mężowi niebieską skrzynkę.

— No dobrze. Spotkamy się zatem na początku lipca — ustalają z Fernandem.

Wręczam Księciu klucze do naszego domu. Do Palazzo Barlozzo.

— To na wypadek, gdybyś nagle zatęsknił za aksamitem i brokatem — mówię, stając na palcach i przyciągając jego twarz ku sobie, by go ucałować. Może będzie chciał posiedzieć rankiem w holu na górze, na krześle Florì pod oknem, żeby trochę poczytać. Fernando zmierza prosto do domu, by Książę nie zauważył jego łez. A ja płaczę i jest mi zupełnie wszystko jedno, czy ktoś na mnie patrzy, czy nie. Wyciągam wysoko ramiona, żeby dosięgnąć do jego piersi i przytulam Księcia mocno do siebie. Trwam tak przy nim ze wszystkich sił i on mi na to pozwala. Spoglądam na niego.

— *Ciao, bestione, ciao,* wielki zwierzu. Pamiętaj, że bardzo cię kocham.

— *Ciao, piccola, ciao,* mała — obraca twarz do słońca i nie patrzy w moją stronę. Czeka, aż zniknę we wnętrzu domu.

Znów się pakujemy, jeszcze raz wszystko sprawdzamy i wynosimy rzeczy do samochodu. Wyruszymy o świcie. Z resztek jedzenia, które były w kredensie, robimy sobie kolację — właściwie z niczego. Mamy tylko kiełbasę, kiełkujący ziemniak i trzy jagnięce kotlety, które upiekliśmy na ogrodowym ruszcie. Załadunek bagaży kończymy zgodnie z planem. Wracamy do ogrodu z ostatnią butelką wina i wcale nie mamy ochoty wchodzić do domu. Fernando przyciąga mnie do siebie i obejmuje ramionami. Dotykam plecami jego piersi. Siedzimy tak na ubitej, majowej ziemi. Zmierzch przypomina kobietę, która zwleka z odejściem. Sznur różowych chmur ciągnie się za nią po ciemniejącym niebie jak tren. Nie baczy na to, że z tyłu podąża jej śladem granatowa noc. Zaczyna siąpić delikatny deszcz. Jest jak błogosławieństwo — ognisko bez przeszkód może palić się dalej. Widać sierp księżyca. Jego blask nabłyszcza gwiazdy. Wystawiam twarz na deszcz, pozwalając, by całował mnie niesforny wiatr, niczym niewierny kochanek. Tego właśn i e c h c i a ł a m — robić to, co robię, i być tym, kim jestem. Nie ma we mnie próżności ani pychy. Moje życie jest skromne, niewielu by zadowoliło. Ja jednak nie pragnę innego. Wiem, że nie da się zamknąć wiatru w dłoniach ani z ziemi dosięgnąć nieba. Życie to naprawdę niewiele więcej niż przechadzka po parku czy jedno, dwa *chassé* wokół ogniska.

— O czym myślisz? — pyta Fernando.

— Myślę, że życie to tajemnica — cudowna i jednocześnie straszna.

— Czy ty nigdy nie snujesz takich naprawdę w i e l k i c h planów? — Obejmuje mnie ciaśniej ramionami i całuje moje włosy.

Czuję jego bliskość, ciepło i bicie serca, którego rytm łączy się z moim. Zastanawiam się, dlaczego po wielu ludziach nie pozostaje w nas żaden ślad? Znikają i idą w zapomnienie, jakby ich nigdy nie było. I co ciekawsze, dlaczego ci nieliczni, zaledwie kilka osób, które istnieją gdzieś w zakamarkach pamięci, nawet gdy umierają — zapadają tak głęboko w serce. Pamiętamy wykrój czyichś oczu; nagłe upojne poruszenie zmysłów; myśl sformułowaną w błyskotliwy sposób; głos słodki i miękki jak czekolada, która zaczyna się topić; śmiech jak brzęk srebrnej łyżeczki na marmurowej posadzce; spienione morze za jego plecami; rękę spoczywającą na biodrze; magnetyzm spojrzeń — brązowych lub czarnych, zielonych, topazowych. Jagodowych.

Całkiem bez ostrzeżenia mżawka przeradza się w ulewę. Biegniemy, żeby pozbierać talerze, kieliszki i resztki kolacji, po czym z ulgą zatrzaskujemy drzwi

„stajni", chroniąc się przed siekącymi strumieniami wody. Wprawdzie wysiadł prąd, ale my wciąż zanosimy się śmiechem. Zapalam świece w kinkietach po obu stronach lustra, a Fernando te, które stoją na stole.

— *Siamo salvi,* jesteśmy uratowani — mówi, nalewając brandy do kryształowej koniakówki. Podaje mi kieliszek, który trzyma w dłoniach.

Najpierw piję ja, a potem on. Właśnie w tym momencie rozwścieczony Eol z trzaskiem otwiera drzwi „stajni", które z impetem odbijają się od ściany. Potężny podmuch wypacza zawiasy i niemal gasi nadtopione świece koloru cynamonu. Płomienie wyskakują w górę jak Kozacy. Drzwi nie można domknąć. Podpieramy je meblami. Szalejący wiatr zaczyna słabnąć i deszcz również. Nie przejmujemy się i pozwalamy, by niesamowity nastrój tego wieczoru wniknął do środka. Kręcimy się po pokoju. Kątem oka zauważam nasze zwierciadlane odbicie.

Ujęci w ramę lustra, otulonego blaskiem świec płonących teraz równym, stabilnym płomieniem, zamieniamy się w portret. Czy tych dwoje dojrzałych ludzi to rzeczywiście my? Świece rozświetlają krople deszczu w naszych włosach. Jesteśmy jak rzeczy w stylu vintage, które zachowują klasę mimo upływu lat. Lekko wyblakli jak sierpniowe róże. Fernando nie zdaje sobie sprawy z istnienia portretu i wciąż wychodzi z kadru. Zatrzymuję go i przyciągam do siebie. Opasuję ramieniem. Teraz oboje możemy się sobie przyjrzeć.

— Widzisz? Przez moment się nie ruszaj, tylko patrz.

Fernando spogląda we wskazanym przeze mnie kierunku. Ma wzrok skupiony, a chwilę później pytający, jakby nie był pewien, czy to wspomnienie, czy sen. Mówi mi o tym. Odpowiadam, że jedno i drugie. No i jeszcze trzecie, bo przecież jesteśmy prawdziwi. Wpatruje się dłuższą chwilę. Dostaje rumieńców, jakby spoglądał w obiektyw aparatu. Nie możemy oderwać oczu, aż w końcu gaśnie flesz i znika euforia. Nagle czujemy się onieśmieleni, a nawet zażenowani. Czyżbyśmy na moment zajrzeli w głąb siebie? Przez jedną ulotną chwilę, podobną do kropli wody, która sączy się, zlewa z następną i jeszcze kolejną, by zniknąć w strumieniu czasu? A on płynie ciągle do przodu i nie czeka na nikogo. Dokładnie tak, jak mówił Barlozzo: „Czas to prawdziwy hultaj i szubrawiec, Chou". I miał rację. Czas pędzi przed siebie na złamanie karku, odwraca się i patrzy kpiąco w naszą stronę, gdy nie nadążamy. Próbujemy zamknąć go w słoiku, upchnąć na zawsze pod łóżkiem, wcisnąć do czerwonego satynowego pudełka. Nawlec na sznurek jak perły. Jak tyle pereł, ile trzeba, by powstało życie.

# PODZIĘKOWANIA

Osoby, którym chciałabym szczególnie podziękować, to:

Rosalie Siegel
*donna nobile*

Sharona Guri z Tel Awiwu
Isabella Cimicchi z Orvieto
muzy, obie

Sandra i Stuart Roth
piękne serca

Lisa i Erich
kochane dzieciaki

Fernando Filiberto-Maria,
który jest dla mnie absolutnie wszystkim